# 前　言

党的十九大报告作出了"中国特色社会主义进入了新时代"的重大判断，指出"我国社会主要矛盾已经转化为人民日益增长的美好生活需要和不平衡不充分的发展之间的矛盾"。消费者对商品的需求已经由"注重追求数量"向"注重追求质量"的方向提升、转变，而专卖店售卖的商品和提供的服务恰好顺应了消费者的需求。通过对经济管理类毕业生的跟踪调查发现，此类毕业生经过在企业几年的学习和锻炼，有很大一部分有志于在专卖店从事工作，或者是自行创业开设自己的专卖店。创业必须选对行业，专卖店在我国市场上已经形成相当大的规模，而且方兴未艾。专卖店以其资金周转迅速、服务项目灵活、商品销售有针对性等诸多优点赢得了众多中小投资者的青睐。专卖店的开办和经营是大有可为的，专卖店知识的系统学习是必不可少的，没有对专卖店知识的系统化学习就很难有好的经营。面对激烈的市场竞争，面对机遇与挑战，如何开一家赚钱的专卖店，如何让专卖店成功运作起来，是专卖店经营者最关心的问题。

本书具有如下特点：

1.积极落实《国家职业教育改革实施方案》中提出的"促进产教融合校企'双元'育人"的要求，总结现代学徒制和企业新型学徒制试点经验，校企共同研究制定人才培养方案，及时将新技术、新工艺、新规范纳入教学标准和教学内容当中，强化学生的实习实训。本书的编写方案的确定和具体编写工作得到了校企合作单位上海拉夏贝尔服饰股份有限公司和上海华润万家超市有限公司的协助与配合，书中既突出了目前专卖店经营管理过程中必须掌握的专业知识和技能要点，也融入了体现真实职场环境的教学内容。

2.把创新创业教育融入专业人才的培养过程中，秉持"以学生为本、人人都能创新、人人皆有潜力"的教育理念。书中根据真实的职场环境编写了综合实训，并结合典型案例在各单元中设置了"职场对接"和"互动课堂"等栏目，同时在单元测试中设置了案例分析和实训环节。

3.本书编写团队人员均为"双师型"教师，根据专业教学标准、课程标准和顶岗实习标准将本书内容划分为专卖店起步规划、专卖店的开办与店铺设计、专卖店商品的采购、专卖店商品的销售、专卖店的经营战略和客户服务管理、专卖店的库存与盘点管理、专卖店的绩效评估与人员管理7个单元，能够满足开展专卖店经营工作人员学习的基本知识需求。

4.落实教育部的"进一步推进职业教育信息化发展"和"推进教育教学与信息技术深度融合"等要求，在书中增加了二维码教学资源，突出了"互联网+"的学习呈现形式，有效地探索了纸质教材与数字化教学资源融合的问题。

本书由安徽财贸职业学院强敏担任主编，并承担大纲的编写以及全书的统稿和协调工作，安徽财贸职业学院高皖秋、陆影担任副主编。上海拉夏贝尔服饰股份有限公司安徽区人力资源部杨培花经理担任主审。本书具体分工如下：单元1、单元2由强敏编写；单元3由安徽国际商务职业学院苏伯文编写；单元4、单元5由高皖秋编写；单元6、单元7由陆影编写。单元2中的"互动课堂"栏目由安徽财贸职业学院胡杨老师编写。综合实训中涉及的专卖店创业计划书、顾客抱怨情景处理、专卖店开店盈亏平衡测算、竞争品牌专卖店分析报告和促销效果分析等内容由上海拉夏贝尔服饰股份有限公司安徽区人事主管马玉兰编写。书中所涉及的优质服务作业流程、商品库存及盘点管理、专卖店人员管理等案例和习题由上海华润万家超市有限公司Ole'东区校企合作部史潘虹编写。本书既可作为高职高专院校专卖店经营管理课程的教材、专卖店在岗人员自学的专业书籍，也适合作为专卖店创业人员的指导用书。

在编写本书时，我们得到了许多单位和老师的帮助。在此特别感谢上海拉夏贝尔服饰股份有限公司、上海华润万家超市有限公司、安徽财贸职业学院、安徽国际商务职业学院、东北财经大学出版社等单位给予的大力支持和辛勤付出；感谢书中所参考引用的相关资料和书籍的作者，以及教育部第三批现代学徒制试点单位安徽财贸职业学院、安徽省高校优秀拔尖人才——高校优秀青年人才支持计划项目（项目编号：gxyq2017170）以及地方技能型高水平大学安徽财贸职业学院连锁经营管理专业建设项目（项目编号：2015gx004-z02）对本书出版的支持和资助。

由于专卖店的经营与管理业务与知识在不断地创新与优化，加之编者水平有限，本书难免存在一些不足之处，欢迎广大师生和企业界人士多提宝贵意见，以便于以后改进。

编　者

2019年6月

高等职业教育连锁经营管理专业规划教材 · 职业店长系列

国家文化产业资金支持媒体融合重大项目

产教融合校企"双元"育人项目成果

强敏 主编 ｜ 高皖秋 陆影 副主编

杨培花 主审

# 专卖店 经营管理实务

Zhuanmaidian Jingying Guanli Shiwu

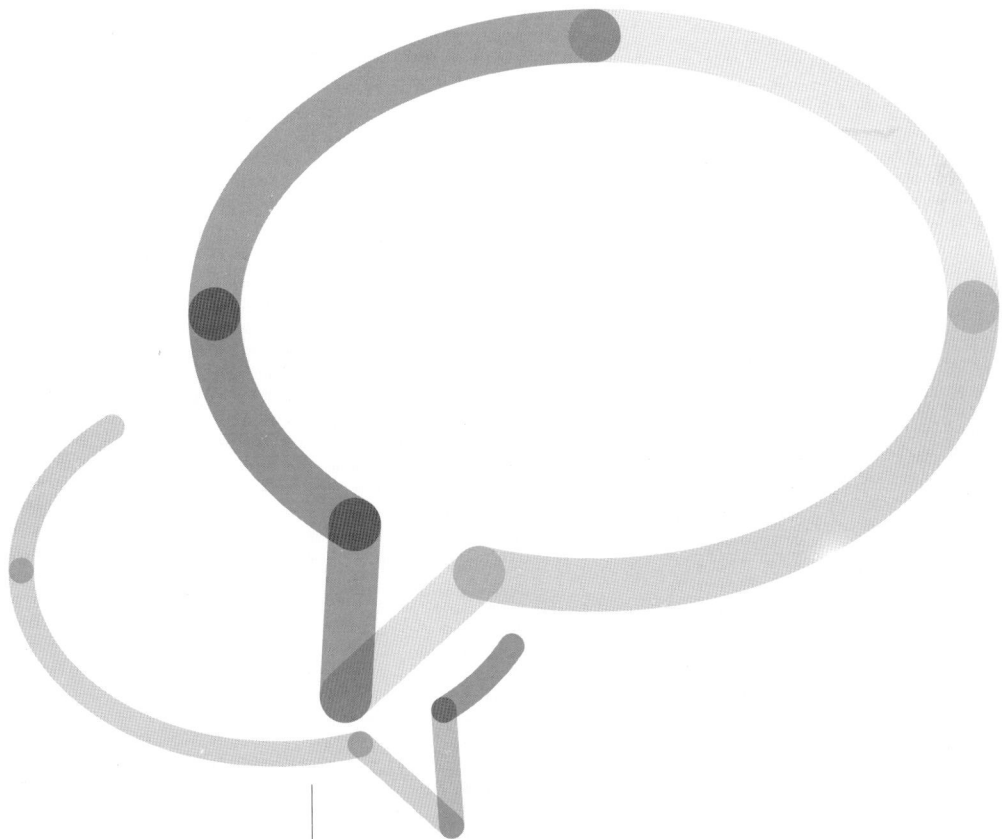

东北财经大学出版社 ｜ 大连

Dongbei University of Finance & Economics Press

图书在版编目（CIP）数据

专卖店经营管理实务/强敏主编. 一大连：东北财经大学出版社，
2019.8
（高等职业教育连锁经营管理专业规划教材·职业店长系列）
ISBN 978-7-5654-3573-7

Ⅰ．专… Ⅱ．强… Ⅲ．专卖店-经营管理-高等职业教育-教材
Ⅳ．F717.6

中国版本图书馆CIP数据核字（2019）第123795号

东北财经大学出版社出版
（大连市黑石礁尖山街217号　邮政编码　116025）
网　　址：http://www.dufep.cn
读者信箱：dufep@dufe.edu.cn
大连东泰彩印技术开发有限公司印刷　东北财经大学出版社发行
幅面尺寸：185mm×260mm　　字数：291千字　　印张：13　　插页：1
2019年8月第1版　　　　　　　　2019年8月第1次印刷
责任编辑：郭海雷　周　欢　曲以欢　　　责任校对：思　齐
封面设计：冀贵收　　　　　　　　　　　版式设计：钟福建

定价：30.00元

# 目　录

# 专卖店起步规划

## 学习目标

通过本单元的学习，熟悉专卖店的概念、专卖店的产生以及最新的发展；了解专卖店经营者开店应具备的条件；掌握专卖店的经营形式；能够有效地进行专卖店的商圈分析与市场选择。

## 单元框架

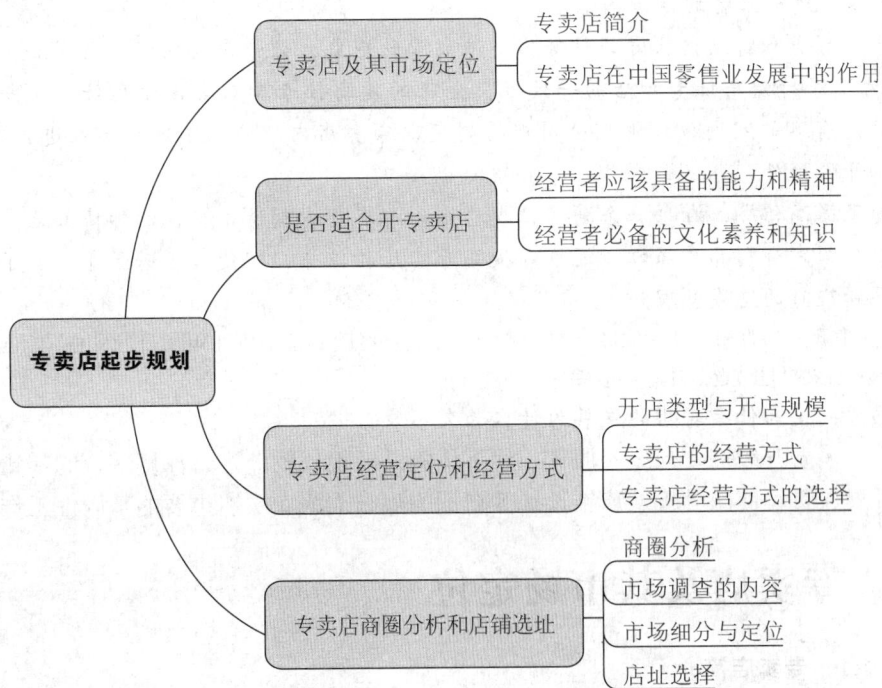

专卖店及其市场定位
　　专卖店简介
　　专卖店在中国零售业发展中的作用

是否适合开专卖店
　　经营者应该具备的能力和精神
　　经营者必备的文化素养和知识

专卖店起步规划

专卖店经营定位和经营方式
　　开店类型与开店规模
　　专卖店的经营方式
　　专卖店经营方式的选择

专卖店商圈分析和店铺选址
　　商圈分析
　　市场调查的内容
　　市场细分与定位
　　店址选择

**【引例】**

**爱马仕专卖店的兴隆之谜**

爱马仕是法国著名的皮件公司，在全球拥有250多个专卖店。光临爱马仕专卖店的人大多是绅士名流。查尔斯王子只穿爱马仕皮鞋；英国女王有收集爱马仕皮包的嗜好；摩洛哥王妃出门只带爱马仕皮包。爱马仕是唯一不受经济危机影响的品牌，几乎所有爱马仕专卖店都取得了成功。

1. 名店以名品为基础

爱马仕专卖店的成功在于它有享誉世界的名品。爱马仕是以皮货起家的，早年专为欧洲国王定做皮鞋和马鞍，至今已有180年的历史。爱马仕公司一直追求商品的优良品质，保持手工制造的传统，是全球唯一一家顾客定做什么款式就提供什么款式的皮件公司。一个普通样式的女用皮包，至少要花费6个月的时间才能完成。正是追求非同凡响的品质，才创造出一流的产品。据说一双爱马仕皮鞋可穿20年，正是这些一流的产品使爱马仕专卖店的产品享有较高的声誉。

2. 创造风格独特的专卖商店

为了形成独特风格，爱马仕努力塑造高贵的形象，让专卖店的装潢与布局力求典雅。为了保持爱马仕专卖店的一致性，全球的爱马仕专卖店都由爱马仕夫人一人设计，她是有名的室内设计师。公司严格规定，专卖店内的格局不准任何人进行调整，否则以开除论处。

为了提高信誉，在每一个爱马仕皮包上，都有负责制造该皮包的师傅签名。这不仅可以令顾客得到品质保证，还可以提高专卖店的信誉，即使过了若干年，出了问题也可得到及时的追溯处理。

资料来源　杨月如. 开一家赚钱的专卖店：专卖店经营必备手册 ［M］. 北京：中国社会出版社，2008.引文经过节选、压缩和改编。

思考：爱马仕专卖店的发展为什么长久不衰？

面对消费升级需要与线上服务、线下体验以及现代物流进行深度融合的零售新模式的开展，进行商圈分析、店铺选址等初期的规划成为专卖店重要的基础性工作。

# 1.1　专卖店及其市场定位

## 1.1.1　专卖店简介

专卖店作为一种新兴的零售形态，在整个零售市场中拥有着越来越重要的地位，并在我国得到了快速发展。

1）专卖店的概念

**专卖店（Exclusive Shop）**是指专门经营或授权经营某一主要品牌商品（制造商品牌和中间商品牌）为主的零售业态，所销售的商品之间具有极强的关联度，它们或者是同一个品牌的商品，或者是一个系列的商品。随着社会分工的细化，各个行业终端都出现了专卖形式，而且越来越细化。专卖店一般非常讲究店面装饰，例如，出售流行、引领时尚的新潮品，店铺装饰突出现代感；出售具有传统特色的商品，店堂布置则突出古典美。同时，专卖店提供比其他商店更多的服务，诸如消费资讯和一对一的服务等。

一般来说，专营店是专营性质的零售业态，是零售业中区分明确且经营内容专一、有限的业态店。专营店包括专卖店（可经营多个品牌）、专业店。其中，专卖店属于专营店，但并不是仅仅有知名品牌的店面才称为专卖店。专业店则是指以经营某一大类商品为主，并且配备了具有丰富专业知识的销售人员和提供适当的售后服务，满足消费者对某大类商品的选择需求的零售业态（可以不是品牌）。专卖店与专业店的区别是专卖店比专业店更具有个性化、更具有信誉优势、更具有扩展力、更有利于连锁经营。

从广义上来说，专卖店一般是指销售具有共同特性商品的中小型零售店。这些零售店售卖特定的消费者需要的商品，采取销售高附加价值产品为主的政策来展开其经营。同时，它还把提供高质量的服务作为销售活动的重点，在所提供的信息、售后服务、保养体系的完善、质量上下功夫。

2）专卖理念的渊源

专卖理念作为现代市场经营思想的一个重要分支，是商业经济逐步发展、成熟的产物。专卖理念的产生和发展是与市场的发展状况、消费者的诉求以及经营者的自身思考、探索紧密相连的，它经历了由量变到质变，站在新的层次上发展的过程。而最终推动专卖理念发展的是市场发展的状况和消费者的诉求。专卖理念其实就是专卖店经营者的一种销售理念，即怎样实现价值流、物流、现金流的连续流转并通过与外界的良性互动为消费者创造最优的价值，从而最大限度地获得利润。其中，价值流是指从原材料转变为产成品并给它赋予价值的全部活动，包括从供应商处购买的原材料到达上游厂家，上游厂家对其进行加工后转变为产成品再经由零售专卖店交付客户的全过程。专卖店内部以及专卖店与供应商、客户之间的信息沟通所形成的信息流也是价值流的一部分。

专卖店有着悠久的历史，早期的店铺都有专卖店的特征，它们常常经营一类或几类商品，但它们的"专卖"受条件和时代的限制，且大多是自发经营，这与早期商业经济的不发达直接相关。专卖店产生后的发展大致经历了以下几个阶段，专卖理念也体现了一定的阶段性。

（1）独立化阶段。专卖店是从"行商"发展为"坐商"而产生出来的。在专卖店独立化阶段，专卖理念还处于萌芽和自发的状态，专卖店的店主当时没有意识到专业化、标准化所蕴涵的价值，他们经营一类或几类相关联的商品，这些商品与当时社会的经济发展密切相关。当时，商业经济还没得到迅速发展，店主本身所具有的经营能力和经验以及积累的资金实力，还不足以实现进行较多商品的经营；同时由于当时社会物资相对还比较匮乏，市场的购买力比较单一和集中，这就决定了专卖店只是店铺发展的一种初级形态，真正具有现代意义的专卖理念还没有出现。随着西方以工业经济为基础的商业经济的迅猛发展，社会商品不断丰富，加之城市的发展，这使得城市居民产生了对特定产品的选择性需求，各类专卖店应运而生。

（2）专业化阶段。专卖理念的发展以市场、消费者的变化为标准，当城市不断发展，市场逐步分化，消费阶层逐渐显现时，专卖理念才有了真实的含义。当时的专卖理念还只限于如何去适应不同顾客群的需求，反映了一种以市场为导向的倾向，专卖理念整体上还处在发展的阶段，还未达到成熟化阶段，没有形成整体的理论框架。但是，此时其内核已形成，即以市场划分为前提来经营特定的商品。

（3）成熟化阶段。到了第二次世界大战后，专卖店开始向高档化、精细化方面发展，专卖理念体现了市场细分的原则，通过实施顾客开发战略，采取专业化、标准化的经营来获得市场份额。这时，专卖理念已渐渐成熟，其包含的市场细分、特色经营、专业化、品牌保证、顾客至上等几个基本概念的内涵逐渐被市场实践不断加以补充和丰富。专卖理念在指导专卖店经营中的作用已凸显出来，并被经营者广泛接受。

3）专卖理念的新发展

随着市场经济的发展，顾客不再单纯地满足于获取商品的使用价值，而是更多地关注商品的品牌及所享受到的服务品质、购物的体验，并由此获得一种满足感。同时，市场逐步细分，消费者日益分化，消费者本身的经济条件、家庭状况、受教育程度、消费心理、消费习惯等很多因素成为许多商店必须考虑的问题，这些都决定着商店的经营特色、商品组合、服务差异等各个方面。所以，确定目标顾客群，然后千方百计地去迎合他们的需要，获得他们的支持，成为专卖店经营成败与否的关键所在。专卖理念正是在这种趋势下获得了新的发展，在很多方面有了新的超越和突破，从而大大地丰富了专卖理念的内涵。

（1）专业化销售。专业化销售体现在：同一系列、同一类型的商品组合、专门销售，使专卖店对商品的经营能力大为增强，销售的产品也大大丰富。同时，经营者对销售商品的行情、性能、品质及相关的信息把握准确而且及时，为消费者提供的服务特别专业并且到位，使消费者产生了信任感，而且容易满足他们的各种需求；特别是技术支撑能力方面，优势特别显著。各种相关服务到位与否，直接决定着消费者是否入店进而购买店铺的产品。所以，专卖店的销售人员必须对经营的产品有专业化的了解，以解答顾客的询问，为顾客提供参考。同时还必须有专业人员提供及时、全方位的售后服务，如保养、维修、退换货等。

（2）人性化销售。人性化销售要求专卖店重新定位商店和消费者的关系。零售店铺发展初期，人们会认为商店和消费者属于一种交换关系，消费者从商店中获得商品的使用价值，而商店获得相应的现金，商品的交易性十分明确。随着消费者的日益成熟以及购物层次的提高，消费者已不满足于"一手交钱，一手交货"的传统形式，他们更注重在精神上获得满足，而不是仅仅获得商品。这就要求专卖店需要实行人性化销售，把顾客当作朋友，让顾客感受到双方是一种平等的、友好的关系，使顾客来到商店后有一种宾至如归的感觉。

①绝对保证商品品质。商店必须从消费者的切身利益出发，销售质量有保障的商品。

②营造温馨的购物氛围。专卖店为了吸引顾客，在装修上会设计得富有艺术美感，使消费者沉浸其中，提升购买的欲望。

③销售人员应该和消费者进行细致的沟通，了解其真实的需要，并反映在商店的各项服务上。

④通过赠送礼品等各种活动，体现对消费者的一种人文关怀。

　　总之，人性化销售应该以真诚去感动消费者，以真心去体贴消费者，真正让消费者把商店当作一个可依靠的伙伴。

　　（3）个性化销售。随着消费者的消费趋向多元化、个性化，专卖店的销售也要体现其特色。个性化销售，本质上是一种差异销售，就是将目标顾客群再进行细分，对支撑店铺经营的核心消费者群体进行公关，满足消费者的个性化需求，培养他们对店铺的忠诚度。如用会员制形式，定期向他们发送最新的商品信息，定期组织一些联谊活动并发放纪念品。同时，对不同的顾客采取相应的销售技巧，并对顾客消费时尚进行跟踪，对顾客不同的消费情况按照各类标准进行界定，选择有潜力的领域加以开拓，体现销售的个性化。

　　（4）服务至上。消费者到专卖店来买的不只是商品，还包括体现在商品上的价值，如服务、品牌、品质等。一般来说，专卖店商品线较为狭窄，因此，专卖店服务的地位必定凸显出来，服务可以说是专卖店经营的灵魂。

　　（5）高端精品化。第二次世界大战以后，随着人们消费水平的提高，专卖店趋向于高端精品化，特别注重品质。国际上许多知名的品牌的旗下有众多的经营该品牌的一系列商品的专卖店，此类专卖店的目标顾客一般定位于中高消费阶层。

　　（6）时尚性。专卖店需要在广大消费者中找到自己的目标顾客，并针对他们特殊的需求进行店铺的经营。对这类目标顾客及其差异化的需求，专卖店要熟练运用自己特殊的优势来引导消费潮流，即概念营销。如精品化妆品专卖店一般出售的都是高档的化妆品，而化妆品讲究流行趋势，化妆品专卖店要能及时了解流行趋势，及时推出最流行的款式。很多女性到化妆品专卖店购买商品，便是追求时尚的一种表现。

　　4）专卖店的特色

　　专卖店经营的商品可能会因为区分过细导致消费群体不够的情况。因此，为了商品成系列、配套齐全，在进货时要注意不能太分散，要调配得当，避免库存过多，影响资金的周转。专卖店的生存空间非常广阔，但若想长久生存下去，必须及时收集市场情报，做好事前的评估工作，掌握专卖店市场区分、产品特性、店铺个性与服务特质等信息。针对专卖店整体经营过程进行分析，其经营特色有以下几点：

　　（1）目标顾客特色。专卖店是专门销售某一类、某一种商品或某一个品牌商品的商店，因此，专卖店必须对所经营商品的目标顾客进行明确的界定，即要明确他们是属于哪个消费群或者他们拥有哪些特殊的市场需求。专卖店的这种明确的目标顾客特色也反映了专卖店的基本特征，它直接影响到专卖店的经营。

　　（2）需求特色。在消费者无限大的需求中，选择有限的商品来满足顾客专门的或特殊的需求是专卖店的需求特色。因此，专卖店的有限的商品都是严加选择、精确定价的，从各方面都能绝对地符合顾客的特别需求。

　　（3）创造消费潮流的特色。专卖店要能在广大的消费者中寻找出自己的目标顾客，能在各种需求中寻觅到满足大多数人的某种共同的特殊需求。专卖店不但要熟识这种目标顾客和特殊需求，还必须利用自己进货渠道的优势，采购那些代表时代潮流的商品，通过有意识的概念营销等来创造某种消费潮流。

　　（4）商品特色。专卖店的商品能赢得顾客的心，是因为店铺在某一类商品上做到了品种齐全，在某一种商品上做到了款式多样、花色齐全，在某一品牌的商品上做到了系列化。专卖店的这种商品特征也说明了这样一个事实：与出售相同种类商品的其他商店相比，专卖店中的这些商品之所以卖得更好，是因为它更符合消费者的挑选性、专门性和特殊性的需要。

（5）经营特色。与商场、超市相比，专卖店有经营形式灵活、投入少、资金回笼快、即使有冲击也可以及时转变等特点。专卖店极富个性的经营方式是其业态的又一个特征。专卖店这种独特的经营方式大放异彩，往往是因为其掌握了制作和出售这些商品的专有技术。如在一些食品专卖店里，面包是现烤的，蛋糕是现做的，这种现场制作的经营方式使其生意更兴隆。

（6）服务特色。销售人员需要具备对自己所售商品相当丰富的专业知识，他们不但要掌握商品的基本性能、功能及顾客的利益所在，还要掌握商品的原料特性、工艺流程、使用与维护保养要领等。因为到专卖店光顾的顾客往往是很挑剔的，销售人员如不掌握丰富的商品知识，是无法通过用具有说服力的言语来引导顾客完成购买的。

在消费者自我保护意识增强和专卖店日益高档化、品牌化和精品化的发展趋势下，专卖店对顾客的服务是成体系化的售前、售中和售后服务。完善的顾问式咨询服务和无顾虑的售后服务，是专卖店有别于其他零售店的服务特征。

从以上专卖店的这些特色可以看出专卖店是各种零售商店中最讲究经营特色、个性细节和创造力的商店。

### 1.1.2 专卖店在中国零售业发展中的作用

**1）顺应经济发展和消费需求**

在中国零售业的网点中，经营食品和杂货的网点占了绝大部分，这反映了中国经济从温饱型向小康型发展的业态特征。当中国经济向小康型发展时，需求的差异化日益增强，购物的趋同性降低，消费者对商品的需求不仅仅只关注商品的数量，更关注商品的品质。这需要提高专卖店在零售业总店数中的比例，以适应经济转型和消费需求的发展。

**2）丰富零售业的业态**

中国的零售业在经历了大型商厦和商业街建设热后，要真正发挥其经济效益，在很大程度上还是要依靠专卖店来丰富其经营内容。专卖店有力地促进了零售业态组合的趋势：使专卖店从"孤军奋战"向"集团商圈"规模发展；在大型商场中开设超市和专卖店，将专卖店作为扩大规模的一种形式。

**3）推进连锁经营方式，使一些老字号店铺焕发出新的生命力**

中国的零售业在规模化的发展进程中，导入与推进连锁经营方式，大力发展连锁店；而从零售业的业态特性中我们发现，专卖店是专业化程度较高的商店。与专业化程度较低的零售店相比，它具备两大优势：一是与供应商和消费者建立了比较密切的联系，往往成为某一市场范围内特约经销或代理某一类或某一种商品的唯一商店，也可能成为特许的专卖店，从而具有了较高的信誉度和竞争力。二是专卖店经营的范围和品种较窄，可以实行大量进货，降低成本；与百货公司相比，在经营同类商品时，专卖店比百货公司每平方米的销售额和利润率要高。专卖店的发展对中国零售业中的老字号店、特制品经营店有着重要的抢救意义，它将有助于挖掘中国零售业丰富而悠久的历史遗产，使一些老字号店重新焕发出新的生命力。

# 1.2　是否适合开专卖店

### 1.2.1　经营者应该具备的能力和精神

1）获取并高效利用信息的能力

对于一家专卖店来说，是兴旺还是衰败，是生存还是倒闭，经营者起着决定性的作用。如果店铺运转不正常，经营者往往从销售停滞、员工工作效率低、费用高、债务多等方面找原因，这些方面确实是专卖店经营不好的原因之一。但是，店铺中作决策的是经营者，店铺生产、经营、管理、市场维系、资金等全部由经营者决定，一着不慎，满盘皆输。所以，要想走上兴旺发达的道路，经营者必须具有一定的能力和素质。

经营者面对千变万化的市场，需要不断地作出新的决策。市场产生的机会，能够促使经营者去冒极大的风险。通常，经营者作决策缘于两种可能，一种是不愿墨守成规，想开拓新的领域；另一种是市场上出现了新的变化，不得不作出决策。如果出现了新的机会，决策成功就能大赚一笔。因此，经营者的决策应取决于市场信息，有用的市场信息就是成功的机会。经营者如果具备获取并高效利用信息的能力，将有助于店铺的经营。

2）准确的判断能力和创新精神

通常，经营者获取信息并进行通盘考虑后，最后选择认为能得到最佳结果的判断，再据此作出决定。判断能力即推理能力，培养判断能力就是培养推理能力。有推理能力的人才能作出正确的判断。所谓优秀的经理、优秀的总管、优秀的经营者，就是那些可以灵活调整思路，作出正确判断并勇于创新的人。

3）敢于挑战、敢于面对挫折

经营者在制定战略决策时同样需要有藐视任何艰险的大无畏精神。同样的决策，不同的经营者会各执己见，经营者应在充分获取信息的情况下，保持冷静，做事要有依据，未雨绸缪，将风险控制在最小的范围内，作出大胆的决策。要成为一名成功的经营者，道路难免崎岖，经营者不可或缺的素质是意志力和自信，有些人把"不怕失败"挂在嘴边，但事实上却很容易流于形式。不怕失败首先表现为有主见，敢于顶住来自各个方面的压力，而果断地作出决策。它常常表现为一种坚定的、不可动摇的信心，还表现为一种必胜的信念。

4）调整时间差的能力

在心理上要做好迎接改变的准备。要时刻提醒自己：专卖店马上要开张了，这是属于我自己的事业。从此，可能没有星期天，没有节假日，我将时常工作到深夜……开专卖店无论对经营者还是对投资者来说都是一个大决定，它意味着将过上一种与普通人不太一样的生活，如果心理上没有准备，真正实施起来，会很不适应。

5）诚信勤俭

（1）经营者要以诚信为本。"偷""骗""挖""诱"均是不道德的，甚至是不合法的行为。特别是很多技术性强的产品或某种新开发的、市场潜力极大的产品，最易深受其害。俗语说："金钱万能，金钱也万恶。"钱能害人，也能助人，经营者们应了解并善用它。

（2）凭良心生财。君子爱财，取之有道。获得多少利益，也要付出多少耕耘；取之于大众，用之于大众。一切可观的利益，都由良心换得。若生财之道不违背良心，则所生之财自然持久。争取利益时，勿违背良心。

（3）不贪一时之财。做生意的人眼光要远大，不可贪图一时的利益而失去长久的顾客。用诚实的信誉，出售优良的商品，自然会吸引众多的客户，生意自然会红火。千万不能去做贪小便宜吃大亏的事。

（4）不浪费财，合理用财。有些经营者往往偏重于开拓财源而忽略了节约财流，致使辛辛苦苦开发出来的财源白白付诸东流了，结果劳而不获或事倍功半，一年到头经营下来，利润却寥寥无几。只有那些巧于开源、善于节流、注重经营与理财的经营者，才能获得最终的成功。经商者在筹集资金后，最终是要用财并达到生财的目的。用财的合理与否直接决定了生财的多少。决策正确，合理用财，就能生财；反之，决策失误，用财不当，就会造成损失。因此，生财的关键是合理正确地用财。

**互动课堂1-1**

### 张琳琳：羚羊早安的创业经

张琳琳，羚羊早安品牌的创始人，毕业于安徽大学，拥有社会学和行政管理双硕士学位。

羚羊早安于2008年8月在淘宝正式开店，主营真丝、羊毛、羊绒围巾及其他真丝、羊毛类产品。该店现在淘宝服饰配件类目排名第一，是中国最大的围巾网上零售专卖店。2012年3月12日，羚羊早安升双金冠，成为淘宝首家专业围巾双金冠店，也是安徽省第一家双金冠店铺。

以下是张琳琳自述的创业历程：

曾经的我也是一个规规矩矩的上班族，手捧咖啡，眼前一张报纸，便可度过悠闲的一天，日子自在而惬意。然而，心中那一份对未来的创造欲叫我时常不安，恐惧于一日一日的时光流逝中，我的未来却似乎已成恒定。2009年3月，我辞去了自己事业编制的工作，开始全心投入在自己的店铺上，很多身边的人不理解，一份对女子来说最恰当的归宿，多少人为之奋斗的目标，我竟然这么放弃了。

刚开始创业的生活，艰辛有之，困难有之。因为白天还要工作，时常一天只能睡四五个小时，每天花七八个小时坐在电脑前。开始的时候，店铺的生意无人问津，我就花时间学习。坚信"他山之石，可以攻玉"，便从别的店铺偷师学艺，思考他们怎么构图，怎么做宝贝细节，怎么设计品牌logo，生活终于开始充实起来。

经过短短几个月的耕耘，店铺的营业额有了很大的提高。与此同时，几乎我所有的业余时间都用在了淘宝上，连吃饭我都得加快速度，晚上即使睡觉，旺旺依然挂着，一听到发来消息的叮咚声，又爬起来接着干。当店铺的生意越来越好，而我的时间却越来越少的时候，我终于下定决心做一个全职淘宝人。

2008年淘宝的围巾品类没有前人的足迹，意味着一切都要靠自己开创，同时也意味着是难得的机遇。

我的家乡在新疆，那里有遍地的羊群和羊毛加工厂，羚羊早安开始的货源就是来自新疆乌鲁木齐的大巴扎。开始是在商贩手上一条条精心挑选；随着销售量的增大，这样的方式已经不能满足店铺的需要，我开始找到生产厂家直接合作，货源难题的解决扫清了淘宝店铺发展的最大阻碍。

有了产品供应链，羚羊早安的发展速度更快了，店铺的销售额增长可以说是传奇性的，前三年营业额从100万元飙升到3 000万元，后来的发展速度也是只增不减。

羚羊早安看似一帆风顺的经历，其实也暗藏风险。2009年1月，爆发式发展的羚羊早安升级为皇冠店铺，危机也接踵而至。主营围巾披肩的店铺在这一年的春夏遭遇了第一次淡季。

在慌乱中，我想到采购一些箱包来解围，觉得箱包不分季节，又是每个人必须有的，却因为对箱包市场不够了解产生了大量的退货。那段时间，经历过进货被骂哭，每天穿行于市场看别人脸色，晚上就住在廉价旅馆。我也彷徨过，甚至思考过放弃稳定的工作是否值得。但是，软弱是暂时的，当太阳再次升起的时候，羚羊又开始奔跑前行。

资料来源　张琳琳. 羚羊早安的创业经［EB/OL］.［2018-05-27］. http：//www.ebrun.com/20130527/74350.shtml.引文经过节选、压缩和改编。

请结合资料思考：张琳琳的创业期需具备哪些文化素养和知识？

### 1.2.2　经营者必备的文化素养和知识

真正意义上的经营者首先应该是"知识人"，必须具有广博的社会知识和专业知识，才能使他在经营店铺时游刃有余。经营者的知识结构与普通的技术专业和管理专业略有不同，其应掌握的知识大致体现在以下几个方面。

1）具有较高的文化素养

经营者除具备一定的文史地理和数理化知识外，还须掌握一些哲学、逻辑学、社会学、心理学、美学、法学等方面的知识。这些知识有助于经营者事业的不断开拓，是经营者闯荡的"地基"。

2）掌握基本的经济理论，熟悉经济规律

随着国内外投资的不断增多，经营者只有掌握了基本经济理论、熟悉国际经济惯例，才能在和外商打交道的过程中维护自己的利益。

3）精通专卖店管理知识

专卖店管理知识既包含经营者的领导艺术，又包括专卖店内部的具体管理工作，如盘点管理、销售管理、财务管理、设备管理、质量管理等。

作为直营店的店长或者加盟店的经营者除了需要具备对具体事务的管理能力，还需要具备对店铺员工的管理能力，如团队建设能力；通过对店铺员工的团队建设，增强员工的信任感、增强自身的说服力、激发员工的工作欲望，不断提高每个员工的工作速度和工作质量，发挥团队力量，达成店铺的经营目标。

微视频：店长团队合作能力的训练

4）掌握产品知识

作为经营者，应该了解产品制造的原材料情况以及产品的性能、产品的用途；本产品在国内外业态中所处的地位及市场信息等。

# 1.3 专卖店经营定位和经营方式

### 1.3.1 开店类型与开店规模

1）开店类型

开店面临的首要问题就是开什么店，即要确定经营内容和销售对象，也就是在细分的市场中为店铺明确定位。

首先，要根据店主自身的情况而定，行业熟悉程度不同、兴趣爱好不同，开店类型也就不同。自己对将要从事的行业是否熟悉，或自身的素质是否能胜任等均要在开店前适当考虑到，特别是初开小店者，往往采供销一人全兼，什么事都得自己做。其次，要搞清楚具体的目标顾客是哪些人群，他们的消费层次、主要需求、习惯特点是什么。如以一般社区居住者为主要顾客群，他们的收入处于城市收入水平中间位置，需求内容主要是日用品、生活品和包装食品等；如以过往旅客为主要顾客群，可以以旅行用品、方便食品、饮料、特产等为主；如是以大、中专院校学生为主要顾客群，可以以学习用品、生活用品和方便食品等为主。要有针对性、目的性来策划开个什么样的店，明确主要服务对象和商店经营的主要商品类别和重点商品品种。

经营者越深入了解目标客户，在店铺定位时便越能投其所好。确定开店有两种情况：一种情况是事先已确定开某种店，再分析店铺将选择的地段是否可做这样的生意；另一种情况是对某位置所在区域有充分了解后再确定开设何种店。后一种情况往往是事先没有确定开什么店，而预测开某种店会赚钱后才抓住机会开店。但两种情况道理是相通的，都要调查和分析市场需求。

**互动课堂 1-2**

- - - - - - - - - - - - - - - - - - - - - - - - - - - - - - - - - - - - - - - - - - - - - - - - - - - -

#### 智利死玫瑰商店的成功经验

专卖店的生命在于新的创意。世界上有许多创意巧妙的专业商店，也许并不值得我们模仿，但了解它们，有利于我们打开思路，获得灵感。1985年，一位名叫凯文·米毛的智利青年失恋了，在悲伤与痛苦之中，他发现窗台上有一盆枯萎的玫瑰花。他剪下了几朵死玫瑰，用一根黑色的丝带扎好，寄给了分手的恋人，此时痛苦似乎才有所减轻。

由此事得到启发，凯文·米毛于1986年在智利首都圣地亚哥开办了一家死玫瑰商店，专门出售、寄送枯花和死花。死玫瑰商店定价比较高，每寄一束枯萎的玫瑰收费40美元，比购买一束鲜花的价格高一倍，但每天仍是顾客盈门，令人应接不暇。

死玫瑰商店的成功在于它触及了人们的精神需求。随着社会的发展与进步，人们的精神需求增强，而自我意识的觉醒会使人与人之间、人与自然之间、人与社会之间发生矛盾与摩擦，精神伤害不可避免。他们有的想将不幸的过去埋葬，有的则会礼貌地报复对手。死玫瑰商店恰恰满足了人们的这种需求。

资料来源　杨月如.开一家赚钱的专卖店：专卖店经营必备手册［M］.北京：中国社会出版社，2008.引文经过节选、压缩和改编。

请结合资料思考：（1）凯文·米毛是怎样选择开店类型的？（2）进行店铺定位需要考虑哪些因素？

2）开店规模

依据可能的条件，如地点、资金、能力决定开店的规模，包括店面、场地大小。根据实践数据看，专卖店一般都在 $30\sim200m^2$ 之间；经营商品类别和品种的多少要看情况，如经营的商品较为高端，则不宜过多过杂，要有重点，保持特色。

### 1.3.2　专卖店的经营方式

从业态上看，专卖店是商业零售业的一种形态，但具体如何经营，还要加以策划。在经营方式上有直营和特许经营，也可以独立自主经营，还可以邀请几个人合伙经营（既可以几人合伙开一个店，也可以几人合伙同时开几个店进行组合连锁经营）。按照专卖店是否为连锁形式开店，可以分为连锁经营和非连锁经营，按合伙开店的经营人数又可以分为个人独资经营和合伙经营两种经营方式。

1）个人独资经营

个人独资经营，是指采取独立经营的形式，由经营者自己负责采购、管理及销售等各个环节的所有内容，经营者拥有完全的自主性。它是由一个自然人投资，财产为投资者个人所有，并以其个人财产对专卖店债务承担无限责任的经营实体。

（1）个人独资的优势。

①经营上的制约因素少。开设、转让与关闭店铺等，一般仅需到市场监管部门登记即可，手续简单。经营者在决定如何管理方面有着很大的自由，经营方式灵活多样，处理问题简便、迅速。由于是个人独资，有关产品的销售数量、利润、财务状况等情况均可保密，这无疑有助于店铺在竞争中保持优势。

②利润分成简单。与法人专卖店不同，个人独资专卖店因销售额较低，可以作为小规模纳税人，只需交纳个人所得税，不需双重课税（企业所得税、个人所得税），税后利润归个人所有，不需要和别人分配。

③满足经营者的多方面需求。对经营者而言，在经营专卖店中获得的主要是个人满足，而不仅仅是利润，个人的决策能力还能得到体现。

（2）个人独资的劣势。

①难以筹集资金。一般说来，独资经营者比联营者难以筹集到足够的资金，取得贷款的难度更大。

②缺乏帮助。个体经营者没有其他人来帮助管理专卖店，没有合伙人和经营者一起做决定，也没有总部给经营者下指示，雇员对专卖店的成败不是很关心，更没有任何人与你分担风险。另外，由个人负无限财产责任。当资产不足以清偿债务时，法律规定专卖店主不是以投资专卖店的财产为限，而且要用投资者个人的其他财产来清偿债务。一旦经营失败，就有可能倾家荡产。

③不容易长久经营。独资经营的生命周期，随业主死亡、患病或身体的伤残而终

止。而其他形式的专卖店，则可在其他合伙人的控制下继续经营。

2）合伙经营

合资形式，也称合伙制专卖店，是由两个以上合伙人订立合伙协议，共同出资，合伙经营，共享收益，共担风险，并对合伙投资的专卖店债务承担无限连带责任的经营性组织。合伙人可以采取货币、实物、房地产使用权、知识产权或者其他财务权利出资，经全体合伙人协商一致同意，合伙人也可以用劳务出资，各合伙人对执行合伙专卖店事务享有同等的权利。合伙做生意，投资者的投资负担会减轻很多，并且在经营管理上也会轻松一些。

（1）合伙经营的优势。

①与个人独资开店相比，合伙开店的资金来源较广，信用额度也大为提高，因而容易筹措到资金，如从银行获得贷款，从供货商那里赊购产品。

②合伙的经营者集思广益，增强了决策能力和经营管理水平，可以大大提高店铺的市场竞争力。

（2）合伙经营的劣势。

①合伙人要承担无限连带责任，使其家庭财产具有经营风险，因此，合伙关系必须要以相互之间的信任为基础。

②店铺的存亡因素过于集中，如果合伙业主产生意见分歧，互不信任，就会影响专卖店的有效经营。

③产权不易流动。根据法律规定，合伙人不能自由转让自己所拥有的财产份额，产权转让必须经过全体合伙人同意；同时，接受转让的人也要经过所有合伙人的同意，才能购买产权，成为新的合伙人。

（3）合伙经营专卖店的注意事项。

①谨慎选择合伙人。选择合伙人的四大标准是：人品第一、价值观第二、工作态度第三、才能第四，这四个条件缺一不可。

②时刻掌握主动权。在没有考虑好合伙人之前，最好不要轻易合伙。即使合伙，也要在店铺经营中控制主动权，如人事、财务、客户资料、上游供应商的关系等核心资源。出现问题要有能力去处置，防止出现互相扯皮的现象，最大限度地减少经营的损失。

③签订具有法律效力的合作协议以及商业保密协议。合作期间签订合同，可以有效防止个人私心的膨胀而导致分裂。如果有商业核心秘密，也要签订保密协议，即使是再好的朋友，也要先小人后君子。

④建立良好的沟通机制。在合作过程中最为忌讳的是互相猜忌、打小算盘，这样的合作一般不会长久。出现问题要本着真诚、互信、公正的态度来解决，集体讨论，就事论事，出于公心，分歧就较容易得到解决。

⑤处理冲突时做好最坏的打算。如果合伙人出现意见分歧，要做好最坏的打算，心里有底，处理问题时就会比较平和、理性地去面对，让事情得到圆满的解决。在不违反原则的前提下，要本着不伤和气、好聚好散的态度去处理事情。

⑥尽量避免双方亲戚在店里上班。在店里最好不要有双方的亲戚，否则会造成一些公私不分、闲言碎语、家事与公事纠缠的麻烦，会动摇合伙人之间的合作

基础。

3）独资开店、合伙开店的选择

以上分析了独资开店和合伙开店的优缺点。独资开店的优点在一定程度上是合伙开店所欠缺的；而独资开店的缺点，又可以通过合伙开店来消除。因此，独资与合伙开店不存在优劣问题，要具体情况具体分析。

如果所开的专卖店投资规模不大，预期收益与风险也不高，那么可以选择独资经营。但如果个人自身力量不够，那么可以考虑找人合伙。合伙人的数目不限，要根据个人投资的规模、经营能力的强弱等因素决定。

4）合伙人的选择

经营者在寻找生意上的合伙人时，需要保持理智，需要考虑双方的很多因素。选择合伙人不能凭感觉来，也不能抱着试试看的心理去做，必须要有端正的态度，必须从多方面来考虑，同时也必须对周围的环境做周密的分析。

（1）是否志同道合。不同的创业者开办专卖店的目的和动机可能不同，而不同的目的与动机会导致不同的经营战略和方法。一家专卖店到底该怎么开，关键要明确开店的目的。如果其中一个合作人只想尽快收回成本并得到最大利润回报，而另外的合伙人的目的却是要做成一个长久性的老店，打造出知名品牌或老字号，那么，他们在经营策略上就会产生矛盾。

（2）是否优劣互补。各合伙经营者应该清楚地知道各自需要从合伙人那里得到的是资金、技术、关系、销售网、经营场所或是其他经营中必不可少的要素，而这些又是各合伙经营者自身一时难以解决的问题。

（3）是否容易相处。跟不易相处的人一起开店，从长远来看是一种错误。要改变一个人的个性和思想是很费劲的事。找一个跟自己相处不来的人做伙伴，再花费很大的心力去改变对方，使对方迎合自己，这是得不偿失的做法。年龄在35~45岁之间的商界中人，一般不会为任何意外而彻底地改变自己的个性。合作愉快，靠的是默契。最理想的是"心有灵犀一点通"，不用多解释、多寻找，就已经互相信任，彼此了解，共同向着目标出发，这才省时节力，事半功倍。

合伙人在合伙前具体考察对方，可参考下列几个方法：①征询准合伙人从前伙伴的意见。在找生意合伙人时，可征询准生意合伙人从前的伙伴对他的看法，听到别人说他的好话固然好，但也要和反对他的人谈谈。②审查准合伙人过去的经历。调查准合伙人有没有实际的工作经历和接受过相关专业训练，准合伙人是否真的对这一行很了解，要注意的是，准合伙人过去有失败的经历，并不表示准合伙人该被淘汰出局。③了解准合伙人的目标。在开店时，双方的目标一定要一致，即使随着生意的发展，未来经营会逐渐改变，但经营的大方向应该一致。④调查了解准合伙人的生活方式。应会见一下准合伙人的家人，准合伙人对家人的态度可能就是准合伙人将来与你合伙时的态度，对他的家庭生活了解清楚，若能了解准生意合伙人家人是否支持其开店，当然更好。

5）连锁经营的形式

（1）连锁经营的优点。连锁经营容易快速集聚资本，能抓住稍纵即逝的市场机会。其优点主要表现在以下几点：

①组织化程度高，可增强在市场上的竞争能力。连锁经营有统一的组织，反应迅

速，调节灵敏。

②较低的经营费用。连锁经营在进货方面由总部统一采购，由于进货量大，通常能够获得比较可观的价格折扣和其他优惠条件。在广告宣传方面，连锁经营总部进行整体的宣传，节省了许多费用。此外，连锁经营标准化、模式化的门店形式也提高了管理的效率，大幅地降低了管理成本。

③规模经济。连锁经营解决了规模销售与单个中小零售商要求经营独立性之间的矛盾，使连锁分店享有规模经济效益，同时又让门店经营者保持了自身的相对独立性。

加入连锁经营，成功率较高，风险系数小，但实得收益率偏低；单独经营，投入较大（财力和精力），风险性较高，但往往收益也较高。

（2）连锁经营的方式。简单来说，连锁经营可以分为直营连锁、加盟（特许）连锁和自愿连锁三种形式。

①直营连锁。这种连锁制度非常集中，在总店下设自营的直销连锁店，实现资金、人事、战略、采购、广告宣传的统一。商店可以通过整体的力量，以较大的规模同金融市场、供货商等打交道。

②加盟（特许）连锁。加盟连锁的优势比直营连锁要明显，其核心是特许权转让，也叫授权加盟连锁，即通过总部与加盟店一对一地签订特许合同，总部将授予加盟店店名、商号、商标、服务标记等在一定区域内的垄断使用权，并传授给加盟店进行经营管理必需的所有信息、知识和技术。

作为店铺经营者，在加盟连锁店前，要做好以下考察工作：

A.特许经营资质审查。应向连锁专卖店总部索要并审查其备案资料，以防上当受骗。

B.准确评估品牌知名度。在选择良好的连锁专卖店时，应充分了解其直营店和加盟店的品牌知名度。选择一家拥有良好知名度、优秀专卖店品牌形象的连锁专卖店，是创业成功的必要条件。

C.考察连锁专卖店的发展历史、发展阶段。一般来说，应选择具有较长历史的连锁专卖店。因为连锁专卖店发展越成熟，加盟者承担的风险就会越低。但也有一些新兴专卖店具有很大的发展潜力。

D.考察连锁专卖店已经运行的直营店和加盟店。在选择良好的连锁专卖店时，应充分了解直营店和加盟店的经营状况是否良好，有无稳定的营业利润，利润前景是否具有后续性等。

E.考察连锁专卖店的经营管理组织结构体系。优良的连锁专卖店应有组织合理、职能清晰、科学高效的经营管理组织，使各连锁店能高效运转。具体可从以下几方面进行评价：是否具有健全的财务管理系统；是否具有完善的人力资源管理体系；是否具有新产品研发与创新能力；是否具有完善的物流配送系统；是否具有整体运营管理与督导体系；是否具有先进、科学、标准化且可复制的产品生产管理支持体系等。

F.考察连锁专卖店应提供的开业全面支持。一般来说，连锁专卖店提供的开业全面支持应包括以下内容：地区市场商圈选择、人员配备与招聘、地区市场产品定位与地域性产品开发、开业前培训、开业准备等。

G.考察连锁专卖店的加盟契约、手册。一般来说，连锁专卖店应同意加盟者将加盟契约、手册带回审阅7个工作日，加盟者可从以下几方面加以判断：公平性、合理性、合法性、费用承受度、地域性限制、时效性、可操作性等。加盟契约是规定专卖店与加盟店的关系及加盟权利义务的法律文件，也是特许经营业务发展形式的基础，是特许体系得以发展的依据；而加盟手册则是加盟店日常经营的纲领性指导文件。

H.考察加盟店的成功率。应考察加盟店的成功率，一个成熟的加盟系统需要长时间的经验积累和管理系统的不断完善，在正常经营的情况下，关店的情况并不多。如果一个加盟系统频繁出现关店的情形，一定要谨慎；如果一个加盟系统出现多个关店的情形，无论是个体经营的失误，还是其他什么原因都应考虑放弃。

I.考察其他加盟店的经营状况。弄清加盟总部是否有供他人合法使用的商标；要求总部联系现有加盟商，并亲自前往探究经营状况。条件允许的话，可以"伪装"成顾客多考察几天，对加盟店铺的营业面积、服务员工、顾客反响做一个细致分析。

J.考察加盟费用是否合理。每个加盟专卖店的经营者都拥有自己的加盟费用标准，一般情况下是不可讨价还价的。考察加盟费用是否合理，最重要的是要看投资回报率。可以参照其他加盟店的回报率，如果觉得此加盟店的回报率能达到自己的要求，那么加盟费用基本就是合理的。

③自愿连锁。自愿连锁是建立在各店铺保留独立资本所有权的基础上实行的联合，各店铺都独立核算，自负盈亏，总部功能主要侧重于提供指导和服务。自愿连锁是为了解决直营连锁的不足而逐渐发展起来的。

### 1.3.3　专卖店经营方式的选择

1）依据自己的条件而定

投资人开店首要考虑的因素就是要衡量一下自己的能力，适合干什么就干什么。因为不管干哪一行都有行业门槛，如果投资者不具备条件就贸然涉足，那么成功的可能性不大。因此，自身条件成为开店最重要的考虑因素。

2）经过相互比较而定

投资人不论选择哪种形式开店，在正确估计自己之后，对于所选项目以及运营模式都要进行对比分析，得出恰当的结论，为自己的商业行为导航。

3）依据获利情形而定

投资人决定开店，在选择上首要考虑的是利润的多少。因此，无论是单干还是加盟，都要依据获利的情形而定。

4）依据加盟品牌而定

加盟时要当心加盟黑洞。一个好的品牌连锁专卖店，具有强大的后备智囊团，会为每一个加盟者设计经营方针政策，带领所有的加盟者向好的方向发展。

5）依据产品适用性而定

投资人在考察所投资的项目时，还有一点必须注意，就是要依据商品的适用性而定。专卖店最终出售的都是商品或者服务。商品的本身是否具有过硬的品质、专卖店售卖的产品或提供的服务是否符合消费者需求都是经营者需要考察的内容。

专卖店在选择经营方式时，还有许多需要注意的问题。这需要经营者多方面分析然后再进行决策。

# 1.4　专卖店商圈分析和店铺选址

　　店址是关系到专卖店生意好坏的非常关键的因素，因此，商圈调查和店址选择尤为重要。一般来说，开店前应进行商圈分析，然后进行店铺的选址。进行商圈分析时要进行充分的调查，没有调查就没有发言权。在选择开店地址之前，必须对目标顾客（开店后可能到店里买东西的消费者）进行预测和调查。调查店铺所在地人口分布情况，附近聚集的单位性质、单位工作人员的工作性质，本区域消费能力、习惯，有无同类店铺，若有，其生意好坏、今后如何竞争。

### 1.4.1　商圈分析

1）商圈的概念

　　商圈是指以店铺所在地为中心，沿着一定的方向和距离扩展，吸引顾客的辐射范围。简言之，商圈就是店铺吸引其顾客的地理区域，也就是来店购买商品的顾客所居住的地理范围。任何一家店铺都有自己特定的商圈。商圈由核心商业圈、次级商业圈和边缘商业圈构成。核心商业圈的顾客占顾客总数的55%~70%，是离店铺最近、顾客密度最高的区域；次级商圈的顾客占到店铺顾客的15%~25%，位于核心商圈的外围，顾客较为分散；边缘商业圈包括了所有其余的顾客，顾客最为分散。

　　环形商圈只是一种理想状态，实际商圈各有差异。店铺形态及规模、竞争者分布情况、交通条件、媒体宣传因素的差异都会对商圈的大小和形状产生影响。

　　商圈分析，就是经营者对商圈的构成情况、特点、范围以及影响商圈规模变化的因素进行实地调查和分析，为选择店址、制定和调整经营方针和策略提供依据。

2）商圈分析的作用

　　（1）它是新设专卖店进行合理选址的基础。新设专卖店在选择地址时，总是力求较大的目标市场，以吸引更多的目标顾客。这需要专卖店经营者明确商圈范围，掌握商圈的详细资料。

　　（2）它有助于制定竞争的经营策略。在日趋激烈的市场竞争环境中，仅仅运用价格作为竞争手段显得较为有限。专卖店为了取得竞争优势，应该广泛采取非价格竞争手段，诸如改善形象、完善售后服务等。经营者通过对商圈进行分析，根据顾客的要求，采取竞争性的经营策略，从而吸引了顾客，成为竞争的赢家。

　　（3）它有助于制定市场开拓战略。专卖店经营方针、策略的制定或调整，要立足于商圈内各种环境因素的现状及其发展趋势。通过商圈分析，可以帮助经营者制定合适的市场开拓战略，不断延伸经营触角，扩大商圈范围，提高市场占有率。

3）商圈分析的方法

　　由于受各种因素影响，商圈分析通常要配合以下的方法加以判断。

　　（1）调查法。这是最简单的方法，即按照直接询问法、间接调查法等方法了解顾客的住址，再将所得到的顾客地址标注在地图上，然后把地图上最外围的点连接成一封闭曲线，该曲线以内的范围就是商圈。这种方法仅在原有店铺欲获取本身商圈资料时使用。

①直接询问法。直接询问法又称来店顾客调查法。这种方法是由经营者发问卷给每一位来购物的客人，并要求其填上住址，其内容较为真实，可采用抽样调查方法。

②间接调查法。间接调查法又可分为三种：送发票法，即由发票的填写而得知顾客的住址；记住车牌号码法，即通过来店购物者的自用车的车牌号查知其住址；赊账法，即根据赊账簿查出赊账顾客的住址。

（2）经验法。根据以往经验来设定商圈，这种经验包括以往经营过程中获得的各种经验、经历等。例如经营购买频率较高的商品的店铺商圈为走路10分钟左右时间的距离，而购买频率较低的商品为走路30分钟左右的距离。使用这种方法来确定商圈时还应综合考虑地区性、社会性、自然条件等环境因素的影响。

（3）座谈会法。座谈会法是利用从总体中抽取的一个样本，以及设计好的一份结构式的问卷，从被调查者中抽取所需具体信息的方法。调查的内容可涉及行为、要求、态度、知识、动机、人口状况和生活方式等方面。收集数据的方式是结构式的，即标准化的：准备一份正式的问卷，问题的顺序都是事先安排好的，询问的过程也是直接的（不隐蔽目的）。这种结构式的调查方法，所设计的大多数的问答题都是固定选择题，或叫封闭式的问答题，被调查者只需从事先给定的几个可能答案中选定一个（或多个）即可。

4）商圈调查的基本流程

（1）宏观分析。对各种权威性的统计数据与资料进行分析，把握人口分布、生活行动圈、中心地区功能分布等总体情况，根据自己的开店政策，参照人口状况、地域发展前景、商业饱和度等，确定目标区域。

（2）市场调查。实施对特定区域的市场调查，包括立地环境调查、商业环境调查、市场特性调查、竞争店调查等。

（3）筛选目标。通过市场调查，筛选出具体的目标地点，主要考察以下几个方面的内容：

①常住人口的具体位置。需考虑影响人口变动、顾客的稳定性等因素。

②商业环境上有何利弊。确认有无竞争店，能否在面积、停车场、商品构成、营业特点等方面与竞争店形成差别。

③是否具有良好的发展前景。

④预测的销售额为多少。

（4）详细调查，作出评价。对具体地址要进行详细调查，作出优劣、适合性的具体评价。如土地房产的适用性、周围环境状况尤其是公共配套设施的状况、将来发展余地、基础配套设施状况等。

### 1.4.2　市场调查的内容

市场分析的一个重要内容就是市场调查，只有通过市场调查，才能得到直接来自市场第一线的翔实资料。专卖店为准备开店所做的市场调查，一般可分为两个阶段。第一阶段主要是针对开店的可能性进行范围广泛的调查，最终作为设店意向决定参考之用，重点在于设店预定营业额的推定及商店规模的概要决定，此阶段的内容应涵盖调查设店地区的市场特性，同时还要对该地区的大致情形有所了解。第二阶段主要是根据第一阶段的结果，对消费者生活方式做深入的研讨，作为决定商店具体的营业方针的参考，重点在于商店具体的商品构成、定价及促销策略的确定，此阶段应该提供深入分析消费生活方式及确定商店格调等方面的基础资料。

投资者对商品的选择和店面的选择往往都有很好的分析和判断，但容易忽视对信息和行业运行整体态势的分析和研究，导致经营中赚不到利润甚至亏损。开店前期需要做以下几个方面的市场调研。

1）市场对商品的需求量

市场对商品的需求量，决定利润大小。因此，经营者首先要对所经营产品的市场需求量进行详细调查。简单地说，就是要投资人通过市场调查，从总体上对产品进行市场定位。同时，还要调查市场上有没有相同或类似的产品，最后再进行果断的决策。

市场对商品需求量的调查，还包括对市场需求趋势进行的调查。投资人需要了解市场对某种产品或某项服务项目的长期需求态势，弄清该产品或该服务项目是否逐渐被人们认同，其需求前景广阔，还是逐渐被社会、被人们一点点淘汰，致使产品的需求量萎缩。值得注意的是，除对于此地区内过去及现在的情况要了解之外，对今后的发展也必须考虑到。在运用调查资料作比较分析时，以类似的商圈或某一成熟的商圈来作比较，可以使得专卖店开办的决策更为准确。

2）店铺经营的相关环境

（1）对政策、法律环境进行调查。了解所经营的业务、开展的服务项目是否有悖于政策法规，究竟有什么管理措施和是否有激励手段，了解当地政府在所开展的业务方面是如何执行国家法律法规和政策的，对开展的业务有哪些有利因素和不利影响。

（2）对行业环境进行调查。了解所经营的业务、开展的服务项目所属行业的发展状况和发展趋势，以及行业规则和行业管理措施等细节内容。

（3）对宏观经济状况进行调查。宏观经济状况直接影响和制约着老百姓的购买力。切实掌握大气候的信息，是做好小生意的一个重要参数。经济景气时，要采取积极进取型经营方针，即使经济不景气也有挣钱的行业，也孕育着潜在的市场机遇。

3）调查竞争对手的情况

广义的竞争涵盖了"竞争"和"共生"，前者是指为了独占利益争个你死我活，后者则是共同分享利益，甚至互相合作来创造更多好处。因此，专卖店创办者在分析商圈、调查竞争店的时候，要充分分析自己的店铺是否与附近的店铺因商品内容功能相同、距离过近而互相牵制产生负面影响，还是彼此能通过互相合作来增加这个地区的吸引力。

对于竞争店，应该深入查访其营业面积、商品种类、员工人数及待客技巧等，通过比较发现自己的优缺点。而对于共生关系的店，则应该了解能否更进一步互相开发新的需求商品。我们可以通过以下几种方法较为全面地了解竞争店的情况。

首先，我们可以通过大家的口碑或亲身访查来了解竞争店的实力。其具体包括：距离、资本、营业时间、员工人数、服务方式、营业面积、停车场、商品项目、单价等一系列资料；从顾客年龄、服装、拿的东西等判断顾客阶层；对竞争店铺的声誉、店铺形象、布置、地点条件等进行调查也非常有必要。其次，以顾客的身份出现来暗中观察竞争店商品的陈列方式，从陈列量了解商品的数量、价格、质量、主要供货商等信息。另外，每周到竞争店掌握竞争店的顾客数、流向以及高峰时段等，并由所掌握的购物人数、各单价计算其销售额。最后，对获得的竞争店资料进行整理，进而确定共生或竞争策略。

4) 重点调查顾客的情况

顾客是上帝。没有顾客群，经营者就没法谈利润，一般来说，可以从以下几个方面来调查了解顾客的情况。

（1）生活结构。

①人口结构。对目前人口数进行调查，同时将人口依据行业、受教育程度、消费年龄、消费特点进行分类了解。

②家庭户数构成。可以通过家庭户数变动情形与家庭人数、成员状况了解人员变化趋势。

③收入水平。可以预估消费的可能性与大小，并与其他地区比较。

④消费水平。由消费者的消费水平，经营者可以了解每一个家庭的消费情形，并针对消费内容依商品类别分别预估各种商品的支出额，作为经营者以后确定商品结构的重要参考依据。

⑤购买行动。对消费者购买行动的调查，可以获悉消费者购物活动的范围，还可了解消费者选择商品的标准与习惯。

（2）都市结构。

①地域状况。对地域与其腹地大小等都要调查了解，这是因为商品与其地域状况、气候因素都有一定的关系。

②交通。调查时要对专卖店附近的交通路线与车辆往来班次、载送量、方便程度等进行调查分析。

③繁华地段。商店选择热闹地段开业，在地价及租金上都将所耗不菲，因此，在投资成本提高的状况下，如何在这种条件下提升销售业绩，是在繁华热闹地段开店的首要考虑事项。

④各项都市机能。行政管理、经济流通、娱乐等机能成为人口流量集中的焦点。

⑤都市未来发展计划。经营者要关注都市未来的发展计划，如交通网的开发计划、社区发展计划及商业区的建设计划等。

（3）零售业结构。

①地域销售趋势。对地域内的商店营业面积、店员数、营业额等项目做调查，尤其对其过去和未来的成长状况进行了解。

②行业、商店销售趋势。对该地区内商店中商品构成内容、顾客阶层等做调查，才能了解行业间竞争情形，并据以分析了解该地区特性。

③大型商店销售趋势。大型商店的动向对于地区内的竞争状况具有一定的影响力，所以无论大、中、小型商店的开设，对于现有大型商店的规模、营业额、商品构成内容、商品设施等信息都必须加以调查，作为开店时的参考。

经营者在进行调查时，除对此地区内过去及现在的情况要了解之外，对今后的发展也必须考虑。

### 1.4.3 市场细分与定位

只有进行市场定位后，专卖店才可能顺利地进入下一步分析与运作，即选址与其他筹办事宜。专卖店在进行准确的市场定位之前必须对市场进行细分。

1) 目标市场细分

由于经济环境的变迁，消费者的需求已呈现多样化。消费者购买商品时，不仅需要得到单纯的商品，还需要得到商品背后所提供的附加价值，而这些附加价值大多要靠店铺经营者自己来创造，因此，就产生了各种不同业态的商店，如百货公司、超级市场、便利商店、专卖店等。专卖店作为经济发展的产物，在经营时要突出其特色，在选址开店时，就必须要细分目标市场，经仔细评估，选定目标市场，为目标市场顾客提供优质服务。

（1）市场细分的作用。市场细分就是指按照项目消费者或用户的差异性把市场划分为若干个子市场的过程。市场细分的客观基础是消费者需求的差异性。一般来说，专卖店的开办是先进行市场细分，然后进行市场选择和定位，之后才是进入下一步分析与运作，即选址与其他筹办事宜。市场细分为后期的项目市场选择和定位发挥了重要的作用。

①有利于集中使用资源，优化资源配置，避免分散力量。对市场进行细分，深入了解每一个子市场，衡量子市场的开发潜力，然后集中投入人力、物力、财力资源，形成相对的力量优势，减少费用，提高效益，降低风险，发展能力。

②有利于提高专卖店开店的成功率，产生一定的社会效益。市场细分充分关注了专卖店的目标顾客的需求差异性，以消费者为中心对市场进行理性思考。市场细分的间接效果是目标顾客的需求得到满足，在专卖店经营中获益，从而营造专卖店的美誉度，达到店铺的可持续发展。

③有利于增强专卖店的适应能力和应变能力。对消费者市场进行细分，增强市场调研的针对性，市场信息反馈较快，专卖店能够及时、准确地规划专卖店的日常经营活动。

④有利于提高专卖店的市场竞争力。在市场细分的过程中，不仅要对消费者需求进行细分，而且也要对竞争对手进行细分。这样能够清楚地知道，哪个市场上存在竞争者，哪个市场上竞争者比较少，哪个子市场竞争压力大，哪个子市场竞争比较缓和，针对此种情况，制定合理的项目战略，夺取市场份额，增强竞争能力。

⑤有利于挖掘更多的市场机会。通过对市场进行细分，可以全面了解市场中广大消费群体之间在需求程度上的差异，而在市场中，往往满足程度不够。当满足出现真空时，市场便有可获利的余地，市场机会也就随之而来。抓住这样的时机，专卖店可以结合自身的资源状况，推出特色的产品，占领市场，取得效益。

（2）市场细分的原则。专卖店的市场细分程度可以很小，如日本专售高个子服装的巨人商店，美国专售左撇子用具的左撇子用品商店。要使市场细分更为有效，专卖店在进行市场细分时，通常应遵循以下原则：

①易衡量。细分出来的市场不仅范围比较明确，而且也能大致判断该市场的大小。

②保证足够利润。在进行市场细分时，必须考虑细分市场中顾客的数量、他们的购买能力和商品使用频率。

③可进入。细分市场应没有垄断性的竞争者，从而使得专卖店所售产品能够进入市场。

④可行动。细分出来的几个市场对专卖店营销策略的任何变动都能作出差异性的反应。

（3）市场细分的方法。一般来说，细分市场的方法很多，以下介绍以生活方式为主的两种细分方法。

①消费者市场细分法。所谓**消费者市场细分法**，即以人的生命周期、收入、职业将消费者分为若干个群体，并统计出每个群体所占的比例，分析处于不同生命阶段、不同收入水平、不同职业的消费者的不同的愿望和行为方式。

②基于地理位置的人口细分法。按消费者的年龄结构与地理位置细分市场。年龄结构分为：年轻状态18~24岁，成熟状态25~44岁，稳固状态45~64岁，退休状态65岁以上。地理位置分为：乡村、郊区、市政区、闹市区等。

2）市场选择

市场细分之后，有着众多的子市场，在子市场中选出自己的目标市场，主要有以下几种策略：

（1）集中性策略。集中性策略是指以追求市场利润最大化为目标，专卖店不是面向整体市场，而是将主要力量放在一个子市场上，为该市场开发具有特色的项目活动，发动广告宣传攻势。这种策略主要适合于小型项目活动，成本小，能在短期内取得促销的效果。

（2）无差异策略。无差异策略是指专卖店经营活动不是针对某个市场，而是面向各个子市场的集合，以一种形式在市场中推广开来。这种策略应配以强有力的促销活动，进行大量的统一的广告宣传，但是活动成本比较高，时间比较长，一般适合于大型项目活动。

（3）差异性策略。差异性策略是指专卖店经营活动面对已细分化的市场，从中选择两个以上或多个子市场作为目标市场，分别向每个市场推出有针对性的活动。

**职场对接1-1**

## 品牌专卖店的目标消费者选择与市场定位

上海拉夏贝尔服饰股份有限公司成立于1998年，是中国快速发展的多品牌时尚运营企业。拉夏贝尔品牌名称在法语中有"小教堂"的意思，象征着人们对美好生活的期盼，企业为此不断努力，使之变成快乐、幸福、美好的现实。拉夏贝尔创立的初衷是希望通过精美别致的时装设计，将法式优雅精致的风情元素和对生活的认知感悟传递给都市消费者，让他们更好地享受生活的格调之美。

一、公司旗下品牌

上海拉夏贝尔服饰股份有限公司是一家在中国快速发展的多品牌时尚集团，从事设计、品牌推广和销售服饰产品，主营大众女性休闲服装。该公司致力于通过现有

12个品牌（La Chapelle、Puella、UlifeStyle、7.Modifier、Candie's、La Babité、JACK WALK、Pote、Marc Eckō、8EM、Lyne&Leila、La Chapelle +）以及投资的品牌（七格格、OTHERMIX、O.T.R、Siastella、INMIX、tanni、Maria Luisa、NN、Segafredo、萨缇尼、尚芭蒂、筑梦生活）的各类服饰产品向顾客提供具价格竞争力的最新时尚服装。

拓展阅读：
上海拉夏贝尔服饰股份有限公司发展历程、品牌风格及愿景

## 二、公司旗下品牌的目标消费者及市场定位

### 1.A品牌

A品牌的目标消费者是自信、独立、大方的25~35岁都市女性，她们有着自己的生活方式以及对时尚的独到体会和要求，她们自信工作、优雅生活，生活在具有亲和力的家庭中。A品牌的市场定位相对弱化时尚个性，但是更多地体现都市经典。

### 2.B品牌

B品牌具有时尚、率性、可爱的设计理念，将意大利的热情、率性渗透到品牌的每一个细节，带给注重穿着自我体验的时尚女性一种生活态度，为邻家女孩打造时尚衣橱，增添美丽自信，做最好的自己。其目标消费者是18~25岁的大学生及初入职场的小白领，她们充满活力，敢于接受新事物，拒绝平庸，享受生活，健康积极。品牌市场定位是追求时尚中低消费阶层。

### 3.C品牌

C品牌被拉夏贝尔服饰股份有限公司打造成符合中国大众消费者审美，贴近大众消费者需求的时尚趣味女装品牌。其目标消费者是18~35岁有着多风格穿着需求的追求时尚的白领人士。品牌市场定位是追求时尚中等消费阶层。

### 4.D品牌

D品牌采用线上、线下多渠道，围绕顾客体验，创新顾客酷视感、新鲜度的生活方式。倡导张扬个性、大胆创意、彰显"乐玩"的年轻女性穿着态度。该品牌使消费者通过简单而充满玩心的装扮呈现年轻女性的真实个性，展现酷女孩的自我。其核心目标年龄层是18~25岁的女性。市场定位为集个性、潮流、女性为一体的"内核型"快时尚品牌。在原有的时尚品牌市场进一步细分市场，精细化地定义品牌风格，以品牌"个性内核"差异在市场中呈现。

### 5.E品牌

E品牌倡导情调生活、都会假日、乐活满享的生活状态，继承了波西米亚式多元风情，自由、纯真的文艺基因，崇尚浪漫的自然主义，更增添了SOHO式的都市小资和清新甜美的文艺气质，从而形成一种温和清新、注重情调、治愈性的特色文化和审美风格。产品清新俏皮，同时又不失都会时尚。主打产品有亲子装、童装、家居、配饰等。目标消费者的年龄层（心理年龄）是20~35岁，核心目标消费者的年龄层（心理年龄）是24~30岁。品牌风格定位为清新愉悦、自然浪漫、甜趣风情、都会文艺的风格。

### 6.F品牌

F品牌倡导"自得其乐"的生活方式，在喧闹的都市日常中，寻求精神的愉悦、身体的自然舒适之感，让大众轻松拥有专属的生活方式。品牌愿景是成为中国快时尚领导品牌。由于产品较为多样化，目标消费者也有所分类，分别是针对成熟知性白领的25~35岁女性（Women）、个性时髦的20~30岁女性（Youth）、简约时尚型的25~35岁男士、年轻父母家庭（追求时尚、愿意为孩子时常更新衣服）的3~11岁的孩童（Kids）四类。市场定位是追赶流行趋势产品的中高消费阶层。

**7.G品牌**

G品牌诠释着品牌的活力与亲和力，该品牌认为，复古不只是怀旧，潮流也是一场寻找和发现的旅行。因此，该品牌推出了新运动休闲系列、复古潮流系列、轻旅行系列等产品。其目标消费者是个性活泼、聪明、好奇、忠诚、执着的20~35岁大学生、初入职场的小白领及创意工作者。市场定位是时尚、中高价位的消费者阶层。

**8.H品牌**

H品牌融合现代都市男性的商务需求和休闲需求，兼顾服装的实用性，秉承自然和现代感的设计理念，使之成为高性价比的简约时尚男装。该品牌推出了斯文系列、休闲系列、运动系列等一系列产品。目标消费者是25~35岁的80后年轻一代、90后职场新秀。市场定位是集潮流休闲与简约时尚于一体的低消费阶层。

**9.I品牌**

I品牌注重品质、风格、品位，从商务穿搭中演变而来，主打非正式场合的着装风格。目标消费者是成熟稳重，有个性、有品位、注重品质的25~40岁的都市白领、自由职业者，及有品位男士。市场定位为潮流休闲、牛仔系列的男装品牌。

资料来源　编者根据合作企业提供的资料整理.

3）市场角色定位

**专卖店市场角色定位**是根据竞争者现有产品在市场上所处的位置，针对顾客对该类产品某些特征或属性的重视程度，为本专卖店产品塑造与众不同的、给人印象鲜明的形象，并将这种形象生动地传递给顾客，从而使该产品在市场上确定适当的位置。

专卖店的商品定位一般需根据目标顾客的消费需求而定。例如法国巴黎市中心的某高档首饰专卖店，它的目标顾客是巴黎上层的社会成员，它的设施豪华，商品价位很高，服务也相当出色。而满足中低层收入的顾客需求的商店，营业场所中配套设施较为简陋，商品多为大包装，服务水平相对来说不高，几千平方米的货场上可能都看不到销售人员，结算处也不一定有包装袋。无论采取何种商品定位方法都必须以目标顾客的需求和偏好为基本原则，而且专卖店的目标顾客愈明确愈好。目标顾客明确之后，就会发现商品定位和市场角色定位是一个非常简单的问题。

专卖店创办者必须根据自己的实力来找到自己应扮演的角色，否则会被市场抛弃或大材小用，按照菲利普·科特勒教授在《市场营销管理》中的观点，专卖店市场角色定位可以有以下几种：

（1）市场领导者。在目标市场上，经常会有一个经营实力雄厚的巨头，在各方面左右着整个市场，领导着其他专卖店的经营方向和方法。这类专卖店力争防御挑战者的攻击，尽力扩大专卖店与竞争者之间的差距，以继续保持其领导者的地位。

（2）挑战者。在目标市场中名列第二、三名或名次更低的店铺称为挑战者，它们的竞争观念、赶超意识特别强，构成了对市场领导者的实际威胁。大多数市场挑战者的策略目标是扩大市场占有率，因为他们认为这可以提升其获利的能力。

（3）市场追随者。在目标市场中，还有许多实力较小者。他们明知凭实力无法与大专卖店一争高低，而宁愿充当追随者。他们的营销策略以灵活、创新为原则，充分发挥"船小好掉头"的优势。

（4）市场补缺者。一些实力极小者由于受本身能力的限制，甚至无法做到追随模仿实力大的专卖店，所以就只能在市场上充当拾遗补缺的角色，在市场领导者忽视、遗弃的市场上进行补缺型的经营活动。扮演这种角色的专卖店往往也能取得较大的成功。随着市场细分愈加深化，这种角色也更加符合大趋势，专卖店的迅猛发展也恰恰验证了这一点。

### 1.4.4 店址选择

**店址选择**，是指在创建商店前对店址的论证和决策过程，是专卖店应选择在哪一个区域具体位置的问题。店址选择有两层含义：其一是指商店的设置区域，以及区域的环境应达到的基本要求；其二是指商店设置在哪个具体地点、方位、朝向等。店址选择对一个商店来说是一项十分重要而又相当复杂的工作，对商店的生存与发展，对投资回收和专卖店效益具有极其重要的影响，必须慎重分析、认真研究，防止因考虑不周而造成不必要的损失。

1）店址选择的重要性

适当的店址对专卖店的商品销售有着举足轻重的影响。专卖店的特定开设地点决定了专卖店顾客的多少，同时也就决定了专卖店销售额的高低，从而反映店址作为一种资源的价值大小。专卖店店址选择的重要性体现在以下几个方面：

（1）店址选择是一项长期性投资，关系着专卖店的发展前途。店址不同于人、财、物及信息因素，它具有投资数额较大且时期较长、固定性强的特点。当外部环境发生变化时，它不会像人、财、物等其他经营要素那样可以迅速作相应调整。因此，应深入调查，周密考虑，妥善规划，以作出较好的店址选择。店址选择得好，店铺可以长期受益，店址选择不当，要改变或弥补将是十分困难的。

（2）店址选择是影响专卖店经济效益的重要因素。店址选择适当，即占有"地利"的优势，能有效吸引顾客。实践证明，由于商店所处的地理位置不同，会导致商店在经济效益方面呈现较大的差异。

（3）店址选择是制定经营目标和经营策略的重要依据。商店在制定经营目标和策略时，需考虑许多因素。应对商店所在地区的社会环境、地理环境、人口状况、交通条件、市政建设等因素进行调查研究，为制定专卖店经营目标提供依据，并在此基础上按照顾客构成及需求特点，确定商店经营商品的构成、销售方式、广告宣传、服务手段等促销策略。

（4）合理确定店址能更好地满足消费者的需求，更好地为消费者服务。商品经营的总目标是不断地满足广大消费者对各种商品的需要。在店址选择时应尽可能接近消费者，既可以促进销售又方便群众购买，从节省顾客时间、费用角度出发，最大限度地满足顾客的需要。

2）店址选择的一般原则

（1）经济效益原则。专卖店位置的选择，首先要保证有一定的商品销售额，并能获得一定的利润。在选择店址时，要调查和测算在被选地点上设置的网点，店铺商圈内的消费人口及其购买商品的能力、交通运输条件等，预估该店铺可能达到的商品销售额、费用水平和经营利润。在调查测算的基础上，可针对若干个不同的备选方案进行综合比较分析，确定投入和收益的合理性，选择确保基本效益的地点来设置专卖店。

（2）方便消费者购买原则。随着生活水平的不断提高，城市居民对商店的服务要求也越来越高，因此，在店址选择上方便生活、方便购买成为选址必须遵守的原则。在店址选择时要尽量靠近居民集中和交通方便的地区，为消费者创造便利的购买条件，以满足城市居民生活多方面、多层次的需要。

（3）符合城市总体规划原则。商业网点是城市基础设施的重要组成部分，专卖店的设置要适应城市建设规划。在选址上要符合城市总体规划，经济效益与社会效益相结合，以满足城市居民生活多方面、多层次的需要。

（4）商店发展的原则。店址选择的突出特点是，一经确定后一般就不能轻易再进行变动，因此，从商店本身来看，在选择店址时，既要考虑到目前经济条件的可行性和实际需要，同时也要注意到未来发展变化的需要。

3）影响店址选择的主要因素

（1）商业区类型。专卖店店址位置选择首先要考虑专卖店应选择设在哪一个区域。专卖店的店址会从以下类型的商业群进行选择：

①中央商业区。中央商业区是最主要的、最繁华的商业区，许多著名的百货商店以及各种餐饮店、电影院和写字楼等会设置在此地理位置。

②交通要道和交通枢纽的商业街。这是次要的商业街。这些地点是人流必经之处，在节假日、上下班时间人流如潮，店址选择在此处大大方便了来往人流。

③居民区商业街和边沿区商业中心。居民区商业街的顾客，主要是附近居民，在这些地点设置商店是为方便附近居民就近购买日用百货、杂货等。边沿区商业中心往往坐落在铁路车站附近，规模一般都不会太大。

（2）交通因素。交通条件是决定专卖店选择开设地点的一个重要因素，它影响着店铺经营的顺利开展和顾客购买行为的实现。

①停车设施。在开设地点的附近，要考虑车辆进出是否便利、顺畅，是否有足够的停车位可以利用。

②附近交通状况。店址是否接近主要公路，商品运至商店是否方便，交货是否方便等情况。在一些城市里有许多大街（通常在白天）是禁止货运车辆往来的，合肥淮河路步行街即为一例。

③交通细节问题。通常距离交通要道越近，客流越多。开设地点还要考虑客流来去方向，如选在面向车站的位置，以下车的客流为主；选在邻近汽车站的位置，则以上车的客流为主。有些街道由于两端的交通条件不同或通向地区不同，客流主要来自街道的一端，表现为一端客流集中，纵深处逐渐减少的特征，这时候店址宜设在客流集中一端，而有些街道中间地段客流规模较大，相应中间地段的专卖店更能招揽潜在顾客。

④市政交通管理状况和城市规划。选址时还要考虑市政交通管理状况，比如单行

线车道，禁止车辆通行街道以及与人行横道距离较远等会造成客流量的不足。城市建设的规划既包括短期规划又包括长期规划。经营者必须从长远考虑，在了解地区内的交通、街道、市政、绿化、公共设施、住宅及其他建设或改造项目的规划的前提下，作出最佳地点的选择。

（3）客流因素。

①客流来源。一般专卖店客流有以下三个主要来源：A.常住人口，它是指居住在商店附近社区内的常住人口，他们居住固定、消费稳定，与商店有密切联系，是店铺的主要顾客；B.工作人口，它是指那些并不居住在附近但常年工作在商店邻近地点的人口，他们往往利用工作间隙时间就近购买，是经常光顾的次级顾客群体，邻近机关、单位、高校等越多，这一潜在顾客来源就越多；C.流动人口，是指那些从商店路过的临时人口，如交通要道、商业区或文化教育区，经常有外地或本城的人口过往、驻足，这类人便成了商店的潜在顾客。

②客流规律。客流量大小也是一个专卖店成功的关键因素，客流包括现有客流和潜在客流，店址要尽量选在潜在客流最多、最集中的地点，以便于多数人就近购买商品。一般商店客流分为三种类型。A.自身客流，指那些专门为购买某商品的来店顾客所形成的客流，这是商店客流的基础，是商店销售收入的主要来源；B.分享客流，指一家商店从邻近商店形成的客流中获得的客流，这种分享客流往往产生于经营相互补充商品种类的商店之间，或大商店与小商店之间；C.派生客流，指那些顺路进店的顾客所形成的客流，这些顾客并非专门来店购物。

③客流目的、速度和滞留时间。选址时实地考察很重要，好地段不等于好生意，在高速路口、公共场所附近，虽然客流很大，但他们的目的不在于购物，客流流速快且滞留时间短，并不是设店选址的好地方。要选择适于购物、有停留机会和时间的地点作为店址。

（4）竞争因素。一般来说，在开设地点附近如果竞争对手众多，商店经营独具特色，将会吸引大量的客流，促进销售增长，否则与竞争店毗邻而居，将无法打开销售局面。但是，在商店相对集中且有发展前景的地方，经营选购性商品的商店可以与周围的商店类型协调并存，形成相关商店群，在方便顾客的基础上，会扩大各自的销售量，对经营产生积极影响。

4）选址的技巧

良好的开端是成功的一半。一般来说，以下地区算是专卖店店址选择中比较理想的地理位置。

（1）商业活动频度高的地区。在闹市区，商业活动极为频繁，把专卖店设在闹市区这样"寸土寸金"的地区，销售额也会很高。

（2）人口密度高的地区。居民聚集、人口集中的地方是适宜设置专卖店的地方。在人口集中的地方，人们有着各种各样的对于商品的大量需求。如果专卖店开在人口密度高的地区，并致力于满足人们的需要，专卖店收入通常也会比较稳定。

（3）面向客流量大的街道。专卖店处在客流量较大的街道上，可使多数人购物更为方便。

（4）交通便利的地区。可以在旅客上车、下车最多的车站，或者在几个主要车站的附近设店，也可以在顾客步行距离很近的街道设店。

（5）接近人们聚集的场所。电影院、公园、游乐场、KTV等娱乐场所，或者大工厂、机关的附近也是较适宜选址的场所。

（6）同类商店聚集的街区。对于经营选购品、耐用品的商店来说，若能集中在某一个地段和街区，则更能招揽顾客。许多顾客为了货比三家，往往不惜跑远路也要到专业街购物。所以，在某种程度上，同业愈多，人气愈旺，业绩就愈好，店面也就会愈来愈多。

而下面几个地方则是选址大忌：①周围居民少或增长慢而商业网点已基本配齐的区域。在缺乏流动人口情况下，有限的固定消费总量不会因新开商店而增加。②高层楼房。高层开店，不便顾客购买，同时高层开店一般广告效果较差，商品补给与提货很不便。当然，当创办者资金较少时，只要策略得当也可以在高层楼房选到合适的店面。③高速公路边。随着城市建设的发展，高速公路越来越多，但由于快速行车的要求，高速公路一般有隔离设施，两边无法穿越，公路旁也较少有停车设施。

5）店铺选址实例

某专卖店店铺选址调查具体内容（共四项），见表1-1至表1-5。

表1-1　　　　店铺选址的房屋概况调查

| 一、房屋概况 | | | | |
|---|---|---|---|---|
| 1.房屋名称 | 2.整幢房屋的概况 | 3.朝向 | 4.房屋建筑面积 | 5.使用面积 |
|  |  |  |  |  |
| 6.层高 | 7.结构情况（框架、砖混等） | 8.有无停车位 | 9.招牌位 | 10.招牌可见距离 |
|  |  |  |  |  |
| 11.最近公交车站距离 | 12.出租房与固定垃圾堆和公厕的距离（是否大于20m） | 13.门前人行道的宽度 | 14.临街道路的宽度 | 15.进货通道的宽敞情况 |
|  |  |  |  |  |
| 16.门前是否有交通限制（单行线、隔离带） | 17.是否需要改造 | 18.与主要小区大门之间的距离 | 19.与配送目标的距离 | 20.水电配备，有无三相电 |
|  |  |  |  |  |
| 21.消防设施 | 22.房屋的地理位置（地图标注位置及商圈范围） | 23.平面图纸红线表明可使用范围。主要包括：有几个柱子，柱间距离，房屋的深度、宽度，门面的宽度 | 24.给排水线路图 | 25.电力设施布置图 |
|  |  |  |  |  |
| 26.照片： | | | | |
| 正面的照片 | 门前的照片 | 路对面45°角看商店的照片 | 最近小区门口看商店的照片 | 最近路口看商店的照片 |
|  |  |  |  |  |

表1-2　　　　　　店铺选址的业主情况调查（内容编号接续上表）

| 二、业主情况 | | | |
|---|---|---|---|
| 27.业主的性质 | | 28.联系人 | |
| 个人： | 单位： | 姓名： | 电话： |
| 姓名： | 名称： | | |
| 29.房屋所有权有无争议 | | 30.房屋性质是否合法 | |
| 无（填0） | 争议描述 | 是（填1） | 问题描述 |
| | | | |
| 31.是否已抵押 | | 32.房产证复印件 | 33.土地证复印件 |
| 是（填1） | 否（填0） | | |
| | | | |

表1-3　　　　　　店铺选址的租赁情况调查（内容编号接续上表）

| 三、租赁条款 | | | | |
|---|---|---|---|---|
| 34.租金 | 35.租期 | 36.是否有转让费 | | 37.递增比例 |
| | | 是 | 否 | |
| | | | | |
| 38.付款方式 | 39.定金 | 40.300m内同类商铺的租金水平 | 41.是否开具发票 | |
| | | | 是 | 否 |
| | | | | |
| 42.是否可以拆分转租 | | 43.是否有保险 | | 44.水电过户问题 |
| 是 | 否 | 是 | 否 | |
| 45.违约责任 | 46.物业管理费的缴纳 | | 47.房屋的维修 | |
| | | | | |
| 48.允许提前进场装修期限或免租期 | 49.房屋交接相关约定（有什么特殊约定） | | 50.签约后续需要与房东协调的事项 | |
| | | | | |

表1-4 店铺选址的商圈情况调查1（包括同业态问题，内容编号接续上表）

| 四、商圈情况调查1 | | | | | |
|---|---|---|---|---|---|
| 51.300m内商圈的住户 | | 52.商圈内在建户数 | 53.新户数的增加情况或潜在减少情况 | 54.商圈内消费者购买的方便性 | |
| 入住户数 | 未入住户数 | | | | |
| | | | | | |
| 55.年龄层次 | | | 56.消费层次 | | |
| 偏老年 | 偏中年 | 偏青年 | 高 | 中 | 低 |
| | | | | | |
| 57.商圈内的交通是否通畅 | | 58.老百姓的习惯购买方向 | | 59.门前各时段的人流量 | |
| | | | | | |
| 60.是否可能有新的竞争对手进入（有则说明情况） | 61.学校（有则说明情况） | 62.政府机构（有则说明情况） | 63.银行（有则说明情况） | 64.医院（有则说明情况） | 65.用工情况 |
| | | | | | |

（一）同业态问题

竞争店调查

| 66.名称 | |
|---|---|
| 67.面积 | |
| 68.坐落位置 | |
| 69.与商店的距离 | |
| 70.收银台的数量 | |
| 71.常开几个竞争店 | |
| 72销售额测算 | |
| 73.营业时间 | |
| 74.开业时间 | |
| 75.经营品种 | |
| 76.购物环境 | |
| 77.特色服务 | |
| 78.停车情况 | |
| 79.抽样价格比较 | |
| 80.是否有会员卡 | |
| 81.购物卡销售方式 | |
| 82.影响力 | |
| 83.竞争对手租赁的年限 | |
| 84.租金 | |

表1-5 店铺选址的商圈情况调查2（包括农贸市场问题，内容编号接续上表）

| 五、商圈情况调查2 | | | |
|---|---|---|---|
| （二）农贸市场情况 | | | |
| 85.名称 | 86.坐落的位置 | 87.与商店的距离 | 88.面积 |
| | | | |
| 89.市场使用情况 | 90.人气情况 | 91.房屋结构 | 92.总摊位数　93.空摊位数 |
| | | | |
| 投资人员意见 | | | |
| 94.优点 | | | |
| 95.缺点 | | | |
| 96.综合意见 | | | |
| 97.汇报人 | | | |

## 单元小结

专卖店（Exclusive Shop）是指专门经营或授权经营某一主要品牌商品（制造商品牌和中间商品牌）为主的零售业态，所销售的商品之间具有极强的关联度，它们或者是同一个品牌的商品，或者是一个系列的商品。广义上，专卖店一般是指销售具有共同特性商品的中小零售店。专卖店顺应经济发展和消费需求而产生。专卖店按照是否为连锁形式开店，可以分为连锁经营和非连锁经营；按合伙开店的经营人数可以分为个人独资经营和合伙经营两种经营形式。进行市场细分和市场定位的同时要进行商圈分析和市场调查。店址选择对一个商店来说是一项十分重要而又相当复杂的工作，对商店的生存与发展、投资回收和专卖店的效益的高低有着重要的影响，必须慎重分析、认真研究，防止因考虑不周而造成不必要的损失。

## 主要概念

专卖店　消费者市场细分法　专卖店市场角色定位　店址选择

## 单元测试

□ 简答题

1.简述专卖店在中国零售业发展中的作用。

2.开设专卖店的经营者应该具备哪些能力与素质？

3.开设专卖店时如何进行独资经营与合伙经营的选择？

4.开设专卖店前市场调查的内容有哪些？

5.影响专卖店店址选择的因素有哪些？

□ 案例分析题

### 破解合伙经营的魔咒

L与妻子同甘共苦，在S省内的一个地级市F开了一家家居用品的专卖店。经过两人的苦心经营，生意做得风生水起。在F市的生意稳固后，L想到了扩张。经过考察，在F市的旁边C市，L找到一个非常不错的200多平方米临街店面。L找到自己表姐合伙，双方出资各50%，把这个200多平方米的店面做成了一个品牌家居用品专卖店。

由于L经营有方，在C市的这个家居用品专卖店的生意渐渐好了起来，但让L烦心的事情也来了，主要矛盾就是来与L合伙经营的表姐。L的表姐，是一个销售能力非常强的人，一般顾客进店都能促成销售，但她的管理能力非常弱，几乎没有管理理念和管理意识。

L在店面推行的管理制度和管理措施，他的表姐都持怀疑态度，也不积极地配合，觉得没有必要，甚至对专卖店基本的考勤制度、例会制度都不能很好地贯彻、执行。L每次苦口婆心地与他的表姐沟通时，也基本没有效果。L虽然觉得自己所做的一切是为了认真经营好C市的这个专卖店，但他的表姐却经常抱怨说："L，你还有F市的生意，C市你做不好，你还有F市作为后路；而我却只有C市的这摊生意，做不好，我损失最大。"

L面对与他表姐合伙经营的现状，没有很好的对策，眼看着生意走下坡路，店面管理一直处于混乱状态。

问题：

如果你是L，你该如何处理L与他表姐合伙过程中出现的类似问题？

□ 实训题

进行店铺选址的SWOT分析。

【实训场景设计】

根据准备开设的专卖店类型，选取正在转让的店铺进行选址调查。

【实训任务】

以小组为单位，选择正在转让的合适的店铺，进行店铺选址的优势、劣势、机会、威胁分析。

【实训提示】

提示：建议学生在现场调查的基础上参考附近专卖店的基本情况。对欲调查的店铺进行SWOT分析时，可以参考表1-6的内容，将分析结果分别归类为优势、劣势、机会、威胁。

表1-6                        SWOT分析内容

| |
|---|
| 1.门店的地理位置优劣 |
| 2.商品有无优势、价格灵活度如何 |
| 3.能否利用早市吸引来客 |
| 4.周边竞争者的发展速度如何 |
| 5.周边小区的密集度、客流量如何 |
| 6.公司利用微信做一些顾客活动，对拉来客户能否起到作用 |
| 7.网购销售对商圈内实体店的冲击力如何 |
| 8.有无足够的停车位供顾客使用，凭借购物小票是否可免费使用 |
| 9.有无部分优势商品品项价格低于竞争者 |
| 10.商圈内专卖店员工薪资待遇如何，人员流失率的高低 |
| 11.专卖店通道是否宽敞，购物环境如何 |
| 12.是否可以与业主联合，打造吃喝玩乐于一体的一站式购物环境 |
| 13.对客流进行分析，办理会员卡能否吸引并保持客流量 |

【实训效果评价标准表】

实训效果评价标准表见表1-7。

表1-7                        选址调查评价表

| 项目 | 表现描述 | 得分 |
|---|---|---|
| 调查的对象和目的 | | |
| 人员分工 | | |
| 调查方法 | | |
| 调查内容的完整性与真实性 | | |
| 选址可行性 | | |
| 合计 | | |

得分说明：在选址调查评价表中，每个单项分值为20分，分为4档，每项分值为"20""15""10""5"，将每项得分记入得分栏，全部单项分值合计得出本实训项目的总得分。得分90~100分为优秀；75~89分为良好；60~74分为合格；低于60分为不合格，须重新调查。

# 专卖店的开办与店铺设计

## 学习目标

通过本章的学习，理解如何在开店时进行开新店与接二手店的选择；了解在开店时决定买店铺与租赁店铺的影响因素；掌握专卖店的资金筹集方式；理解专卖店命名的注意事项；掌握专卖店的登记注册流程；掌握专卖店购物环境的设计流程。

## 单元框架

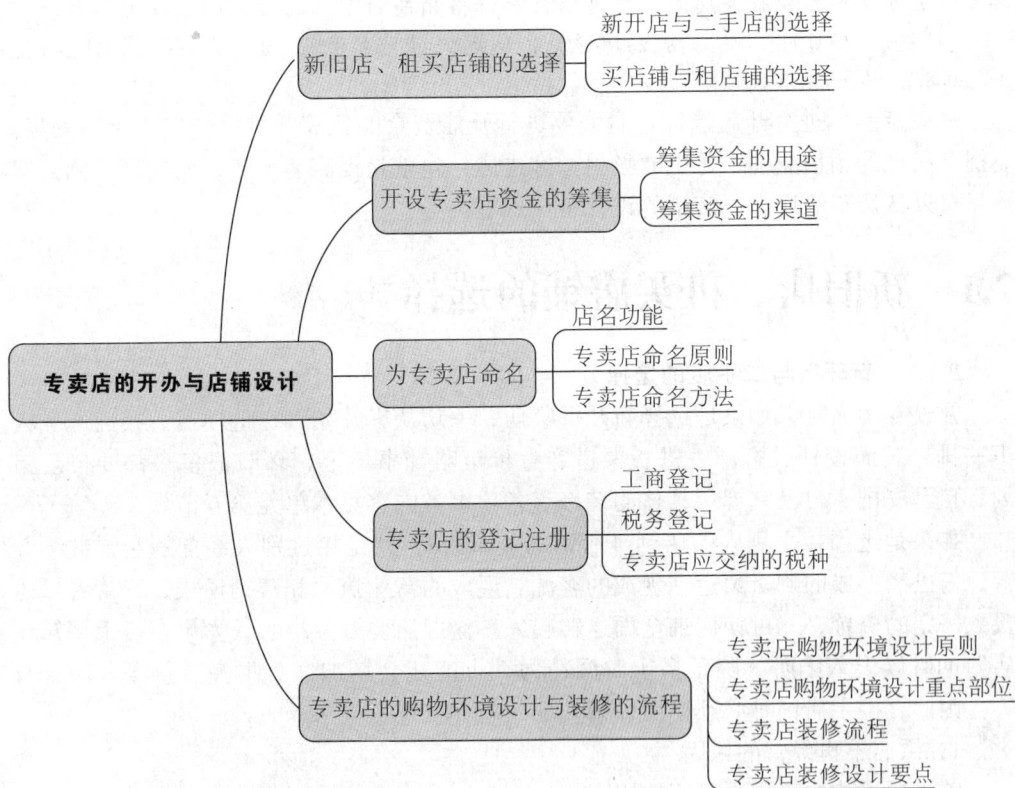

专卖店的开办与店铺设计

- 新旧店、租买店铺的选择
  - 新开店与二手店的选择
  - 买店铺与租店铺的选择
- 开设专卖店资金的筹集
  - 筹集资金的用途
  - 筹集资金的渠道
- 为专卖店命名
  - 店名功能
  - 专卖店命名原则
  - 专卖店命名方法
- 专卖店的登记注册
  - 工商登记
  - 税务登记
  - 专卖店应交纳的税种
- 专卖店的购物环境设计与装修的流程
  - 专卖店购物环境设计原则
  - 专卖店购物环境设计重点部位
  - 专卖店装修流程
  - 专卖店装修设计要点

【引例】

### 伦敦袜子商店的成功经验

米尔曼和她的丈夫1983年4月在伦敦著名的哈罗兹百货商场下面繁忙的地铁车站创建了第一家袜子商店。今天这家名为"裤袜国际连锁商店"的零售公司获得了巨大的成功，它在英国已拥有98家分店，在法国拥有3家分店，在纽约地区拥有17家分店，成为世界上最大的妇女裤袜零售专营公司。

这家商店与高科技毫无关系，但绝不能忽视。裤袜国际连锁商店在截至1988年9月30日的财政年度内销售额为4 500万美元，获利470万美元。

该连锁专卖店规模并不是特别大，销售的商品从妇女紧身衣裤到颇受欢迎的菱形花纹男袜和可奏"生日快乐"乐曲的钱包等新奇小巧的物品应有尽有。米尔曼解释说："关键的关键是店铺的地点。"

米尔曼的经营注重服务和方便顾客，不靠降低价格取胜。她的袜子商店出售的裤袜一般为每双2.75美元，比日用杂货或其他杂品商店出售的价格高多了。她说，由于裤袜商店方便顾客和服务周到，足可以弥补价格稍高的不利因素，而且绰绰有余。

资料来源　杨月如.开一家赚钱的专卖店：专卖店经营必备手册［M］.北京：中国社会出版社，2008.引文经过节选、压缩和改编。

一家专卖店进行开店选址之后，要进行开店资金的预算并进行开店资金的筹集。要提升店铺的销售业绩，首先要吸引顾客进店，也就是提高客流量，而提高店铺的客流量可以从店铺的店名、店铺的设计装修入手。

# 2.1　新旧店、租买店铺的选择

### 2.1.1　新开店与二手店的选择

开设专卖店时，如果是选择新开一家店，一切从零开始，在选项目、找店址、人事安排、装潢设计、客源、进货渠道、宣传策略等事情上，环节很多，都要自己策划、自己安排、自己掌握。具体的装修等各项事务内容见本单元第五节。

如果是选择接手别人的店铺（所谓的盘旧店），就是接过别人经营的店铺继续经营，有已经形成的购货渠道、现成的客源、现成的营业执照和营销模式，经营者只需投入一定的资金，就可使店铺全面运转起来。盘旧店要万分小心，如果在接手"转让店"的时候误入陷阱，除了搭上时间精力，可能还会增加经济损失、惹上官司缠身等。因此，接手店铺时必须搞清以下几项问题：

1）原店不再经营的原因

首先要弄清原店不再经营的原因是什么，再分析这些原因是否会对自己接手经营造成负面的影响。

2）转让方是房东还是租赁者

转让方如果是房东，要请房东拿出有效的产权证，根据产权证，对房屋的建筑面积、结构等情况进行检查，避免张冠李戴，以假乱真。如果转让方是租赁者，必须请房东出面共同商议，分清楚哪些东西是房东的，哪些东西是租赁者的，三方当面清点，出具文字凭证，签字画押，方可深谈。

3）这个地方是否能开专卖店

经营者应该到房产、消防、公安、环保、街道等部门了解一下相关政策，了解一下店铺所在位置是否能开专卖店。另外，店铺周边的居民对本店铺经营的态度至关重要。一方面，不能忽视周边居民可能是未来的准消费顾客；另一方面，他们的环保意识、维权意识可能都非常强。若导致其不满意，上访、诉讼、上门争辩、媒体曝光等事件，也都有可能出现。

4）是否有历史遗留问题

经营者亲自到自来水公司、电力公司、通讯部门、环保局、煤气公司、供热公司等单位了解水费、电费、电话费、环保费、煤气费、供热费的缴纳情况。如转让方的上述费用未缴清，请转让方将剩余部分缴纳完毕，并出示交费发票，看清确认后复印留存，妥善保管。停水、停电、停气，无论上述事件哪一种情况发生，都无法保证以后正常营业。

5）是否有违法违纪记录

经营者要亲自到市场监督管理部门、税务部门了解工商管理费、应缴纳税款是否缴纳完毕，是否有罚款。如果有的话，请转让方到相关部门缴纳完毕，并将相关票据复印留存，妥善保管。工商管理费、应缴税款属国家强制征收的项目，如未缴纳，有可能面临营业执照作废、停办营业执照、罚款等相应处罚。

6）与前员工是否有经济纠纷

联系以往与旧专卖店有关的单位和人员，了解专卖店租售情况，尽可能查清店铺的工资发放、贷款、担保、抵押、应付账款和经济纠纷等情况，分清责任，避免在以后的经营中发生纠纷。因为在转让时很多员工跟着一起"转让"，所以一定要分清责任。

7）装修转让事宜是否合理

专卖店内部设备及机件等均属内部装修转让，这些都需要转让金，但其转让金额是否合理必须仔细研究分析。

因此，不管是开新店还是盘旧店，经营者一定要根据自己的实际情况而定。

### 2.1.2　买店铺与租店铺的选择

在决定开店时，经营者还要决定到底是买店铺还是租店铺，下面从两个方面进行比较：

1）买店铺

根据调查，在最初创业的过程中，买店铺开店的人员是比较少的，但是经营者如果从长期经营的角度出发，也可能会选择买店铺。经营者如果决定买店铺，除了要弄清楚产权等问题外，还要注意以下几点：

（1）社区区域的商业气氛分析。因为专卖店的消费对象是其经商地所在区域的居民，所以，对这个区域的人口密集度、消费能力和商业设施网点的布局等都要进行研究。

（2）专卖店所处的路段分析。一般人认为，商铺选在道路宽广的临街，肯定是优选之策，但是并不是道路越宽越好，不是道路宽经营环境就好。要看道路宽的内涵，假如道路宽而车流量大，行人肯定就少，有的道路还在路中央隔有横栏，行人不方便过马路，这也会影响店铺的效益。

（3）店铺的大小、区域性质应能满足经营目标。经营者购买商铺时必须考虑经营商品的特征，购买的店铺是否适合准备售卖的商品。

（4）店铺的铺面宽度。选购店铺时尽量选择临街面大的店铺，这样容易形成扇面型视线区域。店铺的临街面宽，店铺的横幅就会较宽，顾客容易注意到。所以，经营者在资金能力许可的情况下，选择的店铺铺面越宽越好。

2）租店铺

对于创业者来说，手头的资金一般都是有限的，因此，出于对资金和风险的考虑，大多数经营者都是以租店铺为主。尤其是那些经营价格极其昂贵、生命周期短、更新换代较快的商品的店铺，大都采用租赁的方式。经营者只需交付一定的押金，马上就可获得使用权。但租店铺时应仔细考察，避免掉进陷阱，造成损失。

近年来，随着经济的不断发展，店铺已显得比较紧俏，有不少小区的商业配套还在建设之中，求租者就已经开始预租店铺。为了降低租店铺的风险，经营者在租赁店铺时一定要签订租赁合同，同时应着重考虑以下问题：

（1）出租人的主体资格。商铺作为不动产，其出租人必须是商铺的所有权人或者使用权人，若是所有权人，应依法取得房地产权证；若是使用权人，应有合法的租赁凭证及允许转租的书面证明。另外，如房屋是共有人的，还需要经过共有人的书面同意。

（2）租赁房屋的用途。一般来说，租赁商铺必须确认房屋用途为商业用房，否则，无法办理营业执照。

（3）租赁期限。根据《合同法》第二百一十四条的规定：租赁期限不得超过二十年。超过二十年的，超过部分无效。租赁期间届满，当事人可以续订租赁合同，但约定的租赁期限自续订之日起不得超过二十年。

（4）转租情况。因商铺经营风险较大，故在经营状况不佳时，可能会涉及将商铺转租的问题。出租人是否允许承租人转租，应在租赁合同中予以明确。

（5）租金谈判。经营者若租用店铺开店，和房东讨价还价前应先自定一个能够接受的最高价。另外，向附近类似的门面打探一下，价位是否合理。然后在心理价位和行情的基础上再和房东谈判，这样可以得到相对合理的价位。

（6）房租的支付方式。经营者在经营过程中，缴付房租有按月结算、定期缴付和一次性付清三种方式。采用按月结算的方式，能及时结算，避免拖久了增加计算难度，而且双方都会满意。短期租赁按月结算的好处是，一旦经营者有了新的店面或想停租时，不会损失太多租金，但是如果采用短期租赁按月结算的方式，会存在着如果续租，租金会逐年上涨的情况。而采用长期租赁的方式，一次性付清多年租金，不会面临租金逐年上涨的情况。在采用一次性付清方式时要调查好政府规划与政策，还要预计这个店面以后的发展潜力，以降低经营者的租赁风险。

（7）装修补偿。出租人与承租人应在租赁合同中明确指出这个房屋能否装修。此外，双方应约定，在租赁期结束或因其他原因解除租赁合同后，对装修如何进行处理。在对装修处理方式未作约定的情况下，若出租方违约，致使租赁合同解除，出租方应赔偿承租方的装修损失。

（8）租赁合同登记。在租赁合同订立后，合同当事人应将租赁合同送至房管部门登记备案。未经登记备案的租赁合同亦是有效合同，但不具有对抗第三人的法律效力。

总之，在签订租房协议时一定要谨慎，在签协议之前，要对所租的店铺做到心中有数，不要因为租房的失误使你的专卖店开设计划受阻。

# 2.2　开设专卖店资金的筹集

## 互动课堂2-1

### 老乡鸡问鼎"中国好项目"

日前，东南卫视热播的大型励志创业真人秀《爱拼才会赢》第一季的总决赛落下帷幕。安徽最大的连锁快餐老乡鸡的创始人束从轩与"亚洲投资女王"徐新强强联手，力压群雄，成功问鼎"中国好项目"。

在决赛的最后环节华商领袖的投票中，连锁快餐老乡鸡的束从轩获得了5位领袖中3位的认可，成功逆袭，问鼎"中国好项目"。自从《爱拼才会赢》开播以来，束从轩的爱拼精神就被大家所津津乐道，尤其是其创业31年仅休息13天的事迹，更是被称为"创业劳模"。徐新表示，之所以愿意投入1.29亿元的资金参与老乡鸡的发展，除了老乡鸡成熟的商业模式外，束从轩的创业精神也是打动她的关键。

2003年10月2日，第一家"肥西老母鸡"快餐店在合肥市舒城路开业，开业之后盛况空前，"去'肥西老母鸡'喝鸡汤"迅速成为合肥的流行时尚。2012年3月，"肥西老母鸡"正式更名"老乡鸡"。在改名的同时，束从轩将店面风格、设计格调、品牌文化等全部统一起来。改名的背后，隐藏着束从轩更大的雄心：他要让"老乡鸡"走向全国，走向世界，这才是束从轩为"肥西老母鸡"更名的真正目的。2012年，老乡鸡又增加了70多家新店，拥有的直营店超过220家，且以每月6～7家的速度递增，营业额同比涨幅超过40%。经历改名风波的"老乡鸡"，不仅没有退步，品牌知名度反而越来越高，进一步奠定了"老乡鸡"作为安徽最大的连锁快餐企业的地位。

老乡鸡在《爱拼才会赢》中的问鼎，也充分说明了中式快餐未来广阔的前景。随着人们生活水平的逐步提高，洋快餐的油炸食品的不健康渐渐被人们所重视。这次老乡鸡不仅荣获"中国好项目"，更得到了1.29亿元的融资。

资料来源　佚名. 老乡鸡问鼎"中国好项目"［EB/OL］.［2018-07-11］. http://finance.china.com.cn/roll/20130711/1627505.shtml. 引文经过节选、压缩和改编。

请结合资料思考：（1）老乡鸡筹集资金的用途有哪些？（2）束从轩是通过何种渠道筹集资金的？

### 2.2.1　筹集资金的用途和渠道

1）筹集资金的用途

任何店铺的生存和发展都离不开资金，专卖店在开业前，必须筹集一定数量的开办资金，作为实现经营的经济基础。对于个人独资开办的专卖店，我国法律对其注册资金未作限制，但注册资金的多少往往成为经营主体实力的具体体现。

**专卖店筹集资金**是指专卖店刚创办时需要的资金的各个方面，主要是存货投资、应收账款投资、固定资产、预期负现金流量、意外损失基金、房租、转让费、宽带、电话费、营业执照办理（几十到几百元）、税收、卫生费、水费、电费、雇用员工费用、个人生活费用等。

（1）存货投资。存货投资通常由专卖店所计划的年销售额和存货周转率来决定。

（2）应收账款投资。应收账款是专卖店顾客所欠的购货款。

（3）固定资产。固定资产这部分资金主要是用于建筑、设备上的资金需要，具体数额还要看这些建筑和设备是购置的还是租赁的。通常专卖店可以根据市场价格预估出总的花费。

（4）预期负现金流量。通常很少有新的专卖店能够在一开始就达到营业损益平衡。一般是经过6~8个月，专卖店才可能有利可图。此期间专卖店就会遇到负现金流量，这就需要用投资来达到收支的平衡。

（5）意外损失基金。在为新的专卖店计划资金来源时，难免会有意想不到的情况。为了应付这些意外的费用开支，专卖店需要有可以动用的准备金。意外损失基金占所需总资金的15%~20%。一方面，如果业务经营差于预期，而意外损失基金越少，破产的风险越大；另一方面，如果意外损失基金太多，那么该店铺过多的资金被闲置起来，资金效率就会大大下降，也不利于专卖店的发展。

（6）房租、转让费。如果选择租房开专卖店，则要考虑准备租金和相应的转让费，与房东签订租房协议时，一般是采用"押一付三"来付房租的，"押一付三"的交租方式即房租一般是三个月一付，在首次付房租时交一个月押金。当然，也可以采取"押二付一"、半年一付、整年一付等方式。另外，如果所租的店铺地理位置比较好，经营者可能还要交一定的转让费，转让费的高低依据店铺的地理位置而定，从几百元到几万元甚至十几万元不等。

（7）宽带费、电话费。专卖店在经营过程中可能还会存在着网上业务、转账付款等情况。因此，开设专卖店还要准备办理宽带、电话以及POS机的费用。

（8）营业执照的办理。前面已经说过，开设专卖店要办理营业执照。因此，还要准备几十元到几百元不等的营业执照办理费用。

（9）税收。具体税种在本单元第四部分详细介绍。

（10）卫生费。为了保证店铺门前卫生，要缴纳相应的卫生费，一般由环卫或物业部门收取。

（11）水费、电费。为了维持日常的经营，需要缴纳一定的水费和电费。

（12）雇用员工费用、个人生活费用。虽然小型店铺不需要很多的人来经营，但是仅由经营者一个人打理，会显得力不从心，因此，在经营过程中可能会雇用1~2名员工，可以按照当地市场平均工资以上的标准来支付员工相应的工资。另外，经营者要经营店铺，但是未必从自己经营的店铺领取工资，所以，个人的生活费用也要计算在内。

2）容易忽略的开店资金

一般来说，在开店过程中容易忽略以下资金：

（1）个人的人工成本。由于开店后需要自己投入，亲自经营，所以在经营过程中付出相应人工成本。

（2）固定投入成本。开店的装修、空调、沙发、电脑等硬件成本投入容易被忽略，应分摊到每个月中。

（3）剩余货物成本。滞销囤积的存货成本要分摊到各月之中。

（4）投资风险成本。

（5）资本利息成本。

（6）转行成本。转行成本是指存货、装修、设备等事项在转行处理时的亏损，当然，转行也可能因为转让成本较高而带来收益。

### 2.2.2　筹集资金的渠道

专卖店创办者可以利用自有资金，也可以通过集资或向银行等金融机构借入等办法来获得开办资金。这笔资金的多少直接影响着专卖店的规模与种类。

1）筹集资金的渠道

**专卖店筹集资金渠道**是指筹集资金来源的方向与通道，体现了资金的源泉和流量。一般来说，专卖店筹集资金渠道主要有自有资金、银行贷款、寻找风险投资等。

（1）自有资金。自有资金是指用自己现有的积累，如现金、存款、债券或者实物等作为资金投入专卖店；也可以借助自己的关系网络进行个人借款，以借入的款项作为投资对个人借款形成的债务，要付利息，并应由借款协议约定借款额、还款期和借款利率。其好处是手续简单，利率比长期银行贷款利率低。个人借款一定要签订协议，否则容易引起纠纷，影响人际关系和事业发展。

（2）银行贷款。银行贷款有临时贷款和长期贷款（指1年以上的）。如仅是一时性需要，可申请临时或3~6个月期限贷款；如属占用期间在1年以上的，则要申请长期贷款。贷入的资金成本较高，特别是长期贷款，利息率高，要有贷款保证，要经申请、审批、签订合同等多层手续。

①创业贷款。创业贷款的期限一般为1年，最长不超过3年。

②保证贷款。保证贷款即银行以担保人的信用为担保而发放的贷款，不需要任何抵押。可以找律师、医生、公务员、事业单位人员等担保。

③商业抵押贷款。商业抵押贷款即银行以贷款人一定的财产作为信贷抵押而发放的贷款。抵押贷款的金额一般不超过抵押物评估价的70%，贷款最高限额为30万元，贷款期限最长不超过10年。

④质押贷款。存单质押贷款的起点为5 000元，每笔贷款不超过质押面额的80%。一般情况下，到银行网点办理当天即可取得贷款。

对于国库券、保险公司保单，借款人如果持有寿险保单，并且有稳定的收入和有按期偿还贷款本息的能力，便可办理此项贷款。个人保单质押贷款期限最短为半年，最长一般不超过3年，同时不能超过质押保单的缴费期限。

⑤贴现贷款。贴现贷款即借款人在急需资金时，以未到期票据向银行申请贴现时

银行发放的贷款。

（3）寻找风险投资。许多大公司大集团甚至个人都掌握了大量的闲置资金，他们渴望找到一个可靠的投资对象。如果有好的项目不妨找风险投资。用拟订好的计划或有前景的项目去说服风险投资者进行投资。

2）资金筹集的注意事项

（1）利息与成本的权衡。无论是向亲朋好友借款还是向银行贷款的方式筹集资金，都要支付利息或提供相应的报酬。付息就存在着利息高低、期限长短的问题，投资者应加以权衡和对比，选择成本低、优惠多的筹资方式。

（2）对投资效益进行分析。在进行投资之前应对投资的效益、回收期长短，与因投资而失去或少得的收益或与相关项目的收益进行分析比较。

**互动课堂2-2** - - - - - - - - - - - - - - - - - - - - - - - - - - - - - - - - - - - - - -

### 资金使用之困

2017年6月，28岁的小王在闲逛时，发现了一家非常符合他审美观的服装店，虽然商品的价格非常昂贵，但全部是意大利、法国的进口成衣，是中高端服装店的标杆。早就酝酿开一家高档服装店的小王，通过关系拿到了该店上游批发商的资料。

1个月后，小王在当地寸土寸金的闹市区租了一间12m²大小的门面，准备开一间欧洲进口高档服装店，取名"欧柜服饰"。由于店面处于闹市区，该店面月租金为1.5万元，这相当于小王两个月的工资。但创业心切的他却认为，只要利用高档的装修、商品和服务来经营小店，还是可能在此闹市区站稳脚跟的。

装修期间，小王马不停蹄地赶去深圳进了6万元的货。至此，小王对小店的投资已达十多万元，包括：转让费2万元、首次付的3个月租金4.5万元、装修2.1万元、首批进货6万元。开业后，小王困惑了，整整1个星期没卖出一件衣服，坚持了1个月，销售情况惨淡。小王当机立断，将第一批货全部亏本甩卖，利用回笼资金再次前往深圳，进了一批跟上批服装风格不同的产品。为了兼顾各种消费水平的顾客，这批货不仅有进口服装，小王还特意增加了部分当下流行的相对进口服装便宜的外贸服装，比例达到了该批货物的1/3。

新品出炉后，"欧柜"的销售额猛涨，平均月销售额迅速蹿升至6万元。小王大胆地设想，按此速度发展下去，3个月内的销售额突破10万元应该不在话下，到时候整个小店便能盘活。但始料未及的是，无论之后小王如何促销、增加顾客消费频繁的外贸服装的比例，"6万元"就像一把利剑，将"欧柜"的销售额增量斩断。之后的4个月，销售额始终不能突破这个让人揪心的数字。6万元的销售额，除去商品成本和每个月的运营成本，小王拿到手里的钱已所剩无几。与房东数次商量减租未果的小王，再也经不起高支出低收入的折磨，于2018年3月关门歇业。

小王有着足够的精力、魄力和阅历去填补相对空白的创业经验，但是在不到半年的时间内，还是将自己辛苦挣来的十多万元付之东流。店铺租金高，可靠销量大取胜；货源利润空间低，则可靠租金较低的店铺对运营成本进行控制。但小王既选择了高租金的店铺，又选择了无法薄利多销的产品，失败乃是必然。

资料来源　编者自行整理编写。

请结合资料思考：（1）小王的资金使用预算合理吗？（2）小王创业失败的原因有哪些？

---

# 2.3　为专卖店命名

## 2.3.1　店名功能

**互动课堂2-3**

### 餐厅"靠脸吃饭"招牌有碍市容被拆除

2015年1月10日，位于郑州市东区的韩式餐厅打出"靠脸吃饭，长得好看，就能免单"的广告，整形专家现场对就餐顾客的容貌打分，符合条件者可免费就餐。靠脸吃饭，是该韩式餐厅推出的回馈顾客活动，活动方式就是在餐厅中的容貌扫描仪前测试颜值，颜值高的人就可以获得免单优惠。活动从2015年1月12日开始，为期一个月，时段为12：00至14：00和18：00至21：00，每天将为50名顾客提供免单机会。

此消息一经披露，在引起市民好奇的同时，也引发了诸多争议。1月13日，郑州市城市管理局下发通知：未经批准，擅自设置户外广告，有碍市容市貌。巨型广告牌被责令拆除。在郑州市城市管理局下发的责令改正通知书中可以看到，该餐厅未经批准，擅自设置户外广告的行为，违反了《郑州市户外广告设置管理条例》第12条规定，有碍市容市貌。店铺负责人表示："广告牌制作下来费用2万多元，拆迁费也得几千元；既然违规了，只能配合执法。以后做宣传会有所注意，广告牌拆除，活动还继续，我们会考虑换个方式继续宣传，比如微博、微信等。"

资料来源　门杰丹.郑州餐厅"靠脸吃饭"招牌有碍市容被拆除［EB/OL］.［2019-01-13］. http：//www.chinanews.com/sh/2015/01-13/6964626.shtml.引文经过节选、压缩和改编。

请结合资料思考：（1）"靠脸吃饭"餐厅招牌被拆的原因是什么？（2）在店铺命名及招牌设计时要注意哪些事项？

---

随着专卖店店名在市场营销中的地位逐步提升，人们已不再满足于它只是一个区别性的符号，而是希望它能具有更多的功能，以促进经济效益的提升。

1）指称功能

命名就是一种人为地将一个名称与一个事物建立起指称关系的活动。名称一经制定并进入社交领域，便成为所指的代表符号，也就具有了明确的指称。一般来说，最初的命名要建立指称关系，从而将这一事物引入人类的世界，便于人类的认识和交流。后来随着看到、认识事物的增多，人们才对名称赋予了其他要求。

2）区别性功能

区别性功能即创造差异、制造区别的功能，这是命名的根本目的，也是命名活动的本质要求。店名只有具备了识别功能，才能使消费者在众多企业中很快地将它分辨出来。一般说来，名字整体的区别性应该是最强的，因为语链越长，信息量越大，所制造的差别也就越大。所以，店名结构形式越完整，区别度越大。

3）揭示事物属性的功能

根据事物的属性特征来命名是一种重要的命名方式。绝大多数的店名可以让我们直接了解店铺的经营项目种类、性质等，甚至是商品的一些特性，如"家有爱宠用品专卖店"。属性功能对于商店来说尤为重要，因为商店的本质活动就是从事买卖交易，明示出商店的经营范围，可以让消费者一下子就在商店林立的大街上快速地找到能满足自己需求的商店，并缩短商店与消费者的距离，加速二者之间商业行为的产生。例如，一个肥胖的中年女性要买衣服，她可能会在大街上选中明确标识商店经营特色的"胖姐"服装店，而不会去"新起点休闲"服饰店。上述都是"店名揭示事物属性"的功能在起作用。

4）广告功能

店名实际上也是一种广告，可以起到促进店内商品销售的功能，可以引起潜在消费者的注意，甚至可以使他们变为既成消费者。广告学中 AIDMA 理论认为：消费者从接受广告到产生购买行为的动态流程为：注意→兴趣→欲望→记忆→行动，即从注意到广告信息（Attention），开始感到有兴趣（Interest），而这个广告又深深地触及消费者的需求与欲望（Desire）。因此，这种感觉会潜在地在脑中保留记忆（Memory），当时机一到便会产生真正的购买行为（Action）。在商业行为产生的过程中，与消费者最先接触的不是商品和服务，而是商店的名称。按照心理学的理论：越是新奇刺激的东西就越是能引起人们的注意。为了引起消费者的注意，进一步让消费者进店选购商品，商家在店名上大费苦心。如"金榜蹄名"等店名，就以新奇另类引起了人们的注意和好奇，潜在地增加了商品的购买度，实现了店名的广告功能。

5）社会功能

语言是人类社会的产物，社会的变迁都会在语言中留下痕迹。店名作为一种语言现象，与社会政治经济密切相关，它紧随时代的步伐与潮流，是一面反映时代特色的镜子；同时，店名具有时代性的特征，蕴含着悠久的文化和时尚信息，体现了吃、穿、用、住等各个方面的文化。

### 2.3.2 专卖店命名原则

专卖店的名字是十分重要的，它是与其他家商店相区别的特殊符号。一个具有高度概括力和强烈吸引力的好名称，对消费者的视觉刺激和心理影响都会起到重要的作用，好名称不仅能给人美的享受，还能吸引顾客、扩大销售量，起到促销的作用。因此，开店一定要为商店取个好的店名。店铺起名应遵循以下原则：

1）明快简洁、易读易记

经营者为自己的专卖店起名，一定要遵循简洁、易记的原则。店名应该简洁、明快，便于和消费者进行信息交流。字数不宜太多，以2~4个字为宜，注意使之含义丰富，便于记忆，而且响亮动听。易于上口，有节奏感。一般不要使用生僻字，也不要使用外文，应易于为各方顾客认识和理解，使之有亲近感。不能起太复杂、难读难记的拗口店名，否则会起副作用。若专卖店采用繁难字作为店名，顾客因为不认识，所以读不出音来，顾客一般为了避免这种情况出现，不会和生活圈的人提这家专卖店。例如：上海天赉（lài）星、合肥南巽（xùn）、北京城乡华懋（mào）等。

2）独特新颖

经营者无论开哪种专卖店，为店起名都要力求与众不同。首先，专卖店名称要具备自己的独特性。独特性是指专卖店要体现个性。专卖店名称要有特色、有气魄、起点高，具备冲击力及浓厚的情感色彩，给人以震撼感。其次，专卖店名称要新颖，起名时要具有时代感，能创造并引领新概念。新颖是指专卖店店名要有新鲜感，反映时代潮流，创造新概念，它包括两部分：一是店名的选择，一是店标的设计，两者结合起来共同发挥的作用是显著的。

3）与经营商品相吻合

为专卖店起名，还要注意店名最好与经营的商品相吻合。通过这样的起名方法，可以反映经营者的经营特色、专卖店主营商品的优良品质，使消费者很容易识别专卖店的经营范围，知道在经营者的店里他能买到什么。当然，店名越是过分描述某一类产品，这个名称就越难向其他产品延伸。经营者为专卖店命名时，不要使用过分暗示经营产品的种类和属性的店名，这样不利于专卖店的进一步发展。

4）注重启发和联想

经营者为专卖店起名，注意店铺的名称不但要与其经营理念、活动识别相统一，符合和反映店铺理念的内容，而且要体现店铺的服务宗旨、商品形象，使人看到或听到店铺的名称能感受到店铺的经营理念，能产生愉快的联想，对商店产生好感，这样有助于店铺树立良好的形象。实际操作中要全面考虑，由于受地域限制、方言限制，有时从某方面看，这是个吉利的名字，而从另一方面看，就会产生消极的意义。一旦出现这种情况，想进入受限地区的市场就会很难。

5）店名应该支持标志物

一个专卖店在确定了好的店名之后，还必须设计出相对应的商标，二者结合使用，会发挥更大的效力。店名只是一种文字表现，商标作为专业的图案说明，更容易给人留下深刻的印象。当然，设计商标力求简单、美观、新颖。

商标作为专卖店的标志物，它属于专卖店中可被识别但无法用语言表示的那部分内容。因为在专卖店这种特殊的场合，是没有办法都用语言表述的，而标志物的运用，就很好地解决了这个问题。当确定的名称能够刺激和提高专卖店标志物的标识功能时，其整体效果会进一步加强。

6）适应市场、受法律保护

为专卖店命名时一定要适应市场，适应市场环境。在中文里正面含义的词语在其他国家却具有不良含义，如龙等。专卖店命名时要做到规范，尽量向国际惯例靠拢，力求规范统一，并及时对其名称进行注册，在法律保护下运行。《中华人民共和国商标法》第十条规定下列标志不得作为商标使用：同中华人民共和国的国家名称、国旗、国徽、军旗、勋章相同或者近似的，以及同中央国家机关所在地特定地点的名称或者标志性建筑物的名称、图形相同的；同外国的国家名称、国旗、国徽、军旗相同或者近似的，但该国政府同意的除外；同政府间国际组织的名称、旗帜、徽记相同或者近似的，但经该组织同意或者不易误导公众的除外；与表明实施控制、予以保证的官方标志、检验印记相同或者近似的，但经授权的除外；同"红十字""红新月"的名称、标志相同或者近似的；带有民族歧视性的；夸大宣传并带有欺骗性的；有害于社会主义道德风尚或者有其他不良影响的。

### 2.3.3 专卖店命名方法

1）以地名作店名

好的店名让人赏心悦目，口耳相传易记，能塑造绝无仅有的形象，还可以成为商家的巨大资源，如"兰州特色拉面馆"，这是一家以地名作店名的小吃部，从字面上看会给人一种异乡情调，视觉上会给人一种耳目一新的感觉，而这种命名的方法在如今还是较为常见的。

2）以人名作店名

用自己的姓名作店名，也是非常不错的创意，但并不是所有的姓名都可用作店名，只有吉祥高雅的名字才可考虑，如"娟娟服装店，"娟娟"的谐音有一种细水长流的感觉，涓涓不息，也正可以比喻这家服装店生意源源不断。人名作为店名与众不同，会让人感到熟悉和亲切。

3）以富贵字作店名

此类商家用名又可分为含蓄与直白两类。比较直白的商家店名竭力显示自己不同凡响的气派，如"万福酒店""百顺鞋业"。在中国，"福"表达了人们对美好生活的憧憬与向往，所以"万福酒店"所蕴含的是人们对未来的美好预想。"顺"字在中国古代也有着丰富的内涵，有一顺百顺的说法，以"百顺"来起店名希望店铺一顺百顺，生意兴隆。

4）用现代意味的名字作店名

一些商家为顺应时代趋势，迎合现代消费者的审美情趣，注意选用现代意味的名字，这类名字一般给人一种"洋气"的感觉，给人一种有品位、有情趣的感觉。如南京的"红豆咖啡厅"，店铺规模不大，但在南京很知名，一般情况下很难挤上一个座。

5）以传统用法起店名

医药行业有"堂"和"房"的传统，还喜欢使用"仁"字，如"同仁堂""济公堂""仁生堂""康乐大药房"等。"康乐"就是健康、快乐的意思，一般的人病是由心生的，而最好的药就是来源于心态，所以"康乐"大药房就给人一种高兴、心旷神怡之感，顾客自然愿意上门寻医问药。

6）以节日起店名

以节日作为店名时店名短小精悍，好念好记，有视觉冲动，让人一目了然，记忆深刻。用节日来作店名，体现了一定的中国传统文化的同时，会使消费者很容易记住这个店铺。在街头看见它，还会有一定的宣传作用。

除了以上的几种方法外，有的店铺还以经营特色进行命名，也就是店铺的经营特色用名称进行表达和强化，从而使消费者便于认知记忆，如"特百惠"专卖店。

# 2.4 专卖店的登记注册

### 2.4.1 工商登记

专卖店工商登记是指专卖店经营者依照有关法律、行政规章的规定，履行登记注册手续，经市场监督管理机关核准登记发照，取得法人资格或营业资格的过程，也是市场监督管理机关对专卖店的筹建、开业、变更、分立、合并、歇业及经营活动进行监督管理的过程。开专卖店唯有通过专卖店登记注册的法定程序，店铺才是合法的，才能宣告正式成立，与外界进行正常的法律所允许的经营、管理活动。专卖店的工商登记主要有企业型的工商登记及个体工商户登记。在进行工商登记时，两种类型的专卖店都可以到当地的市场监督管理局进行，也可以登录当地的政务网进行在线办理。

1）企业型工商登记

以合肥市为例，2019年有限责任公司设立登记时的受理条件、申请材料等具体内容如下：

（1）受理条件。股东符合法定人数；股东共同制定公司章程；有公司名称，建立符合有限责任公司要求的组织机构；有公司住所；公司申请登记的经营范围中有法律、行政法规和国务院决定规定必须在登记前报经批准的项目，需经批准或取得相关许可证。

（2）申请材料。工商登记具体的申请材料见表2-1。

表2-1 有限责任公司设立登记时的申请材料

| 材料名称 | 必要性 | 规格份数 | 材料来源 | 填报须知 | 电子表单 | 材料样本 |
|---|---|---|---|---|---|---|
| 《公司登记（备案）申请书》 | 必要 | 电子件，原件1份 | 登记机关提供（可在国家市场监督管理总局或安徽省市场监督管理局官网上下载） | 见电子表单 | 电子表单1 | 样本1 |
| 公司章程 | 必要 | 电子件，原件1份 | 申请人提供 | 全体股东签署 | 电子表单2 | 样本2 |
| 股东主体资格证明或自然人身份证复印件 | 非必要 | 电子件，原件1份，复印件1份 | 申请人提供 | 股东为企业的，提交营业执照复印件；股东为事业法人的，提交事业法人登记证书复印件；股东为社团法人的，提交社团法人登记证复印件；股东为民办非企业单位的，提交民办非企业单位证书复印件；股东为自然人的，提交身份证件复印件；其他股东提交有关法律法规规定的资格证明；实现信息共享后申请人无须提供 | 无 | 无 |
| 法定代表人、董事、监事和经理的任职文件及身份证复印件 | 非必要 | 电子件，原件1份，复印件1份 | 申请人提供 | 股东会决议由股东签署，董事会决议由公司董事签字；实现信息共享后申请人无须提供 | 无 | 无 |
| 住所使用证明 | 非必要 | 电子件，原件1份，复印件1份 | 申请人提供 | 申请人可采用承诺方式，无须现场提供 | 电子表单3 | 样本3 |
| 公司申请登记的经营范围中有法律、行政法规和国务院决定规定必须在登记前报经批准的项目，提交有关的批准文件或者许可证件的复印件 | 非必要 | 电子件，原件1份，复印件1份 | 相关部门提供 | 实现信息共享后申请人无须提供 | 无 | 样本4 |

（3）办理流程。申请人向市场监督管理机关提交材料；符合登记条件的，工作人员1个工作日内受理，发放《受理通知书》；不符合登记条件的，不予受理，发放《不予受理通知书》；受理后，工作人员1个工作日内予以审查，提交窗口负责人决定；材料齐全，符合法定形式的，准予登记，工作人员1个工作日内办结；工作人员1个工作日内完成制照，并通知申请人窗口领取营业执照或邮寄送达。

拓展阅读：表2-1涉及的电子表单和材料样本

2）个体工商户登记

以合肥市瑶海区为例，2019年个体工商户注册登记时的受理条件、申请材料等具体内容如下。

（1）受理条件。个体工商户的登记事项包括：

①经营者姓名和住所：经营者姓名和住所，是指申请登记为个体工商户的公民姓名及其户籍所在地的详细住址。

②组成形式：包括个人经营和家庭经营。家庭经营的，参加经营的家庭成员姓名应当同时备案。

③经营范围：指个体工商户开展经营活动所属的行业类别。

④经营场所：指个体工商户营业所在地的详细地址。个体工商户经登记机关登记的经营场所只能为一处。个体工商户使用名称的，名称作为登记事项。

（2）申请材料。个体工商户注册登记时具体的申请材料见表2-2。

表2-2 个体工商户登记时的申请材料

| 材料名称 | 必要性 | 规格份数 | 材料来源 | 材料依据 | 填报须知 | 电子表单 | 材料样板 |
|---|---|---|---|---|---|---|---|
| 申请人签署的个体工商户开业登记申请书 | 必要 | 电子件，原件1份 | 登记机关提供（可在国家市场监督管理总局或省市场监督管理局官网上下载） | | 见电子表单 | 电子表单4 | 样本5 |
| 经营场所证明 | 必要 | 电子件，原件1份 | 申请人提供 | | 无 | 电子表单5 | 样本6 |
| 申请人身份证明 | 必要 | 电子件，原件1份，复印件1份 | 申请人提供 | 市场监督管理总局《内资企业登记提交材料规范》 | 通过部门信息共享核实 | 无 | 无 |
| 批准文件 | 非必要 | 电子件 | 相关部门提供 | 市场监督管理总局《内资企业登记提交材料规范》 | 通过部门信息共享核实，实现信息共享后申请人无须提供 | 无 | 无 |

（3）办理流程。

①受理阶段责任：公示依法应当提交的材料；一次性告知补正材料（含名称核准）；依法受理或不予受理（不予受理的应当告知理由）。

②审查阶段责任：依法对登记申报材料审核，提出预审意见。

③决定阶段责任：作出准予或者不予登记的行政许可决定（不予登记的应当告知理由）、法定告知。

④送达阶段责任：制作并送达营业执照，信息公开。

拓展阅读：表2-2涉及的电子表单和材料样本

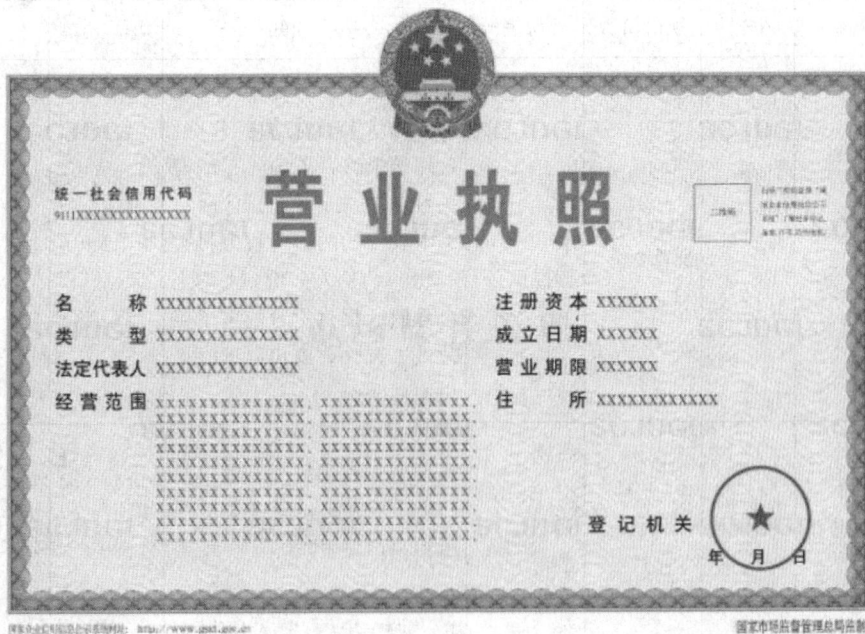

3）营业执照

营业执照是登记机关依法颁发给各类市场主体的重要凭证，是市场主体登记工作的直接体现。自2019年3月1日起，启用新版营业执照。新版营业执照照面版式统一调整为横版，设有正本和副本。正本尺寸为：297mm（高）×420mm（宽），副本内芯尺寸为：210mm（高）×297mm（宽），副本封皮尺寸为：225mm（高）×310mm（宽）。新版营业执照正副本照面印制内容包括国徽、边框、标题（营业执照）、国家企业信用信息公示系统网址、登记机关公章、年月日、国家市场监督管理总局监制等内容。正副本照面打印内容包括统一社会信用代码及号码、记载事项名称及内容、二维码等内容。具体的营业执照样本，如图2-1所示。

图2-1 营业执照样本

新版营业执照对原版营业执照的二维码功能进行了统一调整，实现了二维码与国家企业信用信息公示系统上公示的企业信息精准链接，并在营业执照上增加"扫描二维码登录'国家企业信用信息公示系统'了解更多登记、备案、许可、监管信息"提示语。

2.4.2 税务登记

税务登记是税务机关依据税法规定，对纳税人的生产、经营活动进行登记管理的一项法定制度，也是纳税人依法履行纳税义务的法定手续。税务登记是整个税收征收管理的起点。税务登记种类包括：开业登记，变更登记，停业、复业登记，注销登记，外出经营报验登记，纳税人税种登记，扣缴税款登记等。目前国家已经实行"五证合一"，独立的税务登记证已经成为历史。

以合肥市为例，2019年税务登记的受理条件、申请材料及办理流程等具体内容如下：

1）受理条件

按照"一照一码"登记制度新设立的单位纳税人，当首次到税务机关办理涉税业务时，需要凭加载统一社会信用代码的营业执照或登记证书，进行税务登记。未按照"一照一码"登记制度设立的单位纳税人及未按照"两证整合"登记制度设立的查账征收个体工商户，发生解散、破产、撤销以及其他情形，依法终止纳税义务的，在向工商行政管理机关或者其他机关办理注销登记前，需要向原税务登记机关申报，办理注销税务登记。

2）申请材料

具体的申请材料见表2-3。

表2-3　　　　　　　　　　　　　税务登记的申请材料

| 材料名称 | 必要性 | 规格份数 | 材料来源 | 填报须知 | 电子表单 | 材料样本 |
|---|---|---|---|---|---|---|
| 注销税务登记申请审批表 | 必要 | 电子件，原件2份 | 网上下载或税务部门提供， | 1.本表适用非一照一码纳税人填报，本表需加盖公章。2.附送资料：填写附报的有关注销的文件和证明资料。3.本表一式两份，税务机关一份，纳税人一份。4.网上办理时，提供本表的电子照片或扫描件，窗口办理时提供原件两份 | 电子表单6 | 样本7 |
| 中华人民共和国企业清算所得税申报表 | 非必要 | 电子件，原件2份 | 税务机关提供，纳税人自行填报 | 企业所得税纳税人，需提供《中华人民共和国企业清算所得税申报表》 | 电子表单7 | 样本8 |
| 清税申报表 | 必要 | 电子件，原件3份 | 网上下载，纳税人自行填写 | 1.一照一码纳税人填报本表。2.附送资料：填写附报的有关注销的文件和证明资料。3.网上办理时，提交申报表的电子照片或扫描件，窗口办理时，提交申报表的原件三份 | 电子表单8 | 样本9 |

3）办理流程

（1）网上办理。

①纳税人登录"安徽省政务服务网"（http：//www.ahzwfw.gov.cn），在"部门窗口"下拉菜单中选择"省税务局"，在政务服务事项搜索框中输入"清税注销"并搜索，在"清税注销"项下点击"在线办理"，按照要求上传电子资料。

②税务机关接收纳税人提交的《注销税务登记申请审批表》《中华人民共和国企业清算所得税申报表》《清税申报表》等电子资料。

③税务机关核对报送资料是否齐全、是否符合法定形式，填写内容是否完整一致，对符合条件的，受理纳税人清税注销申请，简化办理手续，缩短办结时限或即时办结。

④税务机关确认纳税人结清所有税务事项后，纳税人可持原件到窗口核验，领取《清税证明》，税务机关提示纳税人凭《清税证明》办理工商登记注销。

（2）窗口办理。

①办税服务厅现场接收纳税人提交的《注销税务登记申请审批表》《中华人民共和国企业清算所得税申报表》《清税申报表》等资料。

②税务机关核对报送资料是否齐全、是否符合法定形式、填写内容是否完整一致，对符合条件的，受理纳税人清税注销申请，简化办理手续，缩短办结时限或即时办结。

③税务机关确认纳税人结清所有税务事项后，向纳税人出具《清税证明》，提示其凭《清税证明》办理工商登记注销。

### 2.4.3 专卖店应交纳的税种

1）一般纳税人主要税种

**一般纳税人**是指年应征增值税销售额（以下简称年应税销售额，包括一个公历年度内的全部应税销售额）超过财政部规定的小规模纳税人标准（500万元/年及以上）的企业和企业性单位。专卖店是以提供商品和部分服务为经营内容的小型零售商店。不同的专卖店，应交纳的税种稍有不同。依照国家税法的规定，一般纳税人应交纳的主要税种有以下几种。

（1）增值税。增值税是以商品流转和劳务服务在不同流转环节的增值额为课征对象，依法交纳的一种税。国务院总理李克强在2019年3月5日的十三届全国人大第二次会议上宣布，降低制造业、交通运输、建筑、基础电信服务等行业及农产品等货物的增值税税率。2019年4月1日开始实行新的税率。其中，制造业等行业增值税税率从16%降至13%，交通运输、建筑、基础电信服务等行业及农产品等货物的增值税税率从10%降至9%，确保所有行业税负只减不增。

（2）所得税。专卖店所得税是以国家对专卖店在一定时期内（通常为一年）取得的经营所得和其他所得依法计征的一种税，按净利润的25%上缴。一般来说，操作时是按季度预缴，年度清缴。

（3）城市维护建设税、教育费附加。城市维护建设税、教育费附加是按增值税的一定比率计算缴纳的。一般来说，专卖店的城市建设税按当期应纳增值税额的7%计

拓展阅读：表2-3涉及的电子表单和材料样本

征，教育费附加按当期应纳增值税额的3%计征，合计为当期应纳增值税额的10%。

（4）其他税。除上述税种外，专卖店的经营业务涉及国家规定的其他方面，也应依据规定交纳水利基金、印花税、垃圾处理费等相关税种。

2）小规模纳税人主要税种

小规模纳税人是指年应征增值税销售额在规定标准（500万元以下），并且会计核算不健全，不能按规定报送有关税务资料的增值税纳税人。部分专卖店由于店铺不大，年销售额在规定标准以下，并且会计核算不健全，不能按规定报送有关税务资料，可以作为小规模纳税人进行缴税。小规模纳税人纳税方法主要有两种。

（1）定额税。缴纳定额税，此为定额征收。经主管税务机关认定和县以上税务机关（含县级，下同）批准的生产、经营规模小，达不到《个体工商户建账管理暂行办法》规定设置账簿标准的个体工商户的税收征收一般是税务机关根据其所在行业、经营地段、经营规模、员工人数、销售商品、同行业的税负、当地的经济条件等来估算店铺的销售额，然后再定税。不论当月的收入多少、有无收入都要按定税金额来交税。定额税税额由税务专管员根据以上情况核定。

（2）查账征收。

①增值税。小规模纳税人的增值税，销售商品的按销售额的3%缴纳，提供服务的按销售额的5%缴纳。为进一步支持小微企业发展，财税〔2019〕13号规定，对月销售额10万元以下（含本数）的增值税小规模纳税人，免征增值税。

②所得税。小微企业（从事国家非限制和禁止行业，且同时符合年度应纳税所得额不超过300万元、从业人数不超过300人、资产总额不超过5 000万元等三个条件的企业）年应纳税所得额不超过100万元的部分，减按25%计入应纳税所得额，按20%的税率缴纳企业所得税。年应纳税所得额超过100万元但不超过300万元的部分，减按50%计入应纳税所得额，按20%的税率缴纳企业所得税。年应纳税所得额超过300万元的部分，按25%的税率缴纳企业所得税。

③城市维护建设税、教育费附加。对于月销售额10万元及以上（含本数）的增值税小规模纳税人，城市维护建设税按当期应纳增值税额的7%计征，教育费附加按当期应纳增值税额的3%计征，合计为当期应纳增值税额的10%。对月销售额10万元以下的增值税小规模纳税人，由于免征增值税，自然也就免征城市维护建设税、教育费附加等税种。

④其他税。除上述税种外，专卖店的经营业务涉及国家规定的其他方面，也应依据规定交纳水利基金、印花税等相关税种。

# 2.5 专卖店的购物环境设计与装修的流程

购物环境对专卖店有很重要的意义，它有助于专卖店形象的塑造，是服务质量的重要体现，也是增强自身竞争力极其重要的一种手段。因此，专卖店在开店之初就要营造良好的专卖店购物环境。

### 2.5.1　专卖店购物环境设计原则

一般认为购物环境包含着两个层次，即购物环境的硬件层次和软件层次。购物环境的硬件层次包括商业建筑、专卖店内的设备和设施、营业用品等。购物环境的软件层次则指的是店员的素质、专卖店的清洁卫生、专卖店所突出的气氛等等。

1）以顾客为中心

购物环境的设计，必须坚持以顾客为中心，满足顾客的各种要求。顾客已经不再把逛商店作为一种纯粹的购物行为，而是把它作为一种集购物、休息、消遣、娱乐和社会交往为一体的综合性活动。顾客逛专卖店时，在购买优质商品的同时，还享受方便、快捷、舒适的购物环境，要求专卖店经营者要努力在购物环境设计、商品布局、购物点的设置等方面使其更加符合顾客的购物特点和规律。

2）充分展现专卖店个性

每个专卖店都有自己鲜明的个性色彩，同样，其购物环境也应该是专卖店个性色彩的集中表现，并形成专卖店的竞争优势。在专卖店购物环境设计中，必须根据本店经营的范围、档次、光顾本店的顾客的类型和特点，充分体现本店的经营特色。使顾客看到专卖店的外观，就能产生较深刻的印象和进店的欲望；顾客一进商店，就能感觉到特有的气氛和产生购买欲望。因此，购物环境的设计必须着眼于增强对顾客的吸引力，突出本店特色，使自己与众多竞争对手有较大区别。

3）经济性

专卖店在进行购物环境设计时，要使专卖店内部环境设计科学，能够合理组织商品经营管理工作，使进、存、运、销各个环节紧密配合，使店员都能够充分发挥自己的潜能，节约劳动时间，降低劳动成本，提高工作效率，从而提高专卖店的经济效益和社会效益。

4）艺术性

购物环境是顾客辨认专卖店的重要途径，在其布置上应有创意性，具有独特的面貌和出奇制胜的效果，宜于捕捉顾客的视线，从而引起注意，产生强烈感染力。这要求专卖店购物环境的设计必须遵守艺术的规律，即让它"美"。无论是高档专卖店的豪华，还是廉价专卖店的简朴，只要设计合理，均体现着不同的美。新奇美好的寓意、新颖别致的构思都要通过结构、造型、布局表现出来。

5）遵守交通规则和城管条例

店外的灯箱、布告板、宣传栏要遵守交通法规或城管条例进行摆放。

**职场对接2-1** ·······························································

#### 5秒钟的直观感受

总体上来说，人还是感性思维所主导的。尤其是在买东西这件事上，对于可买可不买的东西，更讲究购物时的感觉；感觉对了顾客就自己劝自己买，感觉不对也会自己劝自己别买。作为店家的营业人员，主要是营造购物氛围，给顾客提供专业方面的资讯和素材，让顾客在感觉良好的前提下，愉快地作出购买决定。注意，在大多数情况下，不是营业人员劝说顾客购买，而是顾客自己劝自己别买。

"感觉"来得很快，尤其是顾客刚进店的那一瞬间，几秒钟而已，好还是不好，初步的感觉就已经形成了。若是能把握住，对接下来的沟通及采购达成，将会形成一个良好的铺垫作用；反过来，若是顾客进店的瞬间感觉不好，一开始就形成了对门店的负面印象，即便营业人员后期想将其印象扭转过来，估计也是很难的了。

资料来源　潘文富，黄静. 实体店精细化运营——小型专卖店升级60讲［M］. 广州：广东经济出版社，2017. 引文经过节选、压缩和改编。

### 2.5.2　专卖店购物环境设计重点部位

专卖店设计从店铺核心形象出发，构建立体化的店铺形象体系，为店铺量身定制个性化形象展示方案，全面提升店铺的市场竞争力，达到店铺形象提升的效果。这立体化的店铺形象设计，包括建筑空间设计（建筑外观、大门、橱窗）、店铺内部展示设计等。这些都是形成专卖店空间视觉形象的重点部位。

1）专卖店建筑外观的设计

专卖店建筑外观的设计也是一种时尚，与时装皮包一样，是对造型的不同理解和诠释。有许多建筑师的灵感也出自于时尚产品，从他们的作品中可以看出他们对时尚的表达，既是个人风格的体现，又是在建筑用地的限制下的巧妙设计。

2）专卖店店门与橱窗的设计

店门作为建筑中一个不可缺少的元素，任何时候都是一个重要的设计符号和构成要素，店门的作用是诱导人们的视线，并让其产生兴趣，激发其想进店铺看一看的参与意识。怎么进去？从哪儿进去？这就需要正确的导入，使顾客一目了然。

店门在店铺设计中经常拿出来单独设计，这是由于店铺建筑较小，自然要从小处着眼，所以像店门这样的设计当然也不能够放过，它同时也是整个店铺中的一部分。它的题材可以汲取标识、文字，动物、人物造型等内容。造型上有方形的、圆形的、长条形的，方向上有竖方向的、横方向的、斜方向的；材料上更是多样，可以是木质的、玻璃的、铜质的、不锈钢的、铁艺的等。由于人手直接触摸，所以表面处理应光滑细腻，凹凸感强，适宜近距离观看，更有利于形成店门的特色。

橱窗具备传递信息、展示产品、营造格调与品位、带给顾客视觉冲击等作用，橱窗展示可谓店铺的灵魂所在。如果把专卖店比喻成一个人，那橱窗便是眼睛。当顾客看到漂亮的橱窗，并走到店铺门口的时候，一定会走进去逛一逛。橱窗是整个店铺布局中最亮眼的部分，可以看出整个专卖店的风格。好的橱窗设计能够瞬间将人们的视线集中在此，提升专卖店整体的观感度。

3）专卖店货架与展柜的设计

专卖店的货架与展柜设计，除了应立足于功能性的要求之外，外在形式上也要有利于塑造专卖店的形象。货架与展柜是形成专卖店特色的首选内容，其造型及色彩与材料的组合一定要达到区别于其他品牌的效果，同时还要满足商品的摆放及展示高度要求。有些珍贵商品对货架的安全措施还有特殊的要求。一些可供顾客直接接触的商品，在设计上更要为顾客提供足够的

拓展阅读：影响顾客直觉的因素

微视频：专卖店门脸设计

微视频：专卖店橱窗设计

方便。

　　4）专卖店内部的楼梯设计

　　并不是所有的专卖店都在二层设有购物空间，倘若有的话，楼梯的设计就变得非常重要了。专卖店的楼梯犹如大门的延伸，具有引导顾客光临驻足的作用，故应使顾客有舒适安全的感受。除了有目的的购买，在没有自动扶梯的情况下，一般消费者是不情愿上楼的，所以专卖店中的楼梯设计应不同于一般公共空间，它要根据是否作为客梯来确定其尺寸和造型；若是客用楼梯，一般造型应独特，要与整个专卖店风格一致，并且楼梯尽可能让顾客在浏览商品的同时，很自然地过渡到上层的空间，达到扩大销售空间的作用。另外，专卖店的楼梯设计最好分为两段，以减轻顾客攀登的难度。在设计楼梯时，坡度也是一个要考虑的问题，这要根据实际情况来设计。

### 2.5.3　专卖店装修流程

　　一般来说，专卖店购物环境设计工作，按其流程可分为下列几个阶段。

　　1）委托设计及施工业务

　　在进行专卖店购物环境设计时，首先要找到合适的设计者及施工人员，一般可以通过经熟人介绍、招标或直接找那些信誉佳、知名度高的装修设计公司。但无论通过什么方式找到装修设计公司，两者都必须保持密切的联系且建立相互信任的关系，如此一来，购物环境设计业务才有可能顺利进行。

　　2）签订设计合约、设计基本构想

　　寻找到合适的设计公司，经营者应该在双方一致同意的情况下签订设计合约，以了解各项费用及工作的进度、合作范围等信息，为店铺设计的基本构想提供保障。设计者依据工作前的准备资料研究分析，提出符合该店铺表现风格的构想及设计理念，并将此构想以透视图、模型或相关图、照片资料等形式，给店主作详细的说明，并进行沟通；若店主不同意的话，再进行修改，直到双方都认同并确立设计方向后，才可进行下一阶段的工作。

　　3）设计准备

　　进入具体设计前，首先是认识现场，到现场去了解店铺的具体位置、周围环境、客流量、建筑物等各项有关的信息，以使工作进行得更顺畅；其次是现场测量，现场的实际尺寸、内部硬件设备的正确位置，梁柱的位置尺寸、层高等各项与设计有关的因素，都需测量。测量得越详细，对图纸的制作也越有帮助。最后是对专卖店种类的了解，即有关设计对象的行业类型、商品构成、店铺规模、经营方式、开业日期、主营品种与构想的信息，获取越多，对设计的进展就会越有把握。

　　4）基本设计

　　基本设计是指依照店铺经营者的构想，设计者把该店的基本形态、机能、使用材料等，明确地表达出来。而其范围包括店址、商品种类、店面的外观、店铺的发展方向及安全考虑等。在基本设计经双方沟通确定下来之后，接下来就将进入设计作业程序。

　　5）施工设计

　　施工设计基本上是以基本设计为基础，更进一步地设计具体的有关文字、图样说明等内容。通常基本设计以经营性、构想性、经济性及合理性的实现为重点，而施工设计则更注重于实施，将基于设计理念之上的详细图样及文字说明，作为施工制作的现实指导。

6）施工阶段

当所有相关设计文字及图样都详细准备完毕后，正式进入施工阶段。有了完整的准备，如果最后在执行中无法贯彻一致的话，整个购物环境设计的整体性将会大打折扣。所以在施工管理的阶段，也必须要有完整的审查制度和验收体系。经营者对工程进度、施工材料、阶段性验收、预算等都必须时时关注。

### 2.5.4  专卖店装修设计要点

专卖店店面装修是店面识别系统（SI体系）的基础，主要包括了三项工程——装修工程、布线工程、消防工程，这三项工程是专卖店店面装修设计的三个基础要点。

1）装修工程

店面装修需要找专业的装修公司来施工。一般来说，专卖店总部提供专卖店室内空间的效果图、装修方案、货架摆放参考图、专卖店门面徽标和统一门面广告设计图。各专卖店根据店内的实际情况可以作部分调整，但总体风格不变，必须统一店面形象、统一室内徽标。

专卖店的门脸及门面招牌是施工的难点，既受时间的限制，又受空间的制约。在繁华的地段和步行街上施工，必须提前办理占用便道手续；而对于占道施工，城管批准的施工时间特别短，为了避免扰民，夜间施工时间又不能太长。这时，可采取的措施是招牌在加工厂做成半成品备用，减少现场工作量。在施工开始后，合理利用工作时间，在白天施工的班组可以进行有声响的项目，晚上施工的班组可以进行拼装的项目。这样既提高了工作效率，又避免了出现扰民现象。

2）布线工程

专卖店装修的电器布线和水管施工的工作量较大，全国每年由于电气线路故障引起的火灾事故非常多。因此，对于布线一定要找专业的装修公司来设计并施工，还要注意以下一些事项：

（1）配线方式与建筑物的使用性质应该相符。

（2）导线安装过程中需有必要的防火处理。

（3）特殊部位布线要有必要的防护办法。比如照明灯的引入线与电源线连接处，这些部位由于氧化、鼠咬、振动等外力作用，极易发生线路故障。因此，要特别加强防护措施。

（4）布线过程中要进行跟踪检查。以防施工单位违反规定、偷工减料、误操作等问题的发生。对于弱电和强电的布线也有不同的要求，总之，布线工程对于专卖店的安全非常重要，一定要请专业可靠的装修公司施工并加强监督。

3）消防工程

专卖店是一个人群密集活动的地方，消防安全工作显得尤为重要，因此专卖店在装修时，消防工程应该是考虑的重点之一，应该选用耐火材料。在装修设计时，要让给排水设计人员参与进来。在满足消防给水设计的技术性、经济性的前提下，才尽量考虑建筑整体设计的美观、合理问题。

拓展阅读：
如何营造舒适
的购物环境

另外，结合安全情况，在装修设计时要考虑紧急情况下，对客流的疏散路线设计以及灭火器的配给等。

装修工程、布线工程和消防工程这三项工程缺一不可，装修时需要注意三项工程之间的协调和统一性。

**职场对接2-2**

### 钻石专卖店如何营造舒适的购物环境

开一家钻石专卖店，产品固然重要，购物环境也会影响到顾客对店铺的印象。一个好的购物环境应该尽可能地为消费者提供方便购物的条件，使消费者在这个环境中得到最大程度的满足，甚至让消费者愿意把购物场所提供的良好服务和良好的企业形象传播出去。

资料来源　佚名. 钻石专卖店如何营造舒适的购物环境 [EB/OL]. [2019-01-11]. http://www.kmway.com/article/zbsp/zs/651807.shtml. 引文经过节选、压缩和改编。

# 单元小结

开设专卖店时，经营者要根据自己的实际情况进行新开店还是盘旧店的选择以及租店铺和买店铺的选择。专卖店刚创办时需要的资金主要是存货投资、应收账款投资、固定资产投资、尚未达到营业损益平衡点以前的负现金流量、意外损失基金、房租、转让费、宽带费、电话费、营业执照办理费、税费、卫生费、水费、电费、雇佣工人费用、个人生活费用等。专卖店创办者可以利用自有资金，也可以通过集资或向银行与金融机构借入等办法来获得资金。专卖店经营者要依照有关法律、行政规章制度的规定，履行工商登记和税务登记，同时按照一般纳税人或小规模纳税人的标准缴纳相应税种。专卖店店面装修是店面识别系统（SI体系）的基础，主要包括了三项工程：装修工程、布线工程、消防工程，这三项工程是专卖店店面装修设计的三个基础要点。

## 主要概念

专卖店筹集资金用途　专卖店筹集资金渠道　一般纳税人　小规模纳税人

## 单元测试

□ 简答题

1.专卖店在开新店还是盘旧店以及租店铺和买店铺的选择时，要考虑哪些因素？

2.专卖店筹集资金的主要用途有哪些？

3.专卖店筹集资金的主要渠道有哪些？

4.专卖店命名的原则及方法有哪些？

5.专卖店作为一般纳税人和小规模纳税人的税种分别有哪些？

6.专卖店购物环境设计的原则有哪些？

□ 案例分析题

### 专卖店税种的变化

A服饰股份有限公司是一家在中国快速发展的多品牌时尚集团，从事服饰产品的设计、品牌推广和销售，主营大众女性的休闲服装。公司致力于通过现有的10多个自营品牌以及投资品牌的各类服饰产品，向顾客提供具有竞争力的最新时尚服装。A公司通过线下零售网点和线上运营平台直接向零售客户销售产品，所有零售网点均由公司直接控制及经营。截至2017年底，集团在全国共有近万个零售网点，覆盖了2 000多个百货商场及购物中心。A公司出于对激发员工积极性等多方面的考虑之后，试图将旗下的部分门店交由门店店长经营管理。此时，由于管理权限及营业额度发生变化，部分门店从总部的一般纳税人中脱离出来变为了小规模纳税人。

问题：

试分析这些门店的纳税种类及额度发生了什么变化。

□ 实训题

【实训项目】

专卖店的登记注册。

【实训场景设计】

确定准备开设的店铺类型，进行店铺的登记注册。

【实训任务】

以小组为单位，根据准备开设的专卖店，完成一家店铺的登记注册。

【实训提示】

提示：建议学生依托每年的"中国互联网大学生创新创业大赛"的赛事规程，完成一家店铺的登记注册。

# 专卖店商品的采购

## 学习目标

通过本单元的学习，理解专卖店如何确定商品的经营范围；掌握商品采购的原则和渠道；了解专卖店商品采购的流程和策略；掌握专卖店对供应商的管理。

## 单元框架

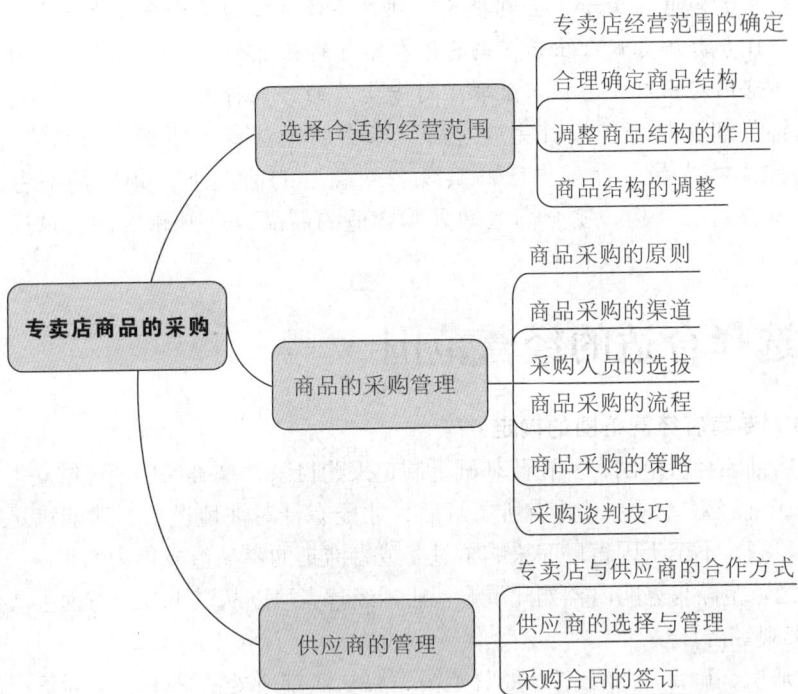

【引例】

### 因商品超出经营范围，专卖店被超市"停业"

5月1日上午11点，S超市门口，几十人身穿统一的白色T恤，T恤上面印有"我们要劳动""我们要工资"的字样。一名女子正在发传单，上面的标题是"控告信"。这名女子说，他们都是H专卖店的员工，都被拖欠了一个月的工资；H专卖店负责人称前不久在S超市租了200m²开了一个日化专卖店，但由于超市方毁约，专卖店停止开业，资金被套牢，暂时无法支付工资。在店铺现场，日化专卖店已装修好，但S超市断了电，无法营业，如果店铺不能开业，专卖店就没能力支付店铺员工的工资。

在一封盖有"S超市"公章的关于解除租赁合同的函中指出，H专卖店经营的商品超出了双方约定的化妆品系列的经营范围，出现了未办理可以在该地经营的工商营业执照的问题，因而解约。

H专卖店负责人表示，店铺的执照正在办理之中。该日化专卖店只开了一天半，随后便被超市方停电。由于资金都投入店铺，导致员工的工资还没发下来。

同时，H专卖店负责人出示了与S超市签订的租赁合同。超市方因为H专卖店的经营内容和范围超出双方约定而采取了对专卖店的停电行为。

当店铺的起步规划与设计完成之后，专卖店经营者需要确定商品的经营范围，选择合适的采购人员。在与供应商实现"双赢"的前提下，顺应消费者需求的升级，不断调整商品结构，安全高效地采购合适的商品，提升顾客的忠诚度，提高销售业绩。

# 3.1 选择合适的经营范围

### 3.1.1 专卖店经营范围的确定

确定店铺的经营范围，并在此基础上制定采购目录，是确保店铺能够获得较大利润的基础。店铺经营者只有对此有所了解后，才能有针对性地进货，才能满足顾客的需要，产生利润，不至于因盲目而采购了过多或者滞销的商品造成货物的积压、资金的流转不畅。经营范围与采购内容如此重要，店铺经营者可以从以下几个方面去考虑：

1）宏观经济环境

一般来说，确定店铺的商品经营范围，应从店铺所处的环境和实际情况出发。当地经济的增长速度、产业的发展、相关政策的变化都有可能引起商品经营范围的变化。所以，店铺经营者必须因地制宜，根据宏观经济环境确定商品经营范围，使自己在市场竞争中处于有利地位。

2）根据专卖店的类型与规模进行确定

专卖店的类型和规模不同，经营范围有很大差异。店铺经营规模越大，经营范围越广。店铺是以高质量商品、高水平服务为经营特色，还是以价格低廉为经营特色……这些都将对店铺进货范围有着重大影响。专卖店的经营范围，一般以本行业经营的某一大类或者某一小类商品为界限，专业化经营愈细，经营商品的种类界限也愈明确。

3）根据专卖店本身的具体条件确定

发挥专卖店的特长，与经营特色相结合，把重点商品的经营特色作为经营范围的主要内容，保持应有的经营比重，形成专卖店自身的特点。

4）根据目标顾客确定

店铺的店址和商圈确定后，其主要顾客来源也就随之确定下来。经营者需要根据商店所处地段的情况，商业圈内人们的生活条件、爱好以及竞争等，来决定以哪些顾客为主要对象，从而决定自己的商品经营范围。目标顾客的职业构成、收入状况、消费特点、购买习惯，都将影响着店铺进货范围的选择。处在人口密度大的城市中心的店铺，要与目标顾客的流动性强、供应范围广、消费阶层复杂相适应，经营品种、花色式样应比较齐全。处在居民区附近的店铺，消费对象比较稳定，主要经营人们日常生活必需品，种类比较单一。处在城市郊区、农业区或学校集中区的店铺，则由于该地区消费者的特殊职业形成了其特殊的需要，在确定进货范围时，要充分考虑地区消费者需求的共性和个性。

5）考虑同业竞争者的状况

邻近同行竞争对手状况同样影响着店铺商品经营范围的确定。在同一地段内，相同业态店铺之间，经营特点不宜完全一致，应有所差别，其差别主要体现在店铺主营商品的种类上。特点多反而显不出特点来，每家店铺为突出自己的特色，都会选择一个最适合自己的主营商品大类。因此，店铺只有弄清楚周围竞争对手的经营方向、商品齐全程度及价格和服务等情况，才能更好地确定自己的商品经营范围。

6）商品的生命周期和季节性

在已迈入信息时代的今天，科技日新月异，商品的生命周期不断缩短，新产品不断涌现，旧产品不断被淘汰。店铺经营者必须关注不断变化的时代步伐，随时注意调整自己的经营范围。一方面，必须关注商品在市场流通中所处的生命周期阶段，一旦该商品达到衰退期，则尽快加以淘汰；另一方面，随时掌握新商品的动向，对于有可能成为畅销商品的新商品，在上市前就列入店铺进货计划范围之中。一些商品（如服装鞋帽、时令性食品）的需求呈现明显的季节性或周期性的变化，春夏秋冬四季，每季都有自己的特色，都有一些主打商品。一些节假日商品的消费也有很强的周期性。因此，店铺的经营范围也应考虑季节的循环变化，并作出适当调整。图 3-1 是某服饰专卖店产品不同生命周期的商品经营情况。

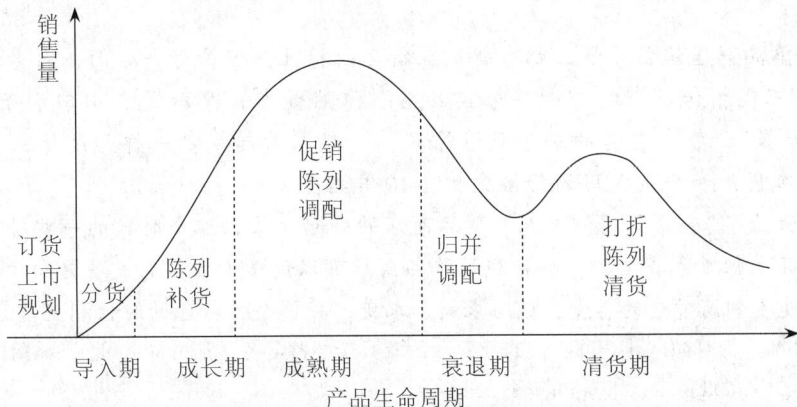

**图 3-1　某专卖店产品不同生命周期的商品经营情况**

**互动课堂3-1**

## 日本单品商店的成功经验

随着消费者需求的日益个性化，只卖一种货的各类单品商店活跃起来，纷纷亮出自己的风格和特征。因商品本身带有强烈的个性色彩，正好迎合了现代人的口味，看起来有点异想天开，但正是这种强烈的差异性，吸引了不少人光顾。

1. 瓶子

在日本东京惠比寿一条宁静的住宅街上，有家面积只有2m²的小店"瓶屋"，店内摆的尽是各色各样令人怀念的牛奶瓶、物理实验用的烧瓶，甚至于装化妆品的瓶子，而店门口则陈列该店的主力商品——最具现代风格的奶瓶。

平常很安静的小店一到礼拜天，就热闹起来，很多顾客还是女中学生。这家店的顾客从中学生到老太婆都有，90%是女性。同样是一个广口瓶，对不同年龄的人就有不同的用途，老一辈买来作为腌渍梅子酒之用，年轻人购买则纯为趣味而收藏。

"罐头和纸盒已经取代传统瓶子的功能，必须找出瓶子的新用途。"店主村木日出夫指出"瓶屋"之所以成功的关键。

2. 拖鞋

"黑岩拖鞋"店专门销售拖鞋，这家别出心裁的拖鞋店，大约有100种样式的拖鞋，每种款式有3个颜色、6种尺寸，任君挑选。"黑岩拖鞋"是东京都内唯一的拖鞋专卖店，因为靠近地铁车站，出入的客人非常多。虽然卖的是平均单价才1 500日元的拖鞋，但年营业额却高达2亿日元。

3. 晚礼服

1986年在日本代宫山开幕的"晚礼服专业商店"，专卖各式各样、豪华典雅、全套的晚礼服。这家商店的市场定位十分明确，是30岁到40岁的工薪阶层，特别是基督教徒。商店虽然开在蔬菜店楼上，生意也不错。

4. 邮品

涩谷的"邮差先生"收集了3 000种信封、信纸，其中60%是由国外进口，吸引了大批男女，特别是男性顾客约占四成。

5. 刷子

有些单品商店销售的物品都有新潮、新奇的特性，但另一方面，自老祖父昌代就存在，三代相传下来的"老字号单品店"依然健在，那就是"山田刷子屋"。在"山田刷子屋"，整套整套的刷子数量惊人，一般人看起来都一样，没什么差别的毛刷，供给工匠用和平常人用的价格竟相差10倍之多。

从"大众""小众"到"个人"单品商店的兴起，象征这个时代的一些转变。只贩卖一种商品，但货色齐全、个性强烈的单品商店可以说是专卖店的发展趋向于极端的形式，但它能受到消费者的喜爱，这与求新、求变，强调个性特色的时代潮流是分不开的。

资料来源　杨月如. 开一家赚钱的专卖店：专卖店经营必备手册［M］. 北京：中国社会出版社，2008. 引文经过节选、压缩和改编。

请结合资料思考：日本单品商店确定经营范围时考虑了哪些因素？

### 3.1.2　合理确定商品结构

**商品结构**是专卖店在一定的经营范围内，按一定的标准将经营的商品划分为若干类别的项目，并确定各类别和项目在商品总构成中的比重。从某种角度而言，商品结构在专卖店经营中居于枢纽位置，经营目标能否圆满完成，经济效益能否顺利实现，关键不在于经营范围而在于商品结构是否合理，如果商品结构不合理，就会直接影响经营成果。

店铺经营的商品结构，按商品构成划分为主力商品、辅助商品和关联商品。

1）主力商品

**主力商品**是指在商店经营中，无论是数量还是金额均占主要部分的商品，专卖店的主力商品体现了专卖店的经营方针、经营特点以及专卖店的性质。主力商品的经营效果决定着专卖店经营的成败。专卖店选作的主力商品应该是在市场上具有竞争力的商品或名牌、畅销商品。经营者在经营过程中必须掌握所经营的主力商品发展趋势、增长状况和竞争能力，同时还应掌握顾客的需求动向和购买习惯的变化。

2）辅助商品

**辅助商品**是对主力商品的补充，辅助商品不要求与主力商品有关联性，只要是专卖店能够经营，而且又是顾客需要的商品就可以陪衬出主力商品的优点，成为顾客选购商品时的比较对象。辅助商品不但能够刺激顾客的购买欲望，而且可以使商品更加丰满，克服顾客对商品的单调感，增加顾客光顾频率，从而促进主力商品的销售。对于辅助商品，经营者必须考虑它的季节性和流行性，不要将过季、过时商品作为辅助商品，否则会造成商品积压，影响资金周转。因此，辅助商品的配备，应随季节变化和流行性变化而调整，做到少进、勤进、快销。

3）关联商品

**关联商品**是在用途上与主力商品有密切联系的商品，配备关联商品，可以方便顾客的购买，可以增加主力商品的销售，扩大商品销售量。配备必要关联商品的目的是适应顾客购买时图便利的消费倾向。

一般来说，主力商品要占绝大部分，而辅助商品和关联商品的比重则应小一些。主力商品的数量和销售额，要占商品总量和全部销售额的 70%~80%，辅助商品和关联商品占 20%~30%。其中，关联商品应确实与主力商品具有很强的关联性，若发现在经营过程中，商品结构发生变化，应迅速调整，使之趋于合理。

### 3.1.3　调整商品结构的作用

1）有利于满足消费者需求

经营者不仅要保证顾客的基本需求、共同性的需求，还要便于顾客对有效商品的购买，以便保证主力商品的销售份额；不断地推陈出新，向顾客提供选择条件，满足不同的需求。

2）完善商品经营计划

商店组织商品购销存活动，必须研究确定商品结构，以保持合理的比例关系，提高商品之间的竞争。从商品购销存的比例关系来看，应以销售比重为中心，掌握进货比重和库存比重，达到购销存货之间的平衡。经营者应研究确定并经常分析三者之间的比例关系，力争达到较为适当的商品结构。

3）有效利用陈列空间，提高经济效益

这是因为它可以使经营者按照商品构成比重，合理调配人、财、物资源，集中力量加强主力商品的经营，突出经营特色，发挥经营优势；同时又督促经营者，通过对商品结构的检查分析，及时加以调整，提高门店的商品周转率，降低滞销品的资金占压，适应市场变化，减少经营损失。

### 3.1.4　商品结构的调整

商品结构是一个动态变化的过程，必须随着季节、时尚及顾客的偏好等因素随时加以调整。在商品结构调整完善的过程中，专卖店应更倾向注重消费者的利益。因此，商品结构是专卖店决策者对市场判断分析的结果，又是专卖店经营理念的体现，同时专卖店可以通过商品来设计其在消费者心目中的形象。商品结构的调整可与几个重要的指标结合起来实施：

1）商品销售排行榜

门店的销售系统记录每天各种商品的销售情况。根据销售记录，专卖店统计汇总每天、每周、每月的商品销售量和销售额来整理排行榜。从排行榜中可以看到各种商品的销售状况。通过调查来研究分析商品畅销或滞销的原因。根据不同的原因采取不同的应对策略，以维持商品畅销的状况，或改变商品滞销的现状，并跟踪策略实施后的效果。对于长期不能改变滞销状况的商品，应调整商品结构，进行撤柜处理。

在进行撤柜处理时，需要注意：①对于新上柜的商品，往往因其有一定的熟悉期和成长期，不要急于撤柜。②对于某些日常生活的必需品，虽然其销售额很低，但是此类商品的作用不是盈利，而是通过此类商品的销售来拉动门店主力商品的销售，也不能撤柜。

表3-1为某服装专卖店的产品结构存销表。我们可以看出，不同的商品大类库销比不同，配饰、外套、套装及背心外套的库销比提升了整个门店商品的库销比。下一步需要进一步分析原因，对上述四大类商品进行适度调整。

表3-1　　　　　　　　　　**某服装专卖店的产品结构存销表**

| 商品大类 | SKU数 | SKU占比 | 库存数量（件） | 库存数量占比 | 销售数量（件） | 销售数量占比 | 库销比 |
|---|---|---|---|---|---|---|---|
| 背心外套 | 4 | 1% | 630 | 1% | 176 | 0 | 3.6 |
| 衬衫 | 79 | 15% | 8 290 | 14% | 6 646 | 18% | 1.2 |
| 裤装 | 70 | 13% | 7 850 | 13% | 6 132 | 16% | 1.3 |
| 连体装 | 11 | 2% | 840 | 1% | 846 | 2% | 1.0 |
| 连衣裙 | 152 | 29% | 19 130 | 32% | 10 699 | 29% | 1.8 |
| 毛织 | 12 | 2% | 1 740 | 3% | 980 | 3% | 1.8 |
| 内搭 | 133 | 25% | 15 490 | 26% | 9 111 | 24% | 1.7 |
| 配饰 | 26 | 5% | 420 | 1% | 16 | 0 | 26.3 |
| 裙装 | 26 | 5% | 2 660 | 4% | 1 781 | 5% | 1.5 |
| 套装 | 14 | 3% | 2 290 | 4% | 882 | 2% | 2.6 |
| 外套 | 4 | 1% | 660 | 1% | 104 | 0 | 6.3 |

注：因四舍五入关系，合计值可能不为100%。

2）商品贡献率

单靠商品销售情况来调整商品结构还是不够的，专卖店还应关注商品的贡献率。商品的贡献率是指某种商品的获利在专卖店毛利中所占的比重。销售额高、周转率高的商品不一定毛利高；而周转率低的商品未必就利润低。专卖店以营利为目的，要想生存下去，必须销售利润率高的商品。没有利润的商品短期内可以存在，但不能长期占据货架。专卖店应定期统计汇总销售商品的贡献率，找出门店中商品贡献率高的商品，并使之销售得更好；找出商品贡献率低的商品，分析原因，及时调整商品结构。

3）损耗排行榜

商品的损耗率直接影响商品的贡献毛利。例如，日配商品的毛利虽然较高，但是由于其风险大、损耗多，结果可能会入不敷出。对于损耗大的商品一般采取少订货的方式，同时应由供货商承担一定的合理损耗；另外，有些商品的损耗是因商品的外包装问题引起的，此时应当及时让供应商予以调整。

4）周转率

周转率也是优化调整商品结构的指标之一，商品周转率低，长期积压，会占用大量资金。因此，应适时调整商品结构，减少滞压商品。

5）商品的更新率

门店要周期性地更新商品品种，增加新品，以稳定自己的固定顾客群体。商品的更新率一般应控制在10%以下，最好在5%左右。需要导入的新品应符合门店的商品定位，不应超出其固有的价格带。经营者还应注意淘汰那些滞压商品和商品贡献率低的商品。

6）其他

在一些特殊的节日到来之时，为适应消费需求，门店应对商品进行补充和调整。如：春节过后的正月十五和冬至，就应对汤圆和饺子的商品品种的配比及陈列方面进行调整，以适应门店的销售。

## 3.2　商品的采购管理

店铺经营者在确立了经营范围之后，应当制订详细的采购目录和采购计划。俗话说"采购好商品等于卖出去一半""只有错买，没有错卖"。专卖店经营者通过商品采购，组织适销对路的商品，商品周转快，资金占用少，商品销售才会充满活力；反之，商品采购搞得不好，不能组织适销对路的商品，商品周转就慢，资金占用就多，库存结构就不合理，销售商品就会缺货断档。因此，掌握商品的采购管理的原则，选择合适的商品采购渠道是专卖店经营者不可或缺的一项重任。

### 3.2.1　商品采购的原则

1）以需定进

以需定进是指根据市场需求情况来决定进货，保证购进的商品适合顾客的需要，能够尽快地销售出去，它能够使专卖店避免盲目采购，促进商品的销售。一方面，专卖店经营者为确保进货及时畅通，商品品种丰富多彩，必须广开货源渠道，建立固定的进货渠道和固定的购销业务关系是专卖店经营中经常采用的办法，它有利于互相信赖和支持，由于彼此了解情况，容易响应进货要求，同时可以减少人员采购，节约费用。另一方面，专卖店在保持固定进货渠道的同时，要注意开辟新的进货点，以保持进货渠道多样化，从而防止渠道风险带来的损害。

2）以进促销

以进促销是指专卖店铺采购商品时，广开进货门路，扩大进货渠道，购进新商品、新品种，以新商品来促进、拉动顾客消费。以进促销原则要求专卖店必须事先做好市场需求调查工作，在此基础上决定进货品种和数量。一般来说，对那些处于新开发的，还只是处于试销阶段的商品，要少进试销，只有被顾客认可和接受以后，才批量进货。

3）储存保销

储存保销是指店铺要保持一定的商品库存量，以保证商品的及时供给，防止脱销而影响正常经营。这就要求店铺随时调查商品经营情况和库存比例，通过销售量来决定相应合理的库存量，充分发挥库存保销的作用。

4）勤进快销

勤进快销是指店铺进货时坚持小批量、多品种、短周期的原则。专卖店店铺规模有一定限制，周转资金也有限，且商品储存条件不是太好，为了扩大经营品种，就要压缩每种商品的进货量，尽量增加品种数，以勤进促快销，以快销促勤进。勤进快销的原则可以使店铺的周转资金加快流转，提高了资金的利用率。专卖店要力争以较少的资金占用、经营多而全的品种，加速商品周转，做活生意。当然，也并非越勤越好，它必须要考虑专卖店的条件以及商品的特点、货源状态、进货方式等多种因素的状况。

5）诚实守信，文明经商

专卖店面对的是顾客，以向顾客销售商品来获取利润。因此，必须坚持文明经商、诚信待客的原则。这一原则与商品采购相联系，便是进货时要保证质量，杜绝假冒伪劣商品。专卖店在采购活动中要诚实守信，要以经济合同的形式与供货商之间确定买卖关系，保证买卖双方的利益不受损害，发挥经济合同在经营中的作用。同时树立良好形象，协调好专卖店与各有关群体之间的相互关系，从而使得专卖店购销顺利开展。

单次进货时要注意适时、适量、经济订货批量的原则。适时即掌握时间需求。如是否可以在促销活动前进货，进货是否可以避开一天生意忙的时段，如周六、周日及节假日等。适量是要满足店铺商品的需求量。进货数量既不能太多，太多会造成仓储杂乱无章，或使商品展示堵塞不堪；进货数量又不能太少，太少则对顾客缺乏足够的吸引力。经济订货批量策略是因为店铺在组织商品进货时，采购一次商品，就要花费一次采购费用，包括采购差旅费、手续费等，采购太多，有可能会造成货品积压。因此，采购商品时要考虑经济订货批量的策略。

### 3.2.2　商品采购的渠道

商品采购渠道即店铺通过何种环节、什么路线将商品采购回来。每个店铺都有各自不同的特点，所以商品采购渠道也不一定完全相同。随着信息技术的发展，现在的进货渠道可以分为实体市场进货和网络进货两种。从实际采购情况分析，目前网络进货仍然是良莠不齐，质量品质难以保证。新手开店最好还是以实体批发进货为主，网络进货为辅，避免因为网络采购的商品质量不佳、到货时间滞后等问题而耽误开店，同时也能将未知的风险降到最低。

对进货渠道进一步细分，主要可以分为以下几种：从厂商处直接进货、从批发商处进货、代销商品。

1）从厂商处直接进货

直接与生产厂商联系进货，可以减少中间环节，降低流通费用，同时又可以扩大货源，增加商品的可选择性。

2）从批发商处进货

批发商处集中了大量商品，从批发商处进货的优点是选择性强，品种齐全；缺点是质量难以保证。

3）代销商品

代销的全称是网店代销，又名网店代理。网店代销基本上分虚拟物品代销和实物代销两种。一般来说，网店代销人将批发网站所提供的商品图片等数据放在自己的网店上进行销售，销售出商品后通知批发网站为其代发货。销售商品只从批发网站发出到网店代销人的买家处，网店代销人在该过程中看不见所售商品。网店代销的售后服务也由批发网站提供。

一般情况下，选择商品采购渠道时要注意：环节精简，尽量压缩进货环节，加快采购速度；路线最短，在商品价格相近的情况下，就近采购；省时原则，尽量减少中转手续，节约时间；经济节约，从各方面节省采购成本。

### 3.2.3 采购人员的选拔

能否采购到适销对路、价格低廉、质量过硬的商品，取决于是否有合适的采购人员。这就要求店铺的经营者在选聘采购人员时要注意，一定要选择合适的、优秀的采购人员。倘若店铺经营者没有合适的采购人员，即便是再怎么注重流程，也难以降低成本，获取较好经济利润。一般来说，在选聘采购人员时，要符合以下几个条件：

1）操守廉洁

在商品采购过程中，有些供货商会想办法用金钱或其他方式来诱惑采购人员，以达到其销售目的。采购人员若无法自持，可能掉入供货商的陷阱，进而任由供货商摆布。

2）对市场敏感

商品种类繁多，日新月异，采购人员必须努力通过各种渠道及方式，了解市场的需求及趋势。市场的变化因素太多，采购人员应尽量利用一切资源，掌握它们，做到知己知彼，才能百战百胜。

3）精打细算

采购人员必须精打细算，时刻考虑店铺的利益去采购，供货商虽然牺牲了一点利润，但若能长期合作，供货商还是喜欢继续与这种采购人员或店铺合作。

4）积极认真

采购人员以积极认真的态度工作，可使店铺适时地推出新商品，迎合顾客的需要。与供货商的沟通更需要这种工作态度。

5）灵活应变，适应性强

开发新的商品或供货商也是采购人员的重要职责之一。采购人员要有创新思维能力，在商品组合方面要有创新。采购人员还必须有很强的适应能力，能够适应不同的环境、地区，东奔西跑，获取有用信息，为采购商品做准备。

**互动课堂3-2**

### A店铺经营为什么没有太大的盈利

在同一条街道上，相隔不远有两家规模差不多的A店铺和B店铺。A店铺的生意比B店铺要红火，可是让A店铺老板感到不解的是，前来购买的人不在少数，几乎是每隔一段时间店铺内的商品就销售得差不多，就需进货，但是一算账并没有多大的利润。而相隔不远的B店铺虽然看起来生意并不比A店铺好，但是却可以时不时地让利促销。A店铺的老板将自己的店铺跟B进行多方面比较，包括地理位置、服务人员、商品的种类以及陈列等，他发现自己做得都要比B店铺好。A店铺的老板经过进一步调查，发现问题出在采购员身上，他将自己店铺的同类商品跟B店铺进行了比较，包装虽然没有什么区别，但质量上要差一些，进价还比B店铺的要高一点。

A店铺的老板立刻将采购员辞退，另聘了一名采购员。新的采购员上岗工作没多久，整个店铺就发生了明显的变化，不仅采购到了高品质的商品，甚至有的进价比B店铺还稍低一些。A店铺的优势也慢慢显现出来。

资料来源　编者自行整理.

请结合资料思考：（1）A店铺的生意比B店铺要红火，但是为什么A店铺经营没有太大的盈利？（2）店铺选择采购人员时要考察采购人员的哪些资质？

### 3.2.4　商品采购的流程

商品采购是能否盘活店铺的关键，是决定店铺生意成败的源头。确定合理的采购流程可以大大降低专卖店经营的风险。所谓采购流程，就是规定采购时所应遵循的步骤，明确与之相关的工作责任。

商品采购的流程由于受进货制度和进货类型不同的影响，其过程也有长有短，不尽相同，下面是新商品的采购过程和补货过程。

1）新商品的采购过程

（1）认识需要。在专卖店开业、扩大业务或调整经营内容时，要对商品的经营加以定位，以确定消费者的需要。认识需要从两个方面进行分析：一是商店的内部因素，如店面大小、经营方向、顾客的需要、专卖店的资金力量、管理和销售能力等；二是商店的外部因素，如周边环境状况、竞争对手的经营状况、外部消费者的购买能力、市场价格等。商店要通过对上述两方面的分析，依据客观的需要来确定商品进货的相关事宜。

（2）确定满足顾客需要的采购品种。在认识了需要后，要确认所要采购商品的规格、型号、特征、数量、质量等。

（3）寻找和选择供应商。寻找和选择供应商就是寻找货源，确保所采购的商品有充足的来源和保证。采购人员在采购时，要花费较多的时间寻找和选择供应商。供应商选择的过程是一个双向选择的过程，不仅专卖店选择供应商，供应商也选择专卖店。经初审，供应商符合相应条件后，接下来就是双方针对商品采购的具体事宜进行谈判。

（4）采购谈判。采购谈判是整个采购流程中最重要的一个环节。采购谈判是供需双方通过磋商达成一致协议，以达成双方互利互惠的合作行为。双方洽谈的内容应紧紧围绕采购计划来进行，其中包括各类别商品的总量、比例结构、周转率、质量标准、包装要求、价格水平、退换货条件、售后服务保证等。

（5）签订采购合同。一旦谈判成功，就要把谈判成果落实到采购合同上。在所签订的合同文本中，要明确规定采购商品的品名、规格、颜色、质量、数量、价格、交货期、运输方式、支付方式、交货方式、促销服务事项、退货、违约责任、合同终止等条款。

（6）合同的执行。采购合同签订后，专卖店要根据所订购商品的排面、货架陈列储存量的要求、可能的销售状况等因素，在综合权衡后向供应商下订单。下好订单后，供应商按照订单的要求发货。一旦货到，专卖店就要组织人员进行验收上架或验收入库。在验收过程中，验收人员要严格按照标准把合格商品验收入库，杜绝不合格商品进入店铺销售。

2）新商品的补货过程

当店铺内的商品根据销售情况确定需要补货时，需要采购人员跟进补货，以确保不会断货。补货的流程为：根据销售情况确认本次补货清单→将补货清单发送至供应商→验收接货→更新库存记录。需要补货时，必须先整理排面，保证陈列货架的清洁。已变质、受损、破包、受污染、过期、条码错误的商品严禁出售。当供货商将货送至店铺时，接货负责人应根据订单进行商品验收，并核对商品的数量、价格，对质量严格把关。验收完毕后，接货负责人应写明实际接货数量，接货员、供货商在订单上签字确认。然后货品入库，同时更新库存记录。

**职场对接3-1**

### 某服装专卖店的订货作业

服装业的采购人员也称为采购买手，是指根据销售预算及市场表现，进行数据分析并得出结果，在预测未来及目前市场实际需求的前提下，有计划、有目的采购适当的商品，并使之转化为利润的工作人员。采购买手通过高效的采购活动，提高销售、降低库存来使企业的利润最大化。某服装专卖店2018年冬装新品（2018年9月至2019年2月销售的冬装新品）的订货作业流程如下：

一、采购计划的制订

制订采购计划就是确定采购预算量、预算额等。

1.冬装销售金额预算

依据前期已经做出的2018年9月至2019年2月的本企业所有服装的月度销售金额预算及各个月份冬装新品销售占比，可以将2018年9月至2019年2月每个月的冬装新品销售金额预算出来。表3-2为2018年9月至2019年2月的冬装新品销售金额预算。

冬装新品销售金额预算=月度销售金额预算×冬装新品销售占比

表3-2　　　　　　2018年9月至2019年2月的冬装新品销售金额预算　　　金额单位：元

| 月份 | 2018.9 | 2018.10 | 2018.11 | 2018.12 | 2019.1 | 2019.2 | 合计 |
|---|---|---|---|---|---|---|---|
| 月度销售金额预算 | 5 280 000 | 6 270 000 | 7 130 000 | 9 710 000 | 12 410 000 | 9 020 000 | 49 820 000 |
| 冬装新品销售占比 | 23% | 60% | 82% | 96% | 90% | 52% | 72.27% |
| 冬装新品销售金额预算 | 1 214 400 | 3 762 000 | 5 846 600 | 9 321 600 | 11 169 000 | 4 690 400 | 36 004 000 |

注：按"向下取整"到千位。

### 2.冬装采购数量预算

由企业的历史销售数据得知，本企业冬装新品的平均销售折扣为70%，平均销货率为80%。企业预测2018年9月至2019年2月冬装新品的平均单价为600元。根据上述冬装新品的销售金额预算及平均销售折扣，预测出冬装新品的销售吊牌额；根据预测出来的冬装新品销售吊牌额及平均销货率，预测出冬装新品的采购吊牌额；根据预测出来的冬装新品的采购吊牌额及冬装新品的平均单价，可以预测出冬装新品采购数量。表3-3为2018年9月至2019年2月的冬装新品采购数量预算。具体计算公式如下：

冬装新品销售吊牌额=销售金额预算÷销售折扣

冬装新品采购吊牌额=冬装新品销售吊牌额÷平均销货率

冬装新品采购数量=冬装新品采购吊牌额÷平均单价

2018年9月至2019年2月冬装新品采购数量=36 004 000÷0.7÷0.8÷600=107 155

表3-3　　　　　　2018年9月至2019年2月的冬装新品采购数量预算　　　金额单位：元

| 销售预算 | 销售折扣 | 销售吊牌额 | 平均销货率 | 采购吊牌额 | 2018年9月至2019年2月冬装新品平均单价 | 2018年9月至2019年2月冬装新品采购数量（件） |
|---|---|---|---|---|---|---|
| 36 004 000 | 70% | 51 434 285.71 | 80% | 64 292 857.14 | 600 | 107 155 |

### 二、门店采购计划量分解

企业在制订采购计划之后，需要将采购计划量分解到各门店，此时要考虑各门店级别、平均销货率、平均折扣率、平均单价及冬装新品占比等因素。一般来说，门店级别越高，平均销货率、平均折扣率及冬装新品占比也会越高。本企业将门店级别分为A、B、C、D四个等级。四个等级门店的平均销货率、平均折扣率、平均单价及冬装新品占比见表3-4。

表3-4　　不同级别店铺的平均销货率、平均折扣率、平均单价及冬装新品占比

| 门店级别 | 平均销货率 | 平均折扣率 | 平均单价（元） | 冬装新品占比 |
|---|---|---|---|---|
| A | 78% | 75% | 600 | 80% |
| B | 75% | 72% | 600 | 78% |
| C | 72% | 68% | 600 | 76% |
| D | 70% | 65% | 600 | 72% |

在确定了001~011门店的门店等级、面积、2018年9月至2019年2月的销售预算量的前提下，根据表3-4中四个等级的门店的平均销货率、平均折扣率、平均单价及冬装新品占比数据，可以进行2018年冬装新品（2018年9月至2019年2月销售的冬装新品）计划量预算。

门店冬装新品计划量预算=门店销售预算额×冬装新品占比÷平均销货率÷平均折扣率÷平均单价

门店代码为001的门店2018年（2018年9月至2019年2月）冬装新品计划量预算：

001门店冬装新品计划量预算=2 820 000×0.8÷0.78÷0.75÷600=6 427

表3-5　　　　　　　　　**2018年冬装新品计划量预算**

| 门店代码 | 门店级别 | 面积（m²） | 2018年9月至2019年2月的销售预算额（元） | 2018年9月至2019年2月销售的冬装新品计划量预算（件） |
|---|---|---|---|---|
| 001 | A | 200 | 2 820 000 | 6 427 |
| 002 | A | 280 | 2 120 000 | 4 832 |
| 003 | A | 226 | 1 670 000 | 3 806 |
| 004 | A | 280 | 1 570 000 | 3 645 |
| 005 | B | 197 | 1 380 000 | 3 384 |
| 006 | B | 240 | 1 480 000 | 3 630 |
| 007 | C | 172 | 1 530 000 | 4 032 |
| 008 | B | 130 | 1 240 000 | 3 041 |
| 009 | B | 158 | 1 290 000 | 3 164 |
| 010 | C | 201 | 950 000 | 2 504 |
| 011 | D | 140 | 900 000 | 2 418 |

### 三、同期销售数据分析

在进行采购预算时，为了使采购预算更为准确，还可以按照品类对商品的采购与销售状况进一步进行分析，对去年同期不同品类商品进行销售数据分析。如对去年同期不同品类的采购量、采购占比、销售量、销售占比、销货率、折扣率等指标进行分析。表3-6为对不同品类的商品去年同期采购与销售状况进行分析。通过对表3-6的

数据进行分析，可以发现，毛织、裙裤及连体装三个品类的采购占比、销售占比、销货率及折扣率均较低，这三个品类的商品可能是门店的辅助商品，进行采购预算时，参考去年同期的采购数据适量设置采购预算即可。背心外套与配饰两个品类，虽然采购占比与销售占比较低，但是这两个品类的销货率及折扣率较高。因此，这两个品类的商品可能是门店的辅助商品，但是销货率和折扣率较高，去年同期采购的这两个品类的商品较受消费者欢迎，进行采购预算时可以适量增加这两个品类的采购预算量。另外，衬衫、连衣裙和内搭三个品类的采购占比、销售占比、销货率及折扣率均较高。因此，这三个品类的商品可能是门店的主力商品，进行采购预算时可以维持或稍微提高这三个品类商品的采购占比。上述分析可以为指导品类采购预算提供参考依据。当然，也可以对不同品类进行尺码、热卖款式等各方面分析。

表3-6　　　　　　　　　　不同品类商品去年同期采购与销售状况

| 品类 | SKU数 | 采购量（件） | 采购占比 | 销售量（件） | 销售占比 | 销货率 | 折扣率 |
|------|-------|------------|---------|------------|---------|--------|--------|
| 背心外套 | 1 | 75 | 0.10% | 69 | 0.10% | 92.00% | 77.20% |
| 衬衫 | 116 | 27 479 | 25.90% | 21 270 | 24.90% | 77.40% | 73.00% |
| 裤装 | 47 | 9 871 | 9.30% | 8 660 | 10.10% | 87.70% | 73.60% |
| 连衣裙 | 154 | 26 646 | 25.20% | 22 265 | 26.10% | 83.60% | 70.60% |
| 毛织 | 4 | 445 | 0.40% | 308 | 0.40% | 69.20% | 69.10% |
| 内搭 | 121 | 24 969 | 23.60% | 19 542 | 22.90% | 78.30% | 70.50% |
| 配饰 | 2 | 177 | 0.20% | 170 | 0.20% | 96.00% | 86.60% |
| 裙裤 | 4 | 516 | 0.50% | 334 | 0.40% | 64.70% | 70.70% |
| 裙装 | 45 | 11 306 | 10.70% | 9 591 | 11.20% | 84.80% | 73.50% |
| 套装 | 33 | 4 228 | 4.00% | 3 041 | 3.60% | 71.90% | 73.30% |
| 连体装 | 2 | 189 | 0.20% | 140 | 0.20% | 74.10% | 67.90% |
| 总计 | 529 | 105 901 | 100.00% | 85 390 | 100.00% | — | — |

注：按"向下取整"到十分位。

四、采购计划确认

进行采购预算之后，还需要进行当季销售预算、新老商品占比、采购金额、采购数量、波段、大类占比、尺码比例、销货率、折扣率、热销TOP商品、上市节奏等采购计划的确认。

服装行业波段是指柜台波段上货。门店在上新品时不是一次性把一个季度所有新品摆上，而是根据产品的特性分几次上货，从而使销售额出现若干个高峰。例如，秋装可按初秋、中秋和深秋等阶段多次上货（季节表现不明显的区域可以不必如此细分）。对于门店而言，波段上货能增加门店商品的新鲜度和吸引力。在季初把所有新货一次性摆在门店的货架上，往往造成开始商品很好卖，越到后面销售额越低的局面。而且，好卖的货卖完了，剩下不好卖的货，难以调动销售人员的积极性。另外，如果不分波段上货，而是一次性上货的话，容易带来单品视觉表达的空间不够、销售人员一时难以记住这么多商品特性等问题。而如果是分波段上货，则可以避免这些问题，并带来总销售额的增加。所以，在上货的时候要注意波段的安排。合理安排上货时间、顺序和数量，也可使货品的库存得以减少。

资料来源　编者根据合作企业提供的资料整理。

某专卖店季节性商品管理流程工作时间安排表，如图3-2所示。

### 3.2.5　商品采购的策略

买方市场下的采购策略，即货源市场上供大于求，专卖店铺居于主导地位的情况下应采用的商品采购策略。这时，专卖店可以凭借主动权随意挑选商品，将主要精力放在商品销售方面，坚持以销定进、以需定进、勤进快销等采购原则，加快资金周转，节省采购成本，提高销售利润。

卖方市场下的采购策略，即货源市场上供不应求，商品供应紧张，供货商居于主导地位的情况下应采用的商品采购策略。专卖店首先要保证货源供应的稳定性和充足性。其策略主要有广开进货渠道，联系多家供应商；对生产商或供货商提供优惠，如由专卖店提供运输津贴、上门提货、提供广告援助等。

1）不同生命周期商品的采购策略

商品从研制、开发到畅销、疲软有一个生命周期，即试销期、成长期、成熟期和衰退期。商品处于不同生命阶段，所采取的进货策略也有所不同。

（1）试销期商品可以少量进货，待市场看好再批量进货。

（2）成长期商品属于畅销货，应积极扩大进货数量，利用广告进行促销。

（3）成熟期商品在前期市场还继续被看好，可组织大量进货；后期逐渐疲软，被新商品代替，应有计划地逐渐淘汰。

（4）衰退期的商品不应进货，或根据市场需求少量进货，并有计划地用其他商品替代，使顾客逐渐接受替代商品，从而淘汰衰退期的商品。

2）经营者在采购商品时可采取的策略

（1）掌握最新、最准确的信息。店铺进货，离不开市场信息。准确的市场信息，可使经营者作出正确的决策。如果信息不可靠，就会使经营遭受损失。市场信息来源于市场调查，主要方法如下：

①登门造访。可选择一批具有代表性的顾客，作为长期联系的对象。

②建立工作手册。营业员、采购员和有关业务人员，每天频繁地同消费者接触，应有意识地把消费者对商品的意见记录下来，然后把这些意见系统地整理起来。

③建立缺货登记簿。对消费者需要而本店铺没有的商品进行登记。登记项目是品名、单价、规格、花色、需要数量、需要时间等，每天汇总，以此作为进货的依据之一。

④设立顾客意见簿。顾客意见簿是店铺与顾客交流的重要途径。店铺经营者应经常检查顾客意见簿，发现和抓住一些倾向性的问题，及时改进，从而不断提高进货管理水平。通过科学的市场预测方法来确定市场对于量、质、品种、价格等方面的需求，从而采购适销对路的商品，避免库存积压，造成损失，更好地提高店铺的经营效益。

## 季节性商品管理流程工作时间安排表

| 季节 | 季节进入时间 | 工作项目 | 倒计时 开始 | 倒计时 结束 | 工作时间安排 |
|---|---|---|---|---|---|
| 春季 | 3月1日 | 计划 | 2月5日 | 2月11日 | 一月／二月 |
| | | 滚刑 | 2月12日 | 2月18日 | |
| | | 录入 | 2月19日 | 2月20日 | |
| | | 供应商到货 | 2月21日 | 2月25日 | |
| | | 上货架陈列 | 2月26日 | 2月28日 | |
| 夏季 | 4月15日 | 计划 | 3月22日 | 3月28日 | 三月／四月 |
| | | 滚刑 | 3月29日 | 4月4日 | |
| | | 录入 | 4月5日 | 4月6日 | |
| | | 供应商到货 | 4月7日 | 4月11日 | |
| | | 上货架陈列 | 4月12日 | 4月14日 | |
| | 第二次调整 6月15日 | 计划 | 5月22日 | 5月28日 | 五月／六月 |
| | | 滚刑 | 5月29日 | 6月4日 | |
| | | 录入 | 6月5日 | 6月6日 | |
| | | 供应商到货 | 6月7日 | 6月11日 | |
| | | 上货架陈列 | 6月12日 | 6月14日 | |
| 秋季 | 8月15日 | 计划 | 7月22日 | 7月28日 | 七月／八月 |
| | | 滚刑 | 7月29日 | 8月4日 | |
| | | 录入 | 8月5日 | 8月6日 | |
| | | 供应商到货 | 8月7日 | 8月11日 | |
| | | 上货架陈列 | 8月12日 | 8月14日 | |
| | 11月1日 | 计划 | 10月8日 | 10月14日 | 九月／十月 |
| | | 滚刑 | 10月15日 | 10月21日 | |
| | | 录入 | 10月22日 | 10月23日 | |
| | | 供应商到货 | 10月22日 | 10月28日 | |
| | | 上货架陈列 | 10月29日 | 10月31日 | |
| 冬季 | 第二次调整 12月15日 | 计划 | 11月21日 | 11月27日 | 十一月／十二月 |
| | | 滚刑 | 11月28日 | 12月4日 | |
| | | 录入 | 12月5日 | 12月6日 | |
| | | 供应商到货 | 12月7日 | 12月11日 | |
| | | 上货架陈列 | 12月12日 | 12月14日 | |

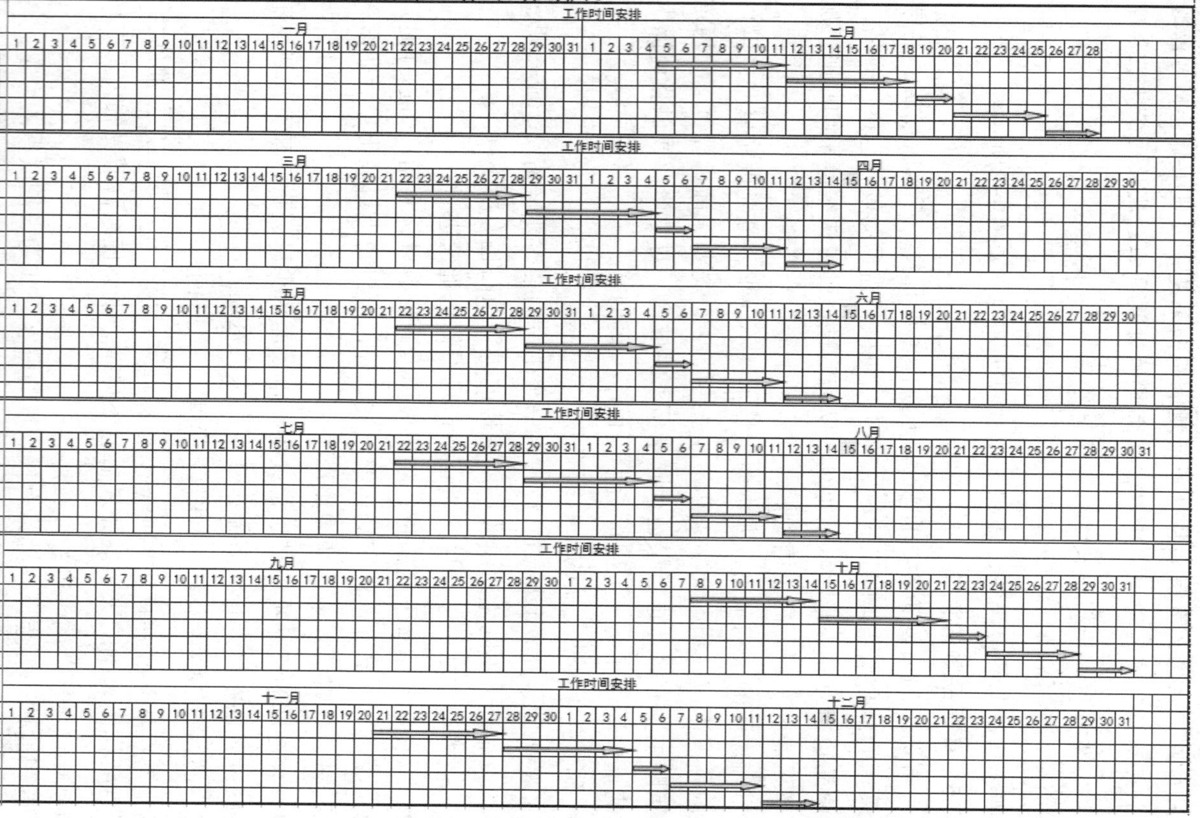

图3-2 季节性商品管理流程工作时间安排表

（2）培养采购人员对市场的判断力。如果采购人员能够比竞争对手更早发现具有市场潜力的商品，或价廉物美的商品，并能确保采购到这些商品，那么将是对专卖店利润的一大贡献。优秀的采购人员必须兼具看穿商品市场潜力的眼光和以什么方式可以销售什么商品的判断力。

（3）多选几家供应商作比较。为了取得最合理的价格和最优质的产品，我们可以请数家供应商先提供价格，以供我们比较，进而从中挑选在各方面皆适合我们的商品。

①严格把好进货关，在进货品时，要对进货厂家有个初步了解，了解厂家是否为合法经营实体。

②严格检查厂家的商品质量，考察其性价比。

③进货时，至少选择两家以上的供货单位。一是可以促使供货方之间在商品质量、价格和服务等方面的竞争；二是可以有效防止进货人员与供货方之间不正当交易，比如回扣等；三是可以及时掌握商品动态，从而及时应变。

（4）验收所进的货品。对所进商品进行验收，既可以检查所采购商品的质量和数量，又保障了商品能以最好的品相及时上架，呈现给消费者。忽略对进货商品验收，既有可能会因为数目不对而导致成本增加，又有可能会出现质量问题，而导致消费者拒绝购买或反复退换。

①检查发货单。将自己的订货单与供应商的发货单一一核对，包括每一种商品的项目、数量、价格、销售期限、送货时间、结算方式等内容。验货人通过检查，确定供应商所供的货物是否与自身需求完全吻合。

②清点数量。清点货品数量，不仅清点大件包装，且要开包拆箱分类清点实际的商品数量，甚至要核对每一个包装内的商品式样型号、颜色等。店铺经营者一旦发现商品短缺和溢余，要立即填写商品短缺或溢余报告单，报告给老板，以便通知供货商，协商解决办法。

③检查质量。在检查商品质量时，要注意两种情况：一是检查商品是否有损伤，一般说来商品在运送过程中会出现商品损伤情况，这种损伤往往由运送者或保险人承担责任；二是检查质量，是否有低于订货质量要求的商品。

（5）不可透露采购预算。不要让供应商了解到经营者采购商品的预算。当经营者的预算被供应商知道以后，供应商一定会开出与预算相近的金额，这样经营者就被动了，无法取得比经营者预算更优越的条件。

（6）在付款日以后再进货。如果在付款日以后再进货，意味着经营者手里可以暂时留存这一部分资金，用于其他方面的投资，这对于利息的赚取有着极大的帮助，特别是对于中小型专卖店而言更是如此。

（7）不要落入砍价圈套。有些采购人员无论如何交易，只会杀价，而没有考虑其他交易条件。供应商知道采购有些惯例，必会去提高价格等候采购人员砍价。另外，供应商如果以比市面行情便宜许多的价格将商品卖给专卖店经营者，经营者要注意这些商品是否有问题。

比如，某商品正常的进价600元，销售价格是750元。有一家供货单位以300元价格出售给专卖店经营者，因此，专卖店经营者的购货成本是300元，采购100件这样的商品需 30 000 元资金。以 750 元的销售价格进行了 20 天销售，只卖出 20 件。由于还有 80 件商品占用资金和库存，专卖店经营者以 400 元一件的价格售出。又经过 20 天，仍只卖出 10 件。在不得已的情况下，以 200 元一件的价格出售，但经过一个月后，仍只卖出 10 件。这时经营者大失所望，把剩余的 60 件在一个月内以单价 100 元的价格卖给了同行者。

此时，专卖店的直接损失=30 000-（750×20+400×10+200×10+100×60）

=30 000-27 000=3 000（元）

由此可以看出，在采购过程中，如果贪图价格便宜，会使商店蒙受经济损失，所以切勿上廉价的当。

（8）实现与供应商的"双赢"。专卖店秉承与供应商的"双赢"的信念是非常重要的。假如凡事只顾及自己，其他一概不管，那供应商也只会与专卖店保持泛泛之交的关系。假如专卖店不提供给对方好处，则专卖店也难取得对方的回馈。唯有贯彻"双赢"的理念，对于彼此的发展，才会有很大的助力。

（9）注重商品的精美包装。人们在购买东西时，往往从商品的包装来判断东西的好坏。虽是同样品质、同样价格的商品，一个用塑料袋包装，一个用精美的包装袋包装，人们就会觉得后者的品质、价格都高于前者。因此，许多经营者在商品质量有保证的前提下，可以花重金请人设计精美的包装。

### 3.2.6　采购谈判技巧

经营者 A 以超低价为自己新开的服装店进了一批货物。经营者 A 将它们陈列在店铺显眼的位置。经营者 A 挑选货物的眼光果然不错，没多久，所进的货物就销售一空，可是当她一算账，才发现自己并没有赚多少钱。经营者 A 再一次核算了成本之后，猛然间发现，虽然他采购货物的价格较低，但是由于包装、运货等费用都是他自己支付，一加起来成本就上去了。因此，利润所剩无几。

一般来说，经营者与供货商主要就商品价格及交易条件等进行谈判。供货商希望能以平常的售价（报价单上的标准）供应商品，而店铺经营者则希望以折扣价格获得高利润率的商品。

1）谈判前充分准备

对供应商的资质进行调查，确定供应商是属于哪一个级别（全国性、区域性及地方性）的。带好相关资料，如市场调查报告、竞争对手的海报、合同文本，以及笔、计算器、会谈记录等，更重要的是别忘带各种有效证件。

2）谈判中突出重点

（1）守时自信。谈判时首先要讲礼貌，着装得体，遵守时间，提前 5 分钟到达谈判地点，要充满自信心。

（2）准确获取有用信息。通过提问，从对方回答中获得有用的信息，引导供应商说出你所需要采购的商品。

（3）主动掌握谈判内容。

①品质。在谈判时，应先与供应商对商品的品质达成共同认可的标准，以避免日后的纠纷甚至法律诉讼。

②包装。包装可分为内包装及外包装两种。内包装是用来保护、陈列或说明商品

的，而外包装则仅用于仓储及运输过程的保护。在采购包装时，应先了解店铺的政策，进而与供应商协商对彼此都最有利的包装，不应草率订货。

③价格。采购人员须根据店铺市场形象及目标顾客群采购适当价格的商品。

④折扣。折扣形态通常有新产品引进折扣、数量折扣、付款折扣、促销折扣、无退货折扣、季节性折扣、经销折扣等数种。采购人员应注意各种折扣的谈判。

⑤付款条件。付款方式与商品的采购方式紧密相关，通常经销的商品采取"货到的××天"的方式结款，代销、联营的商品采取"月结的××天"的方式付款。在国内一般供应商的付款天数（账期）是月结的30~90天，视不同的商品周转率和产品的市场占有率而定。

⑥售后服务保证。对于需要提供售后服务的商品，经营者在谈判时，必须要求供应商在商品包装内提供该项商品售后服务资料，以便维修时联络。

⑦促销活动。在采购商品时，采购人员要和供应商谈判：促销活动的费用、广告赞助、产品质量和数量的保证等内容，以保证促销活动的正常实施，增加利润。

（4）强调合作，妥善处理异议。当供货商过分强调理由或提出较为苛刻的条件时，可以先保持短时间的沉默，然后询问其原因，并有理有据地提出反驳理由，追求双赢效果，强调的是双方合作。

3）谈判后要追踪效果

商品采购谈判结束，并非商品采购工作的终结。经营者要继续追踪因商品采购所延伸的一些工作，如商品是否与样品质量、价格、品牌、产地等相符，是否完全履行了合同约定的条款，商品进入卖场后销售人员的反应如何，销路是否畅通，是否符合市场的需要，商品质量是否符合国家、行业及专卖店规定的标准。此外，还要从六个方面对谈判后的效果进行追踪：商品是否满足顾客的需求，顾客的满意度如何；商品采购总量、结构、批量是否合适；商品质量是否稳定，能否满足顾客的需求；商品货源是否来自源头；售后服务是否良好、可靠，对投诉是否能作出迅速反应，索赔是否简便易行；交货是否及时，供货量是否有弹性，交货时间是否合适，能否保证购货所需时间内的正常销售，过早送货会导致库存积压，过迟送货则会出现缺货。

# 3.3　供应商的管理

### 3.3.1　专卖店与供应商的合作方式

1）购销（买断）

购销经营是很常见的经营手段。**购销经营**就是大批量地独立购买生产方的商品经营权和所有权，对购进的商品只要不存在质量问题，一律不再退货。

（1）结算方式。买断结算按照货款结算条件不同又分为"即期结算"（货到付款或款到付货）和"数期结算"（货到后一定期限内结算）两种。即期结算的优点在于专卖店经营者不会对供应商拖欠货款，大大降低了流动资金需求对供应商的压力。数期结算一般在1~3个月内结算，结算时间越短，店铺要求的进货价越低。零售店铺实施买断经营，一旦商品滞销，造成积压，便要承担所有的损失。因此，买断经营供货价一般比寄卖的要低。

（2）实行购销（买断）经营的作用。实行买断经营最重要的一个前提就是零售店铺要有足够的实力，能够大批量地进货，压低价格，提高市场竞争力。买断经营买断了风险，也买断了利润。目前，国内一些零售店铺热衷"买断"，主要是选择部分全国畅销品牌商品，看中了买断商品的低价格和较高的利润空间。由于买断当场支付，供货商自然会在供货价的基础上，再降低几个百分点。

①对生产型专卖店有利。生产型专卖店产品迅速变现后，可将回笼资金投入再生产和新产品开发，并可根据专卖店下的订单安排生产，在一定程度上做到以销定产，进入产品生产、开发、再生产的良性循环。

②使供应商供货价格降低，经营者买断商品承担的市场风险由此得到回报。经营者花钱买断商品后，意味着将市场风险扛到自己肩上，逼迫自己要加强市场预测，精打细算，降低成本，提高专卖店的管理水平和竞争能力。

③为消费者提供更优质的产品和服务。首先是价格上得到实惠，其次是得到更加优质的服务。目前零售店铺遍地开花，进哪家店完全由顾客说了算，只有为顾客提供优质服务，才能吸引客源，赚取商业利润。

总之，买断经营使厂家、商家、消费者三方皆大欢喜。买断这种符合市场规律的经营方式必将向整个流通领域逐步推开。

2）寄卖（代销）

店铺以寄卖的方式接受供应商供货，一般不会与供应商即时清算货款，而是按售后结算的方式和供应商协议订立结算期来结算货款。

（1）结算方式。在寄卖合作方式下，有两种具体结算方式：第一种为定期结算，即根据有关的寄卖货品每个结算期内的实际销售额来结算应付的货款。结算期大多是1个月到3个月不等。第二种为翻单结算，即在供应商供应第二批货品时结算第一批货品的货款。

店铺与供应商清算货款时，是按双方协议的营业额分成或保底金额来计算。营业额分成即店铺保证结算期内最低营业额不少于某一个基数，如果营业额达不到保底基数，店铺仍要按保底基数分成，换言之，供应商必须承担商品销量的风险。

（2）合作方式。供应商在寄卖合作中所扮演的角色有两种：一是只提供商品，销售人员和管理等支援工作则由销售店铺负责；二是供应商既提供商品又提供销售人员，销售人员的薪酬由供应商提供，而销售店铺则成了引厂进店或第三方平台，只管收取费用，风险转嫁给了供应商。

3）引厂进店

对于那些想要突出品牌，强调产品形象的生产商，会经常要求零售店铺为自己开设专门展柜销售自己的产品。这对零售店铺来说，是重要的营销机会，也是采购产品与调整产品结构的机会。零售店铺也可以主动出击，邀请知名品牌进店经营，寻求与知名品牌合作。

专柜是店铺和供应商根据事先约定的合作条件共同开设的品牌销售方式。专柜的结算方式基本上与寄卖相同，按零售店铺和供应商商定的保底和营业额分成，在指定的结算期内结清货款。除了保底和分成之外，有些店铺还要求供应商缴付其他费用，如促销及推广费（大约占月销售金额的1%至5%）、仓储费等。

专柜货品的定价在一般情况下采取两种方式：一种是由供应商提出，双方协商确定零售价；另一种是在供应商的供货价的基础上，加上一定的比例作为零售价。专柜商品的销售原则上按照零售店铺有关规定进行，统一收款。

专柜的销售人员数目、来源、培训和日常管理由零售店铺和供应商协定。一般专柜销售人员的来源可分为由零售店铺提供、由供应商提供和双方共同提供三种。此外，供应商还要与零售店铺协商货物进出专柜的手续以及退换货手续。

零售店铺通过引厂进店设立品牌专柜有三个好处：一是有利于调整优化产品结构；二是有利于和知名品牌建立起良好的供货关系；三是有利于稳定商品的货源，降低自己的产品经营风险。

### 3.3.2 供应商的选择与管理

1）供应商的选择

（1）资质可靠。供应商应提供合法的售卖资质证书。否则，专卖店经营者的商业活动可能潜伏危险，容易上当。资质可靠可以保证在后期所提供的商品的品种、数量、花色、规格、质量。

（2）区域优势。中国香港、澳门地区为国际自由港，国外产品进入港澳为零关税，因此，港澳地区就成为进口产品的集散地。邻近港澳地区，容易建立密切的商务联系，港澳地区与珠江三角洲地区的供应商在产品的供应价格上占有优势。路程的远近、交通运输工具、运输路线、运输费用等也是零售店铺在采购时需要考虑的问题。

（3）证书齐全。国家对不同类型的产品有不同的相关许可证制度，供应商不能出具相关证书，专卖店就不能选择与其合作；一旦与其合作，市场监管部门就会根据国家法律规定予以查封、罚款，同时顾客也难以相信那些来路不明的产品。

（4）价格优势。专卖店在采购商品时，价格当然是选择的重要因素，但经营者绝对不能选择仿冒品。正规品牌的产品销售渠道比较规范，其价格不可能有较大差别。

（5）支持与服务。严格的区域代理保护政策、健全的销售培训制度、有力的媒体广告支持、完善的售后服务体系是零售店铺必须着重考虑的因素；尤其是对行业状况、销售技巧、管理尚不熟悉的经营者，有了这些支持，市场拓展将比较顺利，风险将进一步降低。

2）供应商的管理

专卖店在经营过程中，通过与供应商的密切配合，对供应商进行管理，将会创造共荣的佳绩，创造出美好的未来。

（1）资料的搜集与分析。搜集欲采购商品主要供应商的资料，其背景资料的建立与分析应包括：厂商名称、营业登记证（确定其为合法经营的单位）、负责人、注册资本、最近几年营业额（评估其是否为稳定且具发展性的合作伙伴）、公司组织状况（了解运作模式及权力核心）、主要产品内容（评估合作重点项目）、商品性能及供货量情况（生产线安排或进口数量；原料来源及供应情况）、与其他对手的合作情况（评估本公司与其他竞争对手在供应商之间的业务比较）、供应商经营理念和销售政策分析（从此点可了解到双方合作发展的潜力）等。经由供应商背景资料的搜集、建立与分析，过滤出适合本专卖店合作的对象，依其重要程度不同，再进行更深层次的洽谈与实际的往来。

（2）定期检查与销售控制。供应商管理的目的是要创造出"双赢"的合作契机，只有供应商卖得开心，销售者买得宽心，才能维持永续的合作关系。因此在双方往来一段时间之后，一定要定期检查配合的内容，包括品质、交货期、利润、服务、广告等是否都令双方满意，然后才考虑是否继续合作。

（3）年度合作目标的制定。通过定期检查，了解彼此在业务往来上的需要在哪里，更重要的是事前的规划与安排，这对于供应商而言，有助于各配合事项的预先准备；对于专卖店经营者来说，除了可确保各项货源之外，更可凭借目标的制定来控制每个配合的环节，进而共创合作佳绩。

对专卖店经营者而言，除了售卖商品可获取利润之外，良好的供应商管理也可能获得意想不到的利润。

**职场对接 3-2**

### 麦当劳独特的供应商管理模式

雷·克洛克把麦当劳比喻为一个三条腿的凳子：麦当劳、加盟商和供应商。其成功秘诀就在于独特的供应商管理理念。麦当劳的几大全球供应商从其创立至今一直合作密切。究其原因，归根于克洛克的理念"只有一个方法可以培养供应商对公司的忠诚度，那就是保证这些人可以赚到钱"。麦当劳独特的供应商管理模式，是一种长期稳定的"双赢"管理模式。在当今复杂和竞争激烈的商业环境中，企业要想在竞争中建立自己的竞争优势，必须对供应商进行有效管理以获得供应商对自己的支持与配合。

拓展阅读：麦当劳的供应商管理模式

资料来源 佚名. 麦当劳独特的供应商管理模式［EB/OL］.［2019-06-17］. http://www.360doc.com/content/16/0530/10/26166517_563472350.shtml.引文经过节选、压缩和改编。

### 3.3.3 采购合同的签订

有这样一个事例：王女士收到了自己订的一批货，这批货比事先协商的时间晚到了将近一个星期，不过总算到了，还赶得上销售旺季。于是，王女士在收到货物后，便急忙开箱，准备以最快的速度摆上货架。可是当她打开包装箱一看，却发现货物跟她订的货有所出入。于是，她立即打电话跟供应商联系，想弄明白是怎么回事。接电话的是供应商销售部的一位员工，他听到王女士说完后，让王女士稍微等等再给答复。王女士等了很长一段时间，对方并没有给她打电话，于是，她又一次打电话过去。对方却告诉她货物没有问题，所订的就是这样的货，王女士想要再说些什么，对方却没有兴趣听下去，将电话挂断了。为了挽回自己的经济损失，王女士不断地跟供应商交涉，可是最终没有结果，她一气之下将对方告上法庭，可因为她没有与对方签订采购合同而败诉。

在采购商品的时候，签订合同，不仅能够确保签订者双方的利益，同时还能明确双方应承担的责任。这样，才能有效地避免一些不必要的麻烦和纠纷。因此，在采购商品时签订合同是十分必要的。

1）采购合同的内容

采购合同是经济合同的一种，是签约双方达成一致意见的各项条款构成的经济合同。内容一般包括合同的标的、标的数量和质量、价款和酬金、履行的地点、履行的期限和方式、违约责任、合同附则与签署等，店铺采购合同的条款应当力求具体明确，才便于执行，避免不必要纠纷，应具备以下主要条款：

（1）商品的品种、规格和数量。商品的品种应具体，避免使用综合品名；商品的规格应具体规定颜色、式样、尺码和牌号等；商品的数量多少应按国家统一的计量单位标出，必要时可附上商品品种、规格、数量明细表。

（2）商品的质量和包装。合同中应规定商品所应符合的质量标准，注明是国家标准还是企业标准，应由双方协商或凭样订（交）货；对于次品应规定一定的比例，并注明其标准；对实行保换、保修、保退办法的商品，应写明具体条款；对商品包装的方法、使用的包装材料、包装式样、规格、体积、重量、标志以及包装物的处理等，均应有详细规定。

（3）商品的价格和结算方式。合同中对商品的价格要做具体的规定，规定定价的方法和变价处理等，以及规定对副品、次品的扣价办法；规定结算方式和结算程序。

（4）交货期限、地点和发送方式。交货期限（日期）要按照有关规定，并综合考虑双方的实际情况、商品特点和运输条件等因素确定。同时，应明确商品的发送方式是送货、代运还是自提。

（5）商品验收办法。合同要具体规定在数量上和质量上验收商品的办法、期限和地点。

（6）违约责任。签约一方不履行合同，必将影响另一方的经济活动。因此，违约方应负责赔偿对方的损失。

（7）合同的变更和解除的条件。合同中应规定，在什么情况下可变更或解除合同，什么情况下不可变更或解除合同，通过什么手续来变更或解除合同等。此外，进货合同应视实际情况增加若干具体的补充规定，使签订的合同更切合实际，行之有效。

专卖店为了保证进货合同或采购合同的履行，保证店铺购销任务的完成，必须加强对合同的管理工作。

2）采购合同的签订程序

一份真正具有法律效力的合同在签订的过程中应遵循一定的程序。一般来说，签订合同的程序有如下五个步骤：

（1）订约提议。订约提议是指当事人一方向另一方提出的订立合同的要求或建议，也称要约。订约提议应提出订立合同所必须具备的主要条款和希望对方答复的期限等，以供对方考虑是否订立合同。提议人在答复期限内不得拒绝承诺，即提议人在答复期限内受自己提议的约束。

（2）接受提议。接受提议是指提议被对方接受，双方对合同的主要内容表示同意，经过双方签署书面契约，合同即可成立，也叫承诺。承诺不能附带任何条件，如果附带其他条件，应认为是拒绝要约并提出新的要约。新的要约提出后，原要约人变成接受新的承诺人，而原承诺人成了新的要约人。实践中，签订合同的双方当事人通常会就合同的内容反复协商。

（3）填写合同文本。

（4）履行签约手续。

（5）报请签证机关签证，或报请公证机关公证。

法律规定，有的经济合同还应获得主管部门的批准或市场监督管理部门的签证。对没有法律规定签证的合同，双方可以协商决定是否签证或公证。

合同一旦签订就产生了法律效力，签订者就应承担相应的法律责任。店铺经营者与供货方签订合同是为了确保利益不受损害，但是如果在签订合同时不加以注意，有时不但难以确保自己的利益，还会让自己处于被动地位。

3）签订合同时要注意的事项

王先生是某家零售店的老板，生意一直不错，跟供应商的关系也处得非常好。虽然他在进货时也跟对方签订合同，但他认为这只是一个形式，签或不签其实没有多大的区别。一次，他从一家工厂订了一批贵重电器。供应商派销售人员来订立合同时，王先生与以往一样，在合同上签了字。货很快就到了，王先生感到很高兴，觉得对方办事效率高，然而当他开箱验货时，发现货品质量完全不符。王先生见状连忙打电话给厂家，对方回答王先生压根就没有向他们订货，更没有签订什么合同。王先生马上拿出合同仔细查看，原来签订合同的厂家的名称跟对方只差一个字。于是他连忙去查找厂家，才发现那个厂家并不存在。王先生之所以会蒙受这么大的经济损失，就是因为没有意识到合同的重要性，没有留意一些应该注意的事项。

（1）合同的当事人必须具备法人资格。法人是有一定的组织机构和独立支配财产，能够独立从事商品流通活动或其他经济活动，享有权利和承担义务，依照法定程序成立的店铺。

（2）合同必须合法。必须遵照国家的法律、法令、方针和政策签订合同，其内容和手续应符合有关合同管理的具体条例和实施细则的规定。

（3）签订合同必须坚持平等互利、充分协商的原则。

（4）签订合同必须坚持等价、有偿的原则。

（5）当事人应当以自己的名义签订经济合同。委托别人代签，必须要有委托书。

（6）合同应当采用书面形式。采购合同具有法律效力，合同上规定签约者应履行的义务和应获得的权利，受到国家法律的承认、维护和监督，违反时要受到法律的制裁。

## 单元小结

专卖店在制订采购计划时首先要根据宏观经济环境、专卖店的类型与规模等因素确定店铺的经营范围。商品结构是一个动态变化的过程，要根据商品销售排行榜、商品贡献率、损耗排行榜、周转率、商品的更新率等随时加以调整。店铺经营者在确立了经营范围之后，应当选拔掌握采购计划和采购谈判技巧的采购人员，让采购人员严格按照采购程序，根据以需定进、以进促销、储存保销、勤进快销、诚实守信、文明经商等原则进行商品的采购。为了保持与供应商实现长久的双赢，还应该按照合同对供应商进行严格管理，与供应商采用购销（买断）、寄卖（代销）、引厂进店等方式合作。

## 主要概念

商品结构　主力商品　辅助商品　关联商品　购销经营

## 单元测试

□ 简答题

1.专卖店经营者在确定店铺的经营范围时，要考虑哪些因素？

2.按商品构成进行划分，店铺经营的商品结构有哪些？

3.专卖店商品采购的原则有哪些？

4.专卖店商品采购的渠道有哪些？

5.专卖店与供应商的合作方式有哪些？

□ 案例分析题

### 案例1　库存与销售的关系

某连锁专卖店在进行终端商品管理时，三家门店T恤大类的库存比与销售比如图3-3所示。

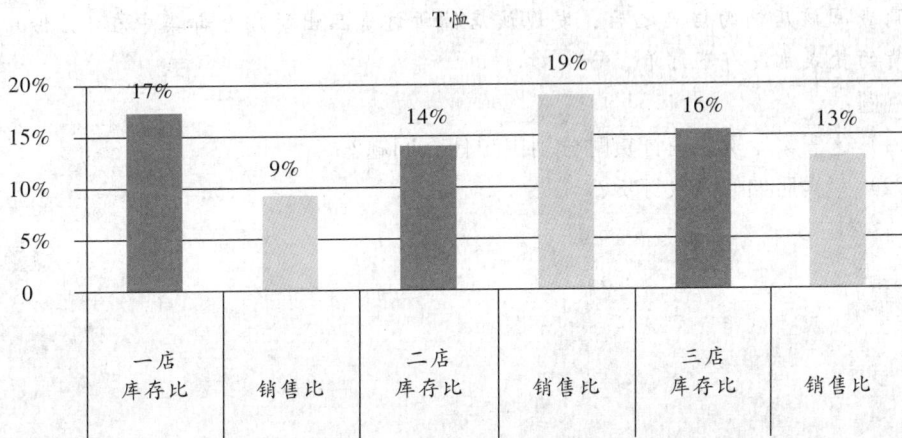

图3-3　某专卖店三家门店T恤大类的库存比与销售比

问题：

试分析，三家店铺T恤大类货品销售与库存结构是否正常，请对门店不正常的大类进行合理的调整。

### 案例2　缺货断货，恶性循环

某年6月10日是公司总部领导巡店的日子，某门店的李店长却因为缺货问题而头疼不已。专卖店商品由于供应商的断货和采购部跟进不及时，出现了多个空排面的现象，而这种现象又无法在几天时间内解决。如何应对总部领导的巡店呢？李店长最后决定将库存的商品全部从后仓拉出来，将空排面填满，以应付巡店。

7月28日，在分析销售业绩时总部领导发现，该门店的当期销售额明显低于去年同期水平，再看畅销的商品库存，几乎15%的畅销商品库存为0。这引起了总部采购总监与营运总监的重视。通过调查发现，该店在本年6月份以后只要畅销商品一断货，门店店长和员工就将库存量大的商品拉出将排面填满；另外，该门店的工作人员对信息系统的重视度不够，平常都是看着排面要货，排面没有货了就填"要货单"，而且"要货单"交到采购以后也没有继续跟进。久而久之，门店的畅销商品中有20%断货，无法达成良好的销售业绩。

问题：

（1）出现这种情况，专卖店店长的问题出在哪里？

（2）专卖店在商品采购方面有哪些不足？

（3）专卖店应该如何优化采购流程？

### 案例3　三家专卖店老板的困惑

第一家服装专卖店的老板觉得去年卫衣一直都不好卖，所以今年没有订一件卫衣。外套需要搭配卫衣陈列时，只好拿短袖T恤来搭配。刚做完陈列，有位顾客试完外套觉得还要买一件卫衣搭配时，因为店铺没有卫衣搭配，店铺连外套也没卖出去。

第二家服装专卖店的老板觉得上一年同期女装卖得很差，于是今年女装订货量很少。采购的服装中，90%是男装，女装总共不到10款。

第三家服装专卖店的老板认为供应商的出货有问题。该店订货总件数很多，但是到了3月份新货上市时，竞争对手的很多新款纷纷上架，该店铺没有收到一件新货。供应商查阅该店铺的订单之后，发现该店铺所订货品出货期全部集中在4月份，3月份出货的款式都没有下订单。

问题：

（1）这三家专卖店在订货时分别出了什么问题？

（2）专卖店如何高效订货？

# 专卖店商品的销售

## 学习目标

通过本单元的学习，掌握专卖店如何引进新品；理解滞销品的确定，能够对专卖店的滞销品进行处理；掌握如何进行专卖店商品的定价；掌握如何进行促销商品的选择及促销方式的选择。

## 单元框架

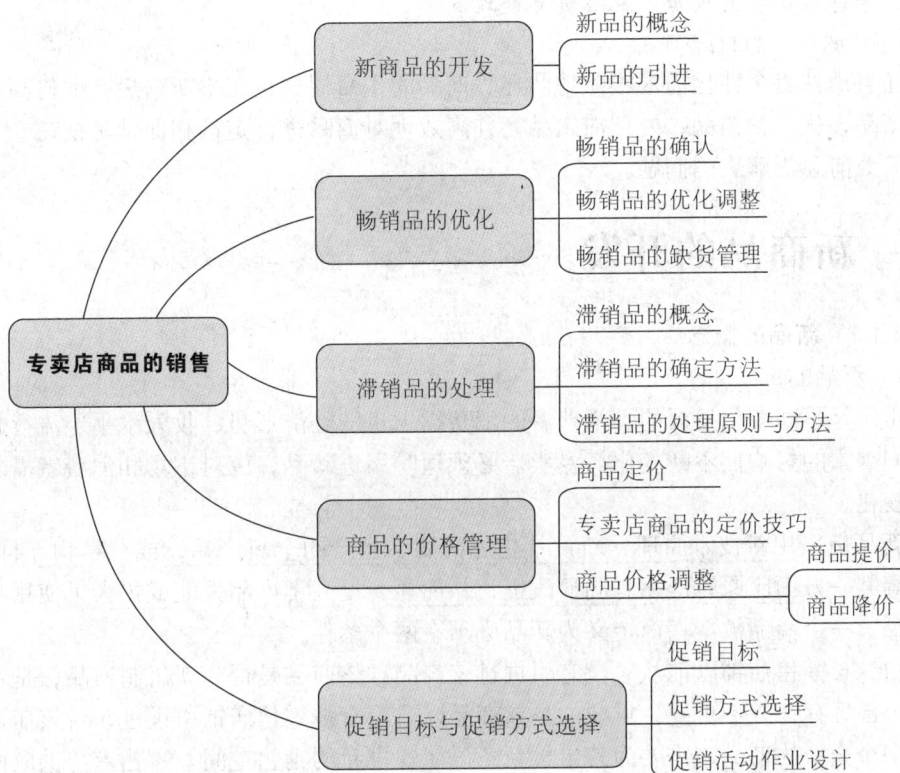

【引例】

### 新品上市的困惑

很多新商品上架不到一个月，就销声匿迹了。以日本为例，每年夏天就有200种新饮料上市，但经得起考验，存活下来的品种只占一成。泡面厂商商品开发人员则感叹：新商品的生命周期已缩短到三周。产品生命周期加速缩短，如何创造畅销品与长销品，成为专卖店的严峻挑战。

根据日本最近的一项统计，近五年内，在市面上销售的罐装咖啡、各式饮料、巧克力及食品等，品项数目都大幅增加2.5倍到3倍。仅巧克力这个产品，品项数目即从600个剧增为1 900个，可见新商品上市的泛滥现象。

某食品专卖店，上年进货的新商品品项数高达520项。换算下来，每周平均推出10个新商品。

厂商为了追求营业收入及获利成长的目标，不断开发新产品，造成新产品持续泛滥，被下架的商品愈来愈多。下架的滞销品，被批发商或零售店铺堆积如山地放在仓库里，等待被清仓大甩卖，或被废弃处理。

资料来源　编者自行整理.

随着消费者个性化需求不断地凸显，商品的生命周期也在不断缩短。如何高效地引进新品，优化畅销品，处理滞销品，并高效地对商品进行定价和促销是摆在专卖店经营者面前急需解决的问题。

# 4.1　新商品的开发

### 4.1.1　新品的概念

1）新品的定义

市场是不断变化发展的，消费者的消费需求也随经济形势、收入水平、流行趋势等不同因素的影响而不断变化。专卖店必须适时引进新品，应对市场和消费者需求的快速变化。

**新品**指采用新技术原理、新设计构思研制、生产的全新产品，或在结构、材质、工艺等某一方面比原有产品有明显改进，从而显著提高了产品性能或扩大了使用功能的产品。一个商品被零售商定义为新品必须有两个条件：

（1）该零售店铺以前从来没有引进过该商品。该商品是否为新研制商品，是否在市场上已经存在并不重要，重要的是该商品以前没有被零售店铺引进过，对该店铺来说是一个全新的商品，需要为其定义新条码，安排新的销售空间。零售商与供应商为该商品在销售场所的销售承担相应的市场风险。

（2）该零售商的大部分顾客认为这是一个新商品。在此，并不需要所有顾客都认为该商品是一个新品，只需要零售店铺的大部分核心顾客认为销售的商品与其以前所见的商品存在区别。

2）新品的分类

按产品的创新程度可以将产品分为全新型新品、换代型新品和改进型新品。全新型新品是指应用科学技术研制、设计、生产的，在结构原理、技术工艺等方面是前所未有的产品。例如，移动硬盘相对于软盘而言是全新产品。换代型新品是指产品的使用、制造基本原理不变，部分地采用新技术、新材料，或改变其结构，使产品的性能、使用功能或经济指标发生了显著变化的产品。改进型新品是指在原有老产品的基础上，对原有产品的功能、性能、花色、品种、规格、包装等方面采用各种技术改进方法进行局部改造而制成的产品。

### 4.1.2　新品的引进

1）新品引进的意义

（1）零售业竞争日趋激烈，具有市场潜力的新品成为零售专卖店的核心竞争力之一。

（2）引进具有市场潜力的新品赋予零售商市场先发优势。

（3）供应商对新品投入的推广资源能为零售商店所用，成为其发展的动力。

（4）引进高效新品是维持良好品类组合的要素之一。

（5）具有销售潜力的新品能够带动零售商的日常经营良性运转。

2）新品引进原则

（1）信息数据化。新品引进应依托信息技术，在数据分析的基础上对新产品的市场前景进行量化分析。切忌以经验为基础，不加分析地凭感觉和喜好随意引进新品。

（2）以消费者的需求为依据。以以往相关产品的销售数据为核心，分析消费者对关联产品的消费心理，通过调查问卷等方式评估消费者的消费倾向，判断消费者对拟引进新品的感观，以此作为引进新品的依据。

（3）零售商与供应商充分合作。引进新品对零售商与供应商都是一种存在风险的商业行为。但风险的主要承担者是供应商，新品销售的失败会导致供应商前期投入研发、推广、渠道、配送、人员等费用成本的损失。零售商也会承担货架资源浪费、销售成本增加和效益降低的风险。为了降低风险，零售商与供应商应通力合作，通过信息共享等方式尽量确保新品销售取得成功。

3）新商品引进的来源

掌握市场资讯，特别是商品资讯，才能够掌握市场脉搏，导入适销的新品，及时掌握商机。经营者必须细心及用心通过各种渠道获取新商品资讯，获取途径主要有以下几点：

（1）供货厂商。供货厂商对市场讯息关心的程度不亚于零售店铺。从厂商处可获知消费者需求的趋势、厂商本身新商品推出计划及其他厂商的新商品计划等。

（2）销售人员。在门市店铺每天的销售活动和与顾客的接触中，可以或多或少地了解顾客所希望的商品倾向、感觉及价格水平。以这些知识及经验为基础，可以对是否引进特定新商品有初步的概念。

（3）竞争者。通过实访竞争者的商圈及分析其促销手法（如商品组合），不仅可掌握竞争者的动态，还可以对市场的流行商品有更深入的了解，以作为开发新商品的参考。

（4）消费者。提供消费者免费服务专线，搜集消费者的潜在需求，也是开发新商品的重要途径。

（5）专业报刊及消费网站。这些媒体对市场、商品信息常有深入的报道，也是非常好的资讯来源。

4）新商品引进注意事项

（1）引进的新品是否与现有品类相冲突。如果引进的新品在产品类别、功能等方面与现存的品类存在同质性或相似性，就会影响现存品类商品的销售。对消费者来说，新品的引进导致了选择问题，有时消费者乐于选择，但有时选择也是一种负担。对于商家来说，新品占据了一定货架资源，给消费者增加了选择余地，但并不能促使消费者多买商品，只是以原有品类的市场份额换取了新品的市场份额，并不能创造市场，利润得失也在两者之间。新品与同类商品的差异性往往是其具有核心竞争力的表现。

（2）引进新品是否会带来额外收益。能在市场上存活甚至畅销的商品，并不一定就适合在本店铺内销售。引进新品占用了店铺的陈列空间，如果不能激发消费者的购买欲望，不但不能带来额外收益，反而会出现劣币驱逐良币现象。

（3）引进的新品价格是否可以补充现有的价格带。现存的零售专卖店品类商品大部分已经形成较为完整的价格带，且价格区域较为密集。如果新品价格与现有商品的价格带存在冲突，则不利于扩大销售，难以增加单品盈利能力；如果引进新品价格正处于价格空白带，则能有效完善价格带，增强销售。

（4）供应商是否对新品大力推广，带动整个品类商品的销售。新产品的存活率较低，如国内某著名牛奶品牌生产商，前几年走产品路线，不时推出新产品，很多新产品推出三个月左右销量很低，在消费者还没注意到这些新品的时候就不得不下架。所以，供应商为加大新品的存活率，往往在上市之初加大推广力度，策划整套推广方案，这些推广促销行为可能会带动整个品类商品的销售。

# 4.2　畅销品的优化

### 4.2.1　畅销品的确认

**畅销品**（Best Seller），即畅销商品，是指处于成长期和成熟期、在市场上销路很好、没有积压滞销的商品。任何商品，只要受到消费者欢迎、销路好，都可称作畅销商品。

统计分析辨识畅销商品可以根据帕累托法则得出的"少数中的多数"而来，即20%的商品品种可实现全部销售额的80%左右，而剩下80%商品的销售额则只实现总销售额的20%左右。商品品种百分比与相对的销售额百分比之间存在20：80关系的规律性现象称为20-80原则。其中占销售额最大份额的20%的商品，称之为畅销商品。

畅销商品的选择要剔除团购、促销等因素。畅销商品的统计辨识方法有历史资料法、竞争对等法和数据信息统计法等。

1）历史资料法

历史资料法又称经验法，是指店铺参照历史同期的销售统计资料，在总的商品品种中选择出销售额排名靠前的20%的品种作为畅销商品。此方法一般需要依靠人工统计，工作量大，主要适宜于POS系统尚未建立的、规模较小的店铺。按历史资料法选择畅销商品一定要注意历史统计资料时间上的一致性，严格按季节进行。

2）竞争对等法

竞争对等法是指店铺通过调查并统计竞争对手畅销商品的情况而确定自己的畅销商品。如店铺刚成立不久，历史同期销售统计资料缺乏或不全，可采用竞争对等法来选择畅销商品。店铺可派采购人员在每日的销售高峰期过后第一时间到竞争店铺去观察"磁石点"货架（如端头货架、堆头、主通道两侧货架等，这些位置一般陈列畅销商品）上的商品空缺情况，因为这一时段营业高峰刚过，销售人员来不及对畅销商品补货。通过对畅销商品主要陈列货架商品空缺情况的调查，可以初步得出结论：如果陈列货架商品空缺多，该商品销售良好，可列为畅销商品的备选目录。这种方法简便易行，但调查容易受到竞争店店员的阻挠，且带有一定的偶然性。按竞争店调查法选择畅销商品要注意竞争店店址、卖场面积、经营品种等因素应具有相似可比性，以保证参照借鉴的实效性。

3）数据信息统计法

数据信息统计法是指店铺根据销售系统汇集历史同期的销售信息来选择畅销商品的方法。这些信息资料主要有：销售额排行榜、销售比重排行榜、周转率排行榜、配送频率排行榜。这四个指标之间存在紧密正相关性，核心指标是销售额排行榜。根据销售额（或销售比重、周转率、配送频率）排行榜，挑选出排名靠前的20%的商品作为畅销商品。如店铺经营的商品品项总数为2 000种，则销售额排名第一至第400的商品就构成20%商品目录。采用数据信息统计法获取信息完整、准确、迅速，是店铺尤其是规模较大店铺选择畅销商品的首要方法。

### 4.2.2 畅销品的优化调整

由于畅销商品具有鲜明的季节性特点，加上消费需求和供货因素的不确定性，店铺畅销商品并不是一成不变的，而是不断变化的，所以辨识了畅销商品之后并不是万事大吉了，一般来说，除必备敏感畅销商品外，其余畅销商品应根据季节性进行调整。

1）按季节变化调整

以服装店为例，随着季节的变化，店铺畅销商品目录在一年的春、夏、秋、冬至少要做四次重大调整，每次调整的畅销商品约占前一个目录总数的50%，即使在某一个季节内，不同的月份由于气候、节庆假日等影响，畅销商品也会存在一定差异，每个月畅销商品调整幅度一般会超过10%。

2）按商品生命周期调整

当某种商品的生命周期由导入期进入成长期、成熟期时，它可能会被引入畅销商品目录，而当它由成熟期转入衰退期时，它可能会在畅销商品目录中被删除；又如，当某种新商品被成功开发引入店铺时，或当某种商品即将组织一次大规模促销活动时，它们理应进入新的畅销商品目录。没有永远的畅销品，店铺应根据销售参数的变动及相关的流行趋势，不定时推新，更新畅销品目录。

3）按顾客需求变化调整

如店铺正在为某种产品做大规模宣传广告，预计宣传广告会对消费者偏好和消费时尚产生巨大的影响和推动时，这种商品很可能会进入新的畅销商品目录。

上述三种变化调整中，从变化的规律性和预测的准确性角度看，季节变化的规律性最强，调整的准确性最高；而消费需求变化的规律性最不易掌握，调整的难度最大；商品生命周期变化的规律性介于两者之间。

此外，畅销商品目录的调整需要剔除一些干扰因素和虚假现象。如某一次性处理商品在短期内可能销售额很高，这种短暂销售额的上升不能作为该商品进入畅销商品目录的依据；又如，某些销售情况一贯很好的商品，在某一短期内，可能由于资金、配送不到位等问题，造成供货不足，销售额大幅度下降，这种短暂销售额下降的商品在畅销商品调整时，要慎重决定是否从目录中剔除。

### 4.2.3 畅销品的缺货管理

在经营过程中，店铺在商品缺货时一般会有两种处理方法：一是缺货的地方任其空着，直到补货为止，这种方法的优点是不会卖丢商品，缺点是一个个缺货位置会让陈列显得残缺不全，毫无美感；二是缺货的商品位置用其他商品填补，优点显而易见，显得货架丰满，无空缺，缺点是被偷盗的商品如果不看后台数据，可能永远也找不回来，店铺里滞销商品越来越多，畅销单品越来越少，造成严重的库存积压，库存周转率超高。

以下是某店铺对畅销商品缺货的界定和如何降低畅销商品缺货的做法。有些专卖店规定，畅销商品的店铺陈列数量小于1/2满陈列量且仓库库存数量为零，此时视为畅销商品缺货。为了降低畅销商品缺货的概率，店铺每日、每周对畅销商品缺货进行跟进；保证畅销商品的合理排面，堆头、端架的分配除快讯商品外优先考虑畅销商品；严格控制仓库容量，畅销商品和快讯商品应保证80%以上的仓库容量，其他商品不得超过20%的仓库容量；对畅销商品缺货进行严格考核。表4-1是某专卖店对畅销商品缺货考核的内容和标准。表4-2是某专卖店对店铺畅销商品缺货跟踪、汇总、周报表。

表4-1 　　　　　　　　　　　　畅销商品缺货考核内容及标准

| 考核项目 | 奖惩 | 被考核人 | 考核人 | 依据文件 | 执行时间 |
|---|---|---|---|---|---|
| 《畅销商品缺货跟踪表》填写不及时、不准确、不真实、字迹不清 | 通报批评 | 员工 | 主管 | 《畅销商品维护制度》 | 每日10：00前 |
| 《畅销商品缺货周报表》反馈不及时，数据不真实、不准确，字迹不清 | 警告一次 | 主管 | 店长 | 《畅销商品维护制度》 | 每周一18：00前 |
| 《畅销商品缺货汇总表》反馈不及时，数据不真实、不准确，字迹不清 | 警告一次 | 主管 | 店长 | 《畅销商品维护制度》 | 每周一、五14：00前 |
| 电脑库存与实际库存不符 | 警告一次 | 员工 | 店长 | 《库存管理》 | 每日 |

畅销商品在专卖店经营中占有绝对的地位，是店铺管理的重点，为了使畅销商品真正畅销起来，不缺货，专卖店应做好如下工作。

表4-2　　　　　　　　专卖店畅销商品缺货跟踪、汇总、周报表

| 部门 | 商品货号 | 品名 | 现有库存量 | 订货日期 | 订单号 | 供应商代码 | 供应商名称 | 缺货天数 | 缺货原因 | 备注 |
|------|---------|------|----------|---------|--------|-----------|-----------|---------|---------|------|
|      |         |      |          |         |        |           |           |         |         |      |

1）优先采购

专卖店在制订采购计划时，应将畅销商品采购数量指标的制定和落实作为首要任务，要保证畅销商品供货的稳定、足量，保证畅销商品在各个时间都不断档缺货，这是畅销商品保证的前提条件。

2）优先存储

在配送中心，要将最佳库存量留给畅销商品，要尽可能使畅销商品在储存环节中物流线路最短，要尽量做好保管工作。

3）优先配送

在畅销商品由供应商处配送到店铺的运输过程中，店铺应要求供应商优先充足地安排运力，根据店铺订货、送货的要求，保证畅销商品准时、准量、高频率配送。

4）优先上架

销售人员应该在商品配置图中，将店铺最好的区域、最吸引顾客的货架，留给畅销商品，并保证畅销商品在店铺货架上有足够大的陈列量。畅销商品一般应配置在店铺中的展示区、端架、主通道两侧货架的磁石点上，并根据其销售额目标确定排面数。

5）优先促销

促销计划的制订及实施都应围绕畅销商品，畅销商品的促销应成为专卖店促销活动的主要内容，各种商品群的组合促销也应突出其中的畅销商品。

6）优先结算

在要求畅销商品供应商足量准时供货的同时，专卖店也要向畅销商品供应商承担足额按时付款的义务。只有足额按时付款，才能与提供畅销商品的品牌供应商建立良好的合作伙伴关系，才能保证充足的畅销货源，才能与供应商分享市场占有率提高的利益，才能有效地做大供应商品牌产品销量和增强对供应商的控制力。

# 4.3　滞销品的处理

互动课堂4-1

### 滞销与流行的区别

一天，萨耶下班回家，看见妻子买回一块布料，他很不愉快，因为这种布料在自己的店里积压很多，一直卖不出去。妻子却说："布料不算太好，但听说很流行啊。"萨耶很不高兴地说："这种布料去年就上市了，一直滞销，怎么可能会突然流行起来呢？"妻子有些神秘地说："听说过几天的游园会上，市里社交界最有名的贵妇瑞尔夫

人和泰姬夫人都将穿这种布料制作的时装。"萨耶问："谁告诉你的？"妻子说："是卖布的那个小贩告诉我的，还要求我不要告诉任何人。"萨耶认为是小贩骗了妻子，并没有把这件事放在心上，甚至他店中的那种布料被一个布贩全部买走，也没有引起萨耶的丝毫警觉。

游园那天，在所有的妇女中，只有两名贵夫人和少数几个女人穿着那种布料所制作的衣服。萨耶太太因为同两名贵夫人穿的是同一种布料所制作的服装，所以格外引人注目，令人羡慕。

游园结束时，许多妇女都得到一张通知单，上面写着："瑞尔夫人和泰姬夫人所穿的新衣料，本店有售。"第二天，萨耶拿着从妻子手中得到的"通知单"，找到那个小贩的店铺，只见人群拥挤，人们都在争先恐后地抢购布料。过了一会儿，店门前贴出一行大字："布料售完，明日来新货。"伙计们还不断地解释说，这种法国布料因为原料有限，所以一时很难满足供应。那些购买者唯恐明天买不到，纷纷地交预付款。

看到那个小贩如此巧妙地利用女人追求时尚的心理，利用缺货来吊她们的胃口，萨耶更加心悦诚服了。萨耶认清了自己的差距，找到了那个小贩，当面请教营销的秘诀。小贩说了一句称得上经典的话："没有滞销的商品，只有滞后的营销，就看你是否用心去做，是否找对了方法。"

资料来源 蒋光宇. 滞销与流行 [J]. 故事家：三生三世，2008（6）：62-62. 引文经过节选、压缩和改编。

请结合资料思考：（1）资料中小贩店铺售卖的那种面料是流行商品吗？（2）滞销商品与流行商品的区别与联系是什么？

### 4.3.1　滞销品的概念

**滞销品**是指因不被消费者认可或认知等原因，而导致销售不佳，不能达到专卖店引进时预期的利润，或利润下降到专卖店界定的滞销标准的商品。滞销品的认定是相对的，并没有一个绝对的量化标准，不同的专卖店有不同的标准。滞销品都有一个共同的表现，即销售不佳，导致店铺经营该商品在财务上只存在很少的利润甚至负利润，如果用其他商品替代滞销品的销售空间，会提高该销售空间的盈利能力，也即滞销品增加了专卖店的销售机会成本。商品确定为滞销品的指标主要有四个：

1）销售额

零售专卖店应以日、周、月为单位定期为各种商品销售排行，根据销售排行榜分析商品的滞销情况，如利用计算机分析出货资料，出货排行榜内累计销量在95%以下的商品；厂商直接配送的商品，每月销售额在店铺该商品平均进货金额1/2以下的商品。

2）毛利

计算商品销售毛利，从利润贡献角度对商品进行分析，确定滞销商品。

3）损耗

对部分商品，特别是损耗比较严重的商品，如生鲜商品，如果商品毛利不抵损耗，则其本质上可视为滞销品，应考虑淘汰或减少订货量及订货次数。

4）周转率

在毛利率相似的前提下，周转过慢的商品带来的利润较低，可视为滞销品。

### 4.3.2　滞销品与下架商品的联系与区别

1）滞销品的形成原因

现有商品因持续销售不佳而必须淘汰；市场上已推出新的替代商品且厂商也将停止生产；新品引进失败而成为滞销品；过季商品；商品本身存在质量问题；顾客买后退货；在没有充分评估的基础上采购过多商品而造成滞销；供应商不能及时供货，延误销售时机造成滞销；市场供求关系发生变化；采购成本过高导致定价过高，影响销售。

2）下架商品的形成原因

正常商品换季淘汰；商品销售周期接近衰退期；业绩表现不佳；销售毛利不够；供应商调整；商品结构调整；货架调整；非正常商品下架；质量问题；人员问题；与供应商谈判失败等。

3）滞销品与下架商品的联系与区别

滞销品与下架商品是两个有所区别又互相重叠的概念。滞销品如果被零售专卖店判定为经过整改、促销等措施，能够提升销量，则不会成为下架商品；如果被认定为销售前途不佳，则会成为下架商品被淘汰。滞销品在创造销售利润方面存在着一定欠缺，下架商品则可能是能够创造正常利润的商品，但由于供应商的改变、突发事件等原因而成为下架商品。滞销品处理一般可以采取促销、整改、下架、停止销售等方法。下架商品一般采用下架和停止销售等方法进行处理。

### 4.3.3　滞销品的确定方法

在商品销售活动中，专卖店要重点了解哪些是畅销商品、哪些是滞销商品，对畅销商品要加大经营力度，保持其旺销势头，谋划其促销策略，扩大销量，提高畅销商品的比重；对滞销商品则应研究造成滞销的原因，减少积压、盘活资金。常用来分析确定滞销商品的分析方法主要有以下两种：

1）ABC 分析法

畅销商品是指补货频度和订货频度高、销售量和订货量都大的商品。在专卖店的订货控制分析中，常用 ABC 分析法来确定畅销商品。畅销商品一般是指 ABC 分析中的 A 类商品，即创造 80% 销售额的那些主要商品。ABC 分析法是一种按重要程度进行分类的方法，如运用在重点商品分类上，则是把商品依其畅销程度进行排列。首先，计算出每一种商品销售额占总销售额的比重，按比重大小顺序排列，再逐项累计，找出占销售额 80% 的品种，一般来说大约占品种数的 20% 就是 A 类重点商品，也是畅销商品；其次，依次再找出占销售额 15% 的商品，在品种上大约占 40%，它是 B 类一般商品，销售状况比较一般；最后，就是占销售额最后 5% 的商品，在品种上一般占 40% 左右，属 C 类次要商品，C 类商品包括结构性商品、新品、等待淘汰的商品（滞销商品）。

2）交叉比率法

专卖店经营中，总有新的商品进入销售网络，同时也必然出现一些商品因各种原因而不被消费者看好，导致滞销而被淘汰。在专卖店中，一般通过计算交叉比率来确定滞销品，即交叉比率越低的越是快被淘汰的商品。交叉比率的计算公式是：

交叉比率=周转率（次数）×毛利率

周转率是指一定期间（一般一季或一年）商品的周转次数；而毛利率是毛利与销售收入（或营业收入）的百分比，其中毛利是收入和与收入相对应的营业成本之间的差额。

### 4.3.4 滞销品的处理原则与方法

1）滞销品的处理原则

（1）及时原则。滞销品的存在是对专卖店各种资源的浪费，如滞销品会占用专卖店大量资金，浪费店铺的销售空间等。适时监控商品库存周转情况，根据商品状态及时发现滞销商品，及早进行处理，能够尽量减少损失。

（2）果断原则。发现滞销品的存在而不及时处理，就等于浪费资源，放任损失的扩大。故一旦确认为滞销商品，应该快速果断地进入滞销品处理流程，完成清理工作。

2）滞销品处理方法

大部分的滞销品对专卖店来说不但不能创造价值，而且可能带来财务损失。这些滞销品即使摆上货架，也无法提高销售效率。如果不下定决心把这些滞销品尽快处理，反而抱着想"大赚一笔"或"务必捞回本钱"的想法，将有造成积压更多的可能。滞销品淘汰的目的在于有效利用销售场所空间，提高商品周转率和经营效益。滞销品淘汰工作应不是随机的，不能仅凭经验来做决定，而应定期分析。原则上每导入一批新品，就淘汰一批滞销品。滞销品的处理可以采用以下几种方式：与原供货厂商洽谈退货；与原供货厂商洽谈换货（更换商品）；降价销售；转到商品处理货架进行促销。

# 4.4 商品的价格管理

### 4.4.1 商品定价

商品价格的设定能够直接影响店铺的收益，在顾客看来，是决定购买与否的主要因素之一。因此，在定价技巧方面下功夫，对于商品的销售具有极大的影响，合理的价格设定，对买卖双方均有好处。

1）选择定价目标

专卖店通过商品的定价可达成的目标有：

（1）维持生存，即零售价格要承担可变成本及部分的固定费用。

（2）获取当期利润最大，即获取最多的毛利（可能低价也可能高价）。

（3）获取当期收入最大，即采用低价策略，实现薄利多销。

（4）获取最大利润率，即采取高价策略，实现单品销售利润最大化。

（5）获得高品质的声誉，在商品质量有保证的前提下，让消费者认识到商品的价高质优。

2）商品定价的原则

商品定价太高，可能没人买；定价太低，利润目标可能完成不了。因此，定价的分寸把握比较难。但是，不管怎样定价，商品的价格不是随意设定的，经营良好的店铺其商品价格的设定一般遵循以下几个原则：

（1）遵循市场、及时调整的原则。定价前要进行市场调查，调查的对象包括竞争对手和批发市场。仅仅根据商品大组或小组的毛利率指标直接定价，是不可行的。价格要让买卖双方都能接受，必须以市场调查作为基础。要比竞争对手价格更低，但以不牺牲店铺的利益为前提。在市场竞争中，商家应时时预测供求变化，以便及时对价格作出调整。

（2）适中稳妥原则。对于一般商品来说，价格定得过高，不利于打开市场；定得太低，又可能出现亏损。因此，最稳妥可靠的方法是将商品的价格定得适中。售价通常是由成本加正常利润构成，这样消费者有能力购买，店铺经营者也便于推销。

（3）商品生命周期原则。店铺经营者在制定商品价格前必须了解商品的生命周期阶段，据此采取不同的定价方法。一般而言，萌芽期的商品定价最高，毛利率也最高，但销售量很少；成长期价格稍低，但销售量稍高；成熟期价格稍低一点，销售量激增；饱和期和衰退期，价格最低，销售量减少很多，甚至滞销，无利可图，可考虑将此商品淘汰。

3）确定需求

店铺经营者要了解顾客需求对价格的影响，一般来说要了解以下几点：

（1）需求与供给的关系。若需求大于供给，这是卖方市场，专卖店经营者在定价时可采用较高利润的定价，但要注意此状态究竟是短期的还是长期的，若是短期的，不能给消费者以趁火打劫的印象；而若需求小于供给，则是买方市场，专卖店在定价时要采用较低利润的定价。不同时间、地点、商品及不同消费者的消费需求强度会存在差异，专卖店的定价也会随之调整。针对每种差异决定其在基础价格上是加价还是减价。因地点而异，如火车站附近的专卖店向乘客提供的商品价格普遍要远高于市内的商店。因时间而异，国家法定节假日商品定价较平时有一些提高。因商品而异，在世界杯期间，标有世界杯标志或吉祥物的T恤及一些商品的价格比其他同类商品的价格要高。

（2）需求弹性。需求弹性大，商品需求变动受价格影响大，顾客的价格敏感度高；需求弹性小，商品需求受价格影响小，顾客的价格敏感度低。影响需求弹性大小的因素主要有：

①替代品类别的多少。替代品愈少，消费者对价格愈不敏感。

②替代品品质比较的难易程度。买者对替代品的品质愈不易比较，对价格愈不敏感。

③商品总支出费用。购买此类商品的支出占收入所得比率越低，消费者对价格愈不敏感。

④商品的品质。若商品具有较佳的品质、声望或排他性，消费者对价格较不敏感。

4）计算成本

专卖店的商品在定价时要考虑成本，商品的成本主要来自采购进价，主要考虑下列因素：

（1）进价成本变动的计算。

$$存货加权平均单位成本=（月初结存存货成本+本月购入存货成本）/（月初结存存货数量+本月购入存货数量）$$

月末库存存货成本=月末库存存货数量×存货加权平均单位成本

（2）是否有现金折扣。如果有现金折扣应将现金折扣也算入其中。

（3）是否有数量折扣。如果有数量折扣应将数量折扣也算入其中。

（4）正常损耗的比率为多少。是否会有过时、过期商品。是否会失重（某些生鲜食品以重量为销售单位）。过时、过期商品的损耗应直接计入成本。

5）分析竞争者的价格

价格敏感性高的消费者在购物时会充分掌握市场商品资讯，以对经营的店铺进行多方比较，再予以取舍。因此，专卖店经营者在决定售价或调整售价时，要考虑竞争者现状或其可能的反应。同样的商品在不同的零售业态，售价往往不同，这是因为价格并非消费者考虑的唯一要素。售价高或低，并不代表哪一方有利，而要视追求的目标客户需求而定。另外，由于专卖店经营者常作变价促销活动，故调查分析竞争者时，要了解其目前商品售价，哪些是常态的，哪些是短暂变动的（如促销活动），才可避免误导。

6）选择定价方法

（1）加成定价法。加成定价法包括完全成本加成定价和进价加成定价。完全成本加成定价为蔬菜、水果的定价普遍采用，首先确定单位变动成本，再加上平均分摊的固定成本组成单位完全成本，在此基础上加上一定的加成率（毛利率）形成销售价格。单位变动成本是指单位商品所包含的变动成本平均分摊额，即总变动成本与销量之比。随产品销量变化而逐步变化的成本为变动成本，不随产品销量变化而变化的成本即为固定成本。

计算公式为：

商品售价=单位完全成本×（1+成本加成率）

加成定价是专卖店常用的一种做法。

其计算公式为：

商品售价=进货价格÷（1−加成率）

因此，专卖店在实施定价时可以综合使用上述两种定价方法，但实施成本加成法时须注意：商店内的所有商品并非都依照同一比率来加成，要以该商品的需求弹性、流行性（季节性）、竞争状况等，设定不同的加成比率。

（2）目标报酬定价法。这种方法主要用于估计出目标报酬的商品定价。例如A商品单位成本为50元，商店预期在当年度可卖出A商品1 000个单位，获利目标为30 000元，则其零售价为：

零售价=单位成本+目标报酬÷销售量=50+30 000÷1 000=80（元）

（3）现行价格定价法。这种方法是依据目前市场主要竞争者的价格，来决定售价的，而不考虑专卖店本身的成本或利润目标。通常这类商品价格在消费者心目中已形成了一种习惯性标准，符合其标准的价格被顺利接受，偏离其标准的价格则易引起疑虑。高于习惯价格常被认为是不合理的涨价；若低于习惯价格又使消费者怀疑商品质量。

7）选定最后的售价

店铺经营者在定价时，要再一次审视下列各项因素：成本与品质的一致性；消费者的接受性；有效的心理诉求方式；售价与其他行销组合要素的协调性；不同区域的差异性；主要竞争者可能的反应等。

### 4.4.2　专卖店商品的定价技巧

1）专卖店新商品的定价策略

新商品的定价与新产品能否及时打开销路、占领市场和取得满意的效益有很大的关系。常见的新商品定价策略有下述两种：

（1）撇脂定价法。**撇脂定价法**是指零售商把新商品的价格定得很高，尽可能在短期内赚取更多的利润，新商品的销售对象是那些收入水平较高的"消费革新"消费者。当专卖店引进一批新潮的商品时，就可以采用这种定价法以迎合顾客追求时尚的心理，而在短期内回收资金。

（2）渗透定价法。**渗透定价法**是指把新商品的价格一开始定得很低，低价使商品在市场上广泛渗透，从而提高商品的市场占有率。对于专卖店而言，采用这种方法要谨慎，防止采用了低价之后，市场没有打开，再想慢慢恢复高价就很难了。

2）心理定价技巧

（1）分组定价。针对消费者的比较价格的心理，在商店内同一种商品，有不同的品牌、不同的成分，其售价亦不一定相同。把商品按不同档次、等级分别定价，使顾客便于按需购买，各得其所，并产生一种安全感和信任感，这样能够简化手续，提高效率，便于管理，增加收益。

（2）声望定价。针对消费者"质优价必高"的心理，在顾客中有声望的专卖店的商品，可以把价格定得比一般的商品高一些，消费者还是能够接受的。这种定价策略特别适合于药品、餐饮、化妆品及医疗等质量不易鉴别的行业的商品。

（3）招徕定价。招徕定价即用低价策略吸引顾客。例如，有些专卖店有意降低某几种商品的价格以招徕顾客，目的是吸引顾客在买这些商品时，也购买其他商品。

（4）整数定价。采用含零凑整的方法制定整数价格，如将价格定为1 000元而非999元，这样使价格上升到较高档次，借以满足消费者的高消费心理。对于价格较高的商品，如高档商品、耐用品和礼品等则采取整数定价策略。它易使顾客产生"一分钱一分货"的感觉，提高商品的形象。

（5）尾数定价法。尾数定价又叫奇数定价。保留尾数，采用零头标价，这种策略的出发点是认为消费者在心理上总是不喜欢整数价格而喜欢带尾数的价格。例如：一条毛巾标价29.9元或19.9元，比标价30元或20元要受欢迎。消费者会认为尾数价格是经过精细核算的价格。另外，在顾客心理上29.9元或19.9元，只是20多元和10多元的概念，比整数要少许多。个位数的单价，最好加上两位小数，例如3.69元。十位数的单价，最好加上一位小数，例如79.8元。三位数以上的价格不必添上小数点，例如，579元不必定为578.9元。一般价格较低的商品都采用这种策略。

（6）折扣定价法。所谓折扣定价法，就是对商品的原价进行有条件的折扣销售，以此鼓励消费者购买，适度扩大销量。折扣有很多种，数量折扣是其中的一种，买一件商品与同时买多件商品的价格是有区别的。店铺经营者可以利用季节打折等让价技巧，使消费者在心理上有安全感与实惠感，从而刺激消费者的购买冲动。比如，店铺可以采用"优惠""特价""进价销售""处理价""跳楼价"等技巧，吸引消费者前来购物。

### 4.4.3　商品价格调整

专卖店在经营运作中，要灵活应对外部环境及竞争对手等各方面的挑战。因此，在商品价格的管理上，除了最初要慎重定价之外，还要注重价格调整。

价格调整可视情况分为短期性及长期性两种。适合短期性价格调整的状况：商店举办特价促销活动；商品流行季节将至；商品有效期限将至或新鲜度变差；商品破损（或包装受损）；应对竞争者的做法。适合长期性价格调整的状况：初次定价错误；采购进价成本调整；进口关税调整；政府开放或管制进口；新的竞争者进入市场。

1）商品价格调整的策略

调整商品的价格应像定价一样，为避免产生不良后遗症，商品原来的价位不同，在进行调价时要考虑的因素也不尽相同。

（1）高档商品价格调整策略。店铺所经营的高档商品，其目标顾客群大多是高收入阶层或礼品馈赠者。他们的消费心理一般是把价格作为社会地位或经济地位的象征。消费者对于高档商品的关注在于质量保证和地位显示。因此，对于高档商品的价格调整，尤其是降价，要慎之又慎。因为降价会动摇消费者对于高档商品质量的信心，怀疑此商品原来的定价，进而怀疑商家的信誉。

（2）中档商品价格调整策略。在店铺所经营的商品中，中档商品占到了非常大的比重，这是由目标市场的规模决定的。因此，商家应认真对待中档商品价格的调整，以获得更大的整体利润。零售店铺可以借助广告、宣传等手段把商品价格调整的信息（对于中档商品，主要是降价信息）传达给消费者。

（3）低档商品价格调整策略。低档商品的主要购买者是中低收入阶层，他们对价格非常敏感，即使是价格微小的下调，也会刺激他们的购买欲望。同时，由于大多数中低收入阶层受教育的程度比较低，受外界影响就可能比较大，很容易受群体的暗示而购买。因此，零售店铺对于低档商品，要经常挑选一些对消费者来说是价格敏感的日常生活用品打折，配合卖场的布置和气氛的营造，刺激顾客的购买欲望。

2）商品提价

有时候商品涨价并不是经营者故意造成的，它还是由市场来决定的。随着市场和环境的变化，商品的价格是可以变动的。供应商的原材料涨价、成本增加也是零售店铺商品提价的原因之一。另外在某些情况下（如垄断的情况下）店铺也会采用提价来增加本店铺的利润。

成功的提价能够增加相当大的利润。假定一家店铺的利润幅度是销售额的3%，倘若销售量未受影响，则提价1%将增加33%的利润。一般来说，当店铺某种商品供不应求时，可以提价。商品的涨价方式有很多，作为经营者必须在经营中做到即使涨价，也不会遭到买家的反对，还要吸引买家上门。这就必须针对不同时期、不同商品以及买家的不同心理，采取适当的提价技巧。

（1）公开采购成本。当商品采购成本上涨时，必须提高商品售价。为了减轻买家的抵触心理，应该把商品采购成本上涨的真实情况向消费者公布，说服消费者接受涨价的事实。

（2）部分商品分别涨价。商品涨价可分为全部涨价和部分涨价。全部商品涨价时，容易遭到消费者的抵制，因此，应采取部分涨价为好，对于涨价的部分商品，随着时间的推移，消费者会对原来无法接受的价格逐渐适应，销售量也会稳步上升。

（3）选择适当的涨价时机。涨价最有利的时机有：当消费者都知道采购成本上涨时；季节性商品换季时，如冬季商品换成春季商品时、年度交替时、传统节日和传统习俗时期。

（4）注意涨价幅度。消费者一般不太关心涨价的原因，而更担心涨价后的价格与心目当中的价格是否接近。因此，如果需要调整的价格幅度较大时，应采取分段调整法，一次涨价幅度不宜过大。从经验数据看，一次涨价幅度不宜超过10%。

3）商品降价

降价，可能会导致多销，也可能会引发滞销。因此，商品降价需要慎重考虑。

（1）商品降价的理由。顾客常常从不同角度来理解降价：该商品将被更新的型号所替代；该商品退货量大，店铺库存积压；该商品的旺季已过；该店铺已陷入资金周转困难。顾客的以上理解会对店铺降价销售带来不利影响，并且可能损害店铺形象。所以，非常有必要实施降价控制。在降价时，必须让顾客认识到这是一次绝好的机会。巧立名目找出一个合适的降价理由，不能让顾客认为商品卖不出去，或者质量不好才降价，现实中店铺降价理由通常有以下几点：季节性降价或节日大酬宾、商家庆典活动降价、商店由于改变经营方向更换产品等特殊原因降价等。

（2）降价操作。

①降价操作技巧。

A.选择合适的降价时机。季节性商品转季销售时可以降价，如一些季节商品将要过季时，可以降价处理。

B.控制好成本。影响盈利的因素也很重要，在降价销售时，必须把握好降价幅度，不能盲目降价，应考虑到成本，在此基础上，进行一定程度的降价促销。

C.降价幅度。根据经验，降价幅度在5%以下时，几乎收不到什么促销效果，降价幅度至少要在10%~20%才会产生明显的促销效果。但降价幅度超过40%时，要向顾客说明大幅降价的充分理由，否则买家会怀疑这是假冒伪劣的商品，反而不敢买。

D.控制好降价品种。选择少量的商品大幅度降价，比很多种商品小幅度降价促销效果好。

E.做好服务。做好服务，防止只是纯粹的降价，以便使自己的降价达到预期目标。

F.不宜频繁降价。频繁降价会使顾客的心理产生不良的反应。如果商品频繁降价，会让顾客以为商品降价后的价格就是该商品的实际价格，这样降价就对顾客失去了吸引力。

②降价时机的选择。

A.提早降价。存货周转率高的店铺一般采用提早降价策略。采用提早降价的好处有：当需求还相当活跃时，就把商品降低价格出售与在销售好的季节后期降价相比，实行提早降价策略只需要较小的降价就可以把商品卖出去，提早降价还可以为新商品腾出销售空间，使店铺的现金流动状况得以尽快改善。

B.推迟降价。推迟降价策略的好处是能有充分的机会按原价出售商品，多赚取利润。

C.交错降价。除了提早降价、推迟降价的选择，专卖店还可以运用交错降价的方法，在销售旺季将价格逐步下降。降价的金额和时机是由商品库存时间的长短决定的，这样可以有效保证库存的更新和提早降价。

专卖店应根据自己经营的实际情况，分析自己所在的特定的目标市场，制定自己的价格结构体系，灵活地作出价格调整，以适应市场的变化，最终达到长期利润最大化的目标。

4）商品调价注意事项

《中华人民共和国价格法》（以下简称《价格法》）第十四条第四项规定，经营者不得利用虚假的或者使人误解的价格手段，诱骗消费者或者其他经营者与其进行交易。这种价格违法行为通常称作价格欺诈行为，是指经营者利用虚假或者使人误解的价格条件，诱骗消费者或者其他经营者与其进行交易。在市场经济环境下，价格竞争是市场竞争的重要形式和内容。用明码实价取代明码标价，具有重要的意义。经营者要想让店铺经营长久兴旺，在经营过程中对商品调价时要防止出现以下价格欺诈行为。

（1）促销"原价"应为本次降价前7日内成交的最低价。一件商品去年曾卖300元，头一天最低卖过100元，第二天降到80元，商家在促销时便写上"原价300元，现价80元"，这种行为被视为价格欺诈，所以"原价"应为100元。原价不能随便标示，7日之内才有效。

在"跳楼价""挥泪大甩卖"的促销活动中，"原价"与"现价"的巨大落差是商家引诱消费者购买的惯用手法，有些商家甚至将一两年前的"原价"拿出来与"现价"对比，其实"原价"已经降了好几次了。

特价商品或者服务的价格等于或者高于本次经营活动前7日内，在交易场所成交的有交易票据的最低交易价格的，也属于价格欺诈。开展送现金、返券、馈赠、积分等经营活动中，经营者标示的价格高于本次经营活动前7日内成交最低价的，也是价格欺诈。

（2）标价欺骗消费者，没成交也是价格欺诈。经营者利用虚假的或者使人误解的标价形式或者价格手段，欺骗、诱导消费者或者其他经营者与其进行交易的行为，是指该行为不论是否形成交易结果均构成价格欺诈行为。馈赠物品或者服务标示价格（或价值）的，应当真实明确；不如实标示的，也属于价格欺诈行为。商家采取返还有价赠券方式销售商品或者提供服务时，有价赠券在使用上有附加条件，且没有在经营场所的显著位置明确标示的，同样属于价格欺诈。

# 4.5　促销目标与促销方式选择

## 4.5.1　专卖店的促销目标

一家专卖店的成功和发展，不仅要有好的开店环境和设施，适销对路的商品，还需要高明的促销策略。专卖店促销规划的首要任务是明确促销目标。促销目标不同，促销方式也不尽相同。为了获得广泛的传播效果，宜利用广告促销方式；为了获得长期效应，宜采取公共关系促销方式；为了在短时期内击败竞争对手，宜采取低价促销方式。一般来说，专卖店促销的目标主要有以下几方面：

1）增加客源、扩大营业额

专卖店促销最直接的目的就是短期内迅速提高销售量，扩大营业额并提升毛利额。营业额来自顾客数和客单价，专卖店可以通过促销活动稳定既有顾客并吸引新顾客，提高顾客数。

专卖店的经营者可以用某一件商品或某几件商品的低价格吸引顾客到自己的店里，增加客流量，顺便购买其他正常价格的商品，从而打开商品销售的大门，而不局限于让顾客购买促销的商品。如果顾客数短期内无法增加，或者顾客群过于集中，则可以促使消费者多购买一些商品或单价较高的商品，以提高客单价。同时，促销还可以刺激没有购物计划的潜在顾客产生购买行为。

2）提升专卖店形象

专卖店的促销活动不仅仅是为了扩大商品的销售量，吸引消费者前来购买专卖店所销售的商品，同时也是为了扩大本专卖店在市场上的知名度。专卖店可以通过一定的促销活动提升自己的形象和知名度。专卖店可以用有特色的广告或商品展示来对特定的商品进行促销。虽然专卖店促销的只是某种类型的商品，但顾客被活动吸引到店铺后，会全面地认识与感知店面的设计、清洁状况、服务等，从而影响消费者对整个专卖店形象的认知。

3）促进商品的流通

商品是专卖店的命脉，良好的商品周转会带来良性循环。专卖店可以通过适当的促销活动来推动商品的流通。

（1）新商品上市的试用。"不怕货比货，就怕不识货"，新商品的推出，必须经消费者试用，才能树立商品在消费者心目中的形象，快速地进入市场。所以，除广告外，可以利用促销活动来鼓励消费者试用。

（2）加速滞销品的销售。滞销品会造成消费者对商品本身产生疑虑，长期下去可能对专卖店产生不良的影响。因此，通过促销可以加速滞销品的周转。

（3）库存的清货。很多专卖店会面临存货积压的状况，这时可以通过促销来降低库存，及时清理店内存货，加速资金运行。为了减少库存通常会进行计划外的促销活动，降价清仓可以清除过多的库存；但有时也有必要策划除降价之外的清仓促销活动。

4）对抗竞争对手

在专卖店的经营中，由于专卖店数目不断增加，竞争也日趋激烈，众多的经营者都加入了以促销来争取顾客的行列中，激烈的市场竞争在某种程度上演变成了促销手段的竞争。谁的促销活动力度大、效果好，谁就拥有更高的市场份额，谁就掌握了打败对手的决定性权力。一项新奇、实惠、有效的促销活动，会增强消费者对该专卖店商品的购买愿望，从而达到抗衡竞争对手的目的。

因此，专卖店在做促销活动时，一定要紧盯自己的促销目标，不要进行盲目的促销，只有明确了自己的促销目标，才能使促销达到盈利的效果。

### 4.5.2 专卖店促销方式的选择

不同的商店有各自不同的促销方式，如果能审时度势，抓住机会，再加上一个好的创意，就能取得很好的效果。而专卖店的促销方式应该结合专卖店的特征，突出专卖店的特色。专卖店的促销具体方式有：样品、优惠券、现金折扣、特价包装、赠品、奖励、免费试用、商品保证、打折促销、销售现场展示和表演等。

1) 打折促销

专卖店的价位相对都比较高，利润率也维持在一个相对较高的水平，适时推出系列打折促销，效果非常明显。特别对那些购买力不足又追求名牌、精品的消费者有极大的诱惑力。

2) 优惠券

优惠券是一种证明，持有者用它来作为购买其特定商品时的抵扣。

3) 赠品

赠品是指以较低的代价或免费向顾客提供某一物品，以刺激顾客购买某一特定品牌商品。

4) 特价包装

特价包装是指以低于正常商品的价格向顾客提供商品。这种价格通常在外包装的醒目位置予以标明。

5) 奖励

奖励也称抽奖，是指顾客在购买商品时，向他们提供获得物品、现金或旅游的机会。

6) 免费试用、试吃

它是指将小包装商品送给一些顾客，让他们免费试用，或者当场试吃，以刺激他们对该产品的兴趣。

7) 商品保证

在顾客对商品质量及品质越来越看重的情况下，商品保证则是一种非常有效的促销方式。特别对一些技术含量较高的耐用品，如手机、电脑等商品，应承诺保修期，有条件的实行一定时期内包换或免费维修，这就免除了消费者的后顾之忧。

8) 展览会、展销会

参加展览会、展销会的经营者可能会得到如下一些机会：开创新的销售渠道，维持与顾客的接触，介绍新产品，结识新顾客，向老顾客销售更多的商品，用印刷品、电影及视听材料说服教育顾客。对于专卖店，这种方法很有吸引力。

9) 时装表演

时装表演属于一种立体说明，用真人实物、轻盈的姿态、飘逸的风采、细微的表情，达成说服效果。对于服装专卖店而言，商品材料的质感、色彩的微妙，如用其他方式来表达十分不易，但是经过时装表演则是可能的。对于精品服饰专卖店，不失为一个好的销售策略。

10) 派送

**派送**，是指专卖店为达到一定营销目标，在指定的时间和空间（区域）内，以免费的方式向一定数量的潜在和目标消费者发放产品或试用品的商业行为，目的是提高消费者对其产品或者服务的客观感受，强调消费者对产品（服务）的认同感和参与感，刺激重复购买行为，或者追求某种新闻效应。

派送的产品同赠品不同，派送的产品必须是自己生产的产品，而赠品既可以用自己的产品也可以使用与经营的产品不相关的其他产品。赠品的主要目的是提高让渡价值，而派送的主要特点是目标针对性强，以实物形式来表达和免费性质，相对于其他促销手段更受消费者欢迎，管理控制也比较简单。

（1）派送产品的选择。促销策略中派送的产品通常可以分为两种：硬件（实质性）产品和软件（体验性）产品。硬件（实质性）产品通常是指产品具有的基本效用即消费者购买产品所追求的利益，是可以实际感受到、具有客观物质属性的产品，也是指大众意义上的消费品，一般包括小包装赠品、新产品试用装及现场品尝品三种。许多专卖店在推出新产品的时候以向消费者赠送小包装的产品为手段来推广产品和刺激购买，如果是食品，则直接拿到店铺里请顾客直接品尝。软件（体验性）产品一般是指那些不具有物质属性的"软"产品，通常指服务商所提供的服务性项目、免费的咨询、信息或者软件产品等，属于服务业范畴和信息业范畴，强调的是消费者对所提供的服务、信息（软件）的使用感觉和体会。在保洁、快餐业和宾馆服务业，为了宣传专卖店知名度、平衡消费供求、提高市场占有率等，也有各种各样的派送活动。派送已经拓展成为维持公共关系、提升市场知名度的一种重要手段。

并不是所有的产品都适宜于运用派送来达到营销目标的。适宜于派送的产品是具有一定条件限制的。什么样的产品适宜于运用派送作为促销手段，选择时必须考虑以下几点：

①产品价值。派送的主要目的是以免费使用为手段扩大产品同消费者的接触面，因此适宜于派送的产品的单位价值不能过高，否则对于厂家或专卖店的经济压力太大，导致派送成本过高。对于单位价值比较大的产品，厂家或专卖店通常采用小包装来降低单位成本，或者通过专业化派送渠道，派送层次设计越少越好，以追求"门当户对"，瞄准目标消费人群，充分体现物有所值。

②体积和重量。宜于派送的产品不会对传播、配送、流通各环节造成较大的压力，适宜于人员携带、传播或者邮寄发放，对于不适宜常规流通通路的产品通常用有价券（代物券）等形式来代替实物产品以扩大影响面，消费者持券在特定的条件下（指定的时间或者地点）可以获得免费的服务或者产品，这种方式常用于餐饮业等进行促销，如肯德基和中粮的我买网联合进行促销时，以派送网上优惠购物券的形式吸引消费者到我买网购物，成为我买网的会员。

③派送产品的个性。派送的产品应该具有鲜明独特的个性，这种个性表现在产品的内在标志和外在标志两个方面。所谓外在标志，通常是指产品的包装、色彩、专卖店形象等对消费者视觉的直接冲击力，包装新奇、色彩鲜艳的产品可以吸引消费者的注意力。使用派送品一定要有明确的产品标志，如产品的名称、品牌、专卖店名称等信息，这样一是可以区别于其他竞争品牌，消费者容易识别，二是可以增强（或者放大）产品的品牌效应，否则会造成消费者识别困难。产品的内在标志体现在产品内在质量、口感、特殊的体会或功效等各方面，一般指差异化产品与功能性产品两类。差异化产品，差异化产品是指所销售的产品与市场同类型产品具有明显的差异，消费者

在使用的过程中有独特的体会和感觉。内蒙古伊利奶制品进入武汉市场时，曾向武汉中小学生及部分市民派送100万支雪糕，强调自己奶源的差异性。功能性产品，此类产品诉求点稳定准确，与竞争性品牌相比具有明显的功能，在消费者使用中能起到预期的功效，是最适宜于派送的理想产品。

④大众化程度与使用频率。适宜于派送的产品具有使用（购买）频繁、试用期短、大众化程度高的特点，尤其是日用消费品。如果推广的产品不具备这样的特点，就应该避免采用这种"昂贵"的营销手段。

（2）派送的目的与时机选择。派送是一种促销手段，选择派送时机时也必须考虑营销目的。

①以抢占市场占有率为主要目的。在某个新产品的市场导入期，在市场密度大的区域，当铺货率达到一定比率时，采用大面积派送的方法人为增加产品同消费者的接触面，宣传产品的差异点，对于强化产品的知名度、提高市场占有率具有放大作用；反之，如果是一个资源相对分散的市场，派送则应该集中在店铺或者围绕专卖店进行，以期望局部形成资源优势，吸引消费者注意力，如是新开张的专卖店，则可以迅速聚集人气，提高专卖店的知名度，拉动终端消费，带动批发分销。

②以稳定市场占有率为主要目的。当产品进入销售的稳定期，在特殊的时间（如节假日、开业周年纪念、店庆等）阶段性地派送产品，可以稳定产品的销售业绩，提高消费者的忠诚度，吸引其他品牌的消费者购买，打击竞争者，对销售渠道起维持作用。产品的销售收入主要来源于忠诚顾客的购买行为，在进行任何营销活动的同时，与忠诚顾客主动沟通，提供优惠政策，是留住顾客的有效手段。但要注意派送的持续时间不能太长，否则会导致促销成本提高，另外还要考虑消费者正常的购买周期，若派送持续时间太长，可能会对产品的销售产生不利影响。

③以处理滞销品为主要目的。进入衰退期或者保质期有限的产品，在撤出市场时，对于一些接近保质期的产品和技术、包装、产品形态已趋于退出市场的产品，可以大面积派送以期形成销售高峰，处理积压产品，规避市场风险。这种方式一般很少采用，较为常见的是临近保质期的产品，采用派送方式的同时辅助以降价或赠品等行为处理产品积压，但是消费者购买后导致消费者的此产品库存增加，在短时间内的重复购买量会下降，同时对专卖店的利润、品牌形象也会有一定影响。

（3）派送渠道的选择。

①直接派送。直接派送形式有入户派送、户外（街头或专卖店处）派送等，入户派送是派人直接将产品送到消费者家中的行为，当专卖店要占领一个新的市场时，往往采用这种地毯式轰炸的派送形式。入户派送可使一个预定区域的大部分消费者获得有关该产品的真实信息，最终促使其作出使用或不使用该产品的选择，入户派送比其他形式的派送声势浩大，见效快，口碑颇佳，是普遍采用又最为实用的派送形式。户外派送的目标重复率大一些，厂方往往与店铺联合举行促销，既为专卖店的产品打开销路又为专卖店招徕顾客，可谓一举两得。

②间接派送。间接派送即委托派送。如将产品交付邮政系统，通过邮政系统完善的服务网络送至消费者手中，如将洗衣粉、清洁剂等清洁用品、厨房用品、日用消耗品等许多产品通过邮寄直接送至家庭主妇的手中，因为很少有人拒绝使用免费的产

品，所以可以创造出很高的商品试用率。而软件产品，则采用限次版、非完整版等提供消费者试用，待消费者试用感觉满意后自然会产生购买动机。

（4）产品派送效果评估。派送是一种代价比较昂贵的促销手段，在实施过程中必须严格控制，待派送完成或进行至某一阶段时，要对派送的效果进行分析、评估，看看是否达到事先设定的营销目标，派送选择的对象是否与目标消费群体相一致，即派送评估。对于绝大多数常规产品而言，派送的主要目的是销售量的增长，因此衡量派送是否成功的指标也应该与市场销售量的变化相联系。

某一产品在未进行派送促销时市场销售量 $Q1$，在时间 $T2-T1$ 段内进行了派送促销，经过一段时间后，销售量上升并稳定在 $Q2$，此时对派送效果的评价指数（$U$）为：

$$U=（Q2-Q1）÷[派送成本×（T2-T1）]$$

式中：$Q2-Q1$ 为促销前后销售量变化的绝对值。派送成本为进行派送投入的各种费用总和；$T2-T1$ 为派送持续时间的绝对值。其中，$T2-T1$ 又称为市场反应时间，消费频率高的产品，这两者的时间间隔非常小，反之，对于消费频率低的产品，两者的时间间隔较大。

**职场对接4-1**

### 美国专卖店的促销招数

各个专卖商店之间、专卖店与百货商店之间、专卖店与超级市场之间都存在着激烈的竞争，各家为取得竞争优势，启用了各种不同的促销招数。

美国服装店常采用降价销售的办法与百货商店相抗衡。降价幅度一般在20%~50%之间，降价时间一般选在季节交替期和节日。前者称为季节甩卖，后者称为节日酬宾。

在季节甩卖中，主要是降价处理将要过季的服装，诸如在春季和夏季各大专卖店都有较大力度的降价促销活动。数字传单满天飞，各种广告媒体也轮番轰炸，降价主题宣传特别突出，以引起消费者购买的欲望。

在节日酬宾中，主要是推出时令性服装，利用人们的节日购物心理和降价措施，促成节日购买高潮。美国一年要过十多个节日，如复活节、情人节、万圣节、感恩节、圣诞节等。每个节日来临之前，服装店都采取降价销售方法，推出日常服装和节日服装，诸如万圣节专门降价销售鬼怪服装，其他节日销售各种彩色头饰等。

拓展阅读：食品店与新潮店的促销方式

资料来源　杨月如. 开一家赚钱的专卖店：专卖店经营必备手册［M］. 北京：中国社会出版社，2008. 引文经过节选、压缩和改编。

### 4.5.3　专卖店促销活动作业设计

1）明确促销活动的目的与宗旨

专卖店的每一次促销活动都有其目的，如让消费者更快地接受新产品，发布专卖店调整信息，树立专卖店形象，扩大市场影响力等。

2）促销活动必须师出有名

任何一次促销活动必须有正当的理由，不然会给消费者留下"低价甩卖"，"店铺产品销售不畅"等印象，因为在许多消费者心中存在"便宜没好货"等观念，若促销没有正当的理由则不能取得应有的效果而且会影响产品的形象及公司形象。利用节假日、纪念日、新品上市作为活动的理由是常用方法。

3）专卖店促销预算

（1）门店促销预算通常以两种方式来设定。

①营业额比例式，即依照年度营业目标的某个比例（通常是 0.8%~1.2%），设定促销预算，再依各月的营业目标分配至各日。这种方法的优点是简单，明确，易控制。缺点是缺乏弹性，没有考虑促销活动的实际要求，可能会影响促销效果。

②累积式，即依照促销年度计划设定的促销活动，逐案累计需求经费。这种方法的优点是以促销活动为主导，可充分表现促销诉求重点。缺点是促销费用支出较大，若未达预期效果，将可能会影响营业收益。

（2）费用负担。厂商与专卖店共同负担促销经费已成趋势，主要做法如下：

①厂商的促销活动融入专卖店的促销计划内。样品或赠品上印有厂商标志，供应商就可能自愿负担费用。举办试用活动的试吃、试用费用，推广人员、设备费用，举办推广该供应商商品的竞争活动，与供应商合作进行的广告促销等，供应商都愿意负担大部分费用。

②供应商向专卖店租用店铺的特定位置，备品或设备，以推广其商品。供应商支付使用购物袋背面印制广告的权利金和使用手推车或货架槽沟做广告的权利金。

4）设计合理的广告宣传品，保证促销商品的到货率，选择合适的赠品

广告宣传品的设计总体风格要与产品在顾客心目中的形象和厂家的形象相一致，或直接采用产品的电视广告中消费者所熟悉的形象；POP的设计要简单，醒目，活泼。应避免过多的文字叙述，重点词语用醒目的颜色写，字体要活泼生动，切忌用草书，要让顾客在3秒钟内看完全部内容并对活动留下较深印象；因为在促销活动中，会出现赠品断货的现象，在POP的末尾务必写明"赠品有限，赠完为止。"在选择赠品时必须使赠品与所促销的产品有一定的关联或有一定的宣传作用。

表4-3为某专卖店促销前对部分品类的促销商品备货情况的统计。

表4-3　　　　　　　　　　**部分品类促销商品备货情况**

| 品类 | 零库存、零在途品项数 | 0<库存≤10品项数 | 无资料或无法下单品项数 | 总品项数 | 缺货率 |
|---|---|---|---|---|---|
| A | 0 | 10 | 0 | 90 | 0% |
| B | 2 | 35 | 0 | 50 | 4% |
| C | 16 | 27 | 6 | 175 | 9% |
| D | 4 | 30 | 5 | 260 | 2% |

5）招聘有经验或较适合专卖店促销的人员

专卖店促销人员是零售终端的销售人员，在销售商品的过程中扮演着非常重要的角色。促销员是商店或企业的代表者，促销员面对面地直接与顾客沟通，他的一举一动、一言一行在顾客的眼中始终代表着商店的服务风格与精神面貌。促销员也是信息

的传播沟通者、顾客的生活顾问、服务大使、商店或企业与消费者之间的桥梁。招聘到有经验或较合适的促销人员可以树立门店形象，提升门店业绩。

促销员对商店的特卖、季节性优惠等促销活动应了如指掌，当顾客询问到有关事项时，能及时热情地给予详细解答。促销员也要充分了解所售商品的特性、使用方法、用途、功能、价值，以及能给顾客带来的益处，为顾客提供最好的建议和帮助。专卖店要有效地吸引消费者，不仅依靠店面豪华、陈列齐全、减价打折等手段，还要靠优质的服务来打动顾客的心。在当今社会激烈的市场竞争中，竞争优势将越来越多地来自于无形服务，一系列微小的改善服务都能有效地征服顾客，压倒竞争对手，每一位促销员必须时刻牢记自己是为顾客服务的促销员。另外，促销员要把消费者的意见、建议与期望都及时地传达给商店，以便制定更好的经营和服务的策略，刺激制造商生产更好的产品，以满足消费者的需求。因此，促销员要求口才较好，和顾客沟通能力强，反应敏捷，事业心强，形象健康。

6）对促销人员进行培训

促销员的培训是否到位及服务态度的好坏直接关系到促销活动的成功与否。对促销人员的培训通常包括以下内容：

（1）明确促销人员的举止行为必须维护的形象，并遵守门店的规章制度，积极帮助门店进行理货、盘货等活动。

（2）明确工作的程序。

（3）明确赠送物品的条件，以防赠品误送、滥送、多送、少送。

（4）促销员岗位职责的培训，包括促销人员的销售讲解、活动的讲解、定期报销量、及时预先补货等。

（5）服务态度与销售技巧的培训。

（6）明确奖罚制与奖罚措施，以避免赠品不送给顾客等促销员的失职行为。

7）对促销活动的日常工作进行检查、监督

对活动的检查监督主要是对促销人员的服务态度、方法和备货等进行检查。如：促销人员有无迟到、早退的现象；是否对顾客热情；有无按规定的原则送赠品，货架上的备货是否充足；有无及时补货；发现问题能否及时解决，不能解决的问题有无及时上报等。

8）促销效果统计与分析

在促销活动期间和促销活动结束后，促销的负责人员应对此次促销活动的效果进行调查、测定，包括对本次活动的方法、赠品的选择、促销人员的总体评价及活动的成功与不足之处。并对照目标检查完成了哪些，分析实现目标与未达成目标的原因，为以后的促销活动积累丰富的经验。

表4-4为某专卖店对部分品类分日、分时段的促销效果分析表。

（1）促销评估的方法与内容。业绩评估的标准与方法主要有：前后比较法，即选取展开促销活动之前、中间与进行促销时的销售量进行比较。一般会出现十分成功、得不偿失、适得其反等几种情况。消费者调查法，即专卖店可以组织有关人员抽取合适的消费样本进行调查，向其了解促销活动的效果。例如，调查有多少消费者记得专卖店的促销活动，他们对该活动有何评价，是否从中得到了利益，对他们今后的购物

表4-4　　　　　　　　　　分日、分时段促销效果分析表　　　　　　金额单位：元

| 品类 | | A | B | C |
|---|---|---|---|---|
| 去年5.31—6.1实际销售 | | 2 000 | 1 700 | 2 900 |
| 今年5.31—6.1销售预估 | | 2 200 | 1 900 | 3 400 |
| 成长率 | | 10% | 12% | 17% |
| 5月31日 | 12点业绩 | 210 | 180 | 300 |
| | 17点业绩 | 400 | 380 | 500 |
| | 闭店业绩 | 750 | 700 | 800 |
| 6月1日 | 12点业绩 | 150 | 130 | 200 |
| | 17点业绩 | 420 | 400 | 500 |
| | 闭店业绩 | 710 | 600 | 800 |
| 合计业绩 | | 2 640 | 2 390 | 3 100 |
| 达成率 | | 120% | 126% | 91% |

场所选择是否会有影响等，从而评估专卖店促销活动的效果。观察法，主要是通过观察消费者对专卖店促销活动的反应，例如，消费者在限时折价活动中的踊跃程度，优惠券的回报度，参加抽奖竞赛的人数以及赠品的偿付情况等，对门店所进行的促销活动的效果做相应的了解。

表4-5为促销活动检查表，通过促销活动检查表对促销前、促销中和促销后的各项工作进行检查。

（2）查找和分析原因。运用一种或几种评估方法对专卖店的促销业绩进行评估之后，要进一步查找和分析促销业绩好或不好的原因。对促销前后的三种情况可以做如下的分析：

①十分成功。究其原因，主要在于促销期间的活动，使消费者对专卖店形成了良好的印象，对门店的知名度和赞誉度均有所提高，故在促销活动结束后，仍会使该专卖店的销售量有所增长。

②得不偿失。促销活动的开展，对专卖店的经营、营业额的提升没有任何帮助，而且浪费了促销费用，显然是得不偿失的。

③适得其反。促销活动结束后，专卖店的销售不升反降，可能是由于促销活动过程中管理混乱、设计不当、某些事情处理不当，或是出现了一些意外情况等原因，损害了专卖店自身的美誉度，结果导致促销活动结束后，专卖店的销售额不升反降。

9）促销活动总结

每次促销活动结束都要进行总结。对整个活动的开展情况、费用支出和促销效果要认真分析，总结经验教训，为下一次促销活动提供参考依据。

表4-5　　　　　　　　　　　　**促销活动检查表**

| 类别 | 检查标准 | |
|---|---|---|
| 促销前 | 1.促销宣传单、海报、POP是否发放和准备妥当 | 是（ ）否（ ） |
| | 2.商场（商店）所有人员是否均知道促销活动即将实施 | 是（ ）否（ ） |
| | 3.促销商品是否已经订货或进货 | 是（ ）否（ ） |
| | 4.促销商品是否在系统中已经变价 | 是（ ）否（ ） |
| 促销中 | 1.促销商品是否齐全、数量是否充足 | 是（ ）否（ ） |
| | 2.促销商品是否变价 | 是（ ）否（ ） |
| | 3.促销商品陈列表现是否具有吸引力 | 是（ ）否（ ） |
| | 4.促销商品是否张贴POP广告 | 是（ ）否（ ） |
| | 5.促销商品品质是否良好 | 是（ ）否（ ） |
| | 6.工作人员是否定时广播促销 | 是（ ）否（ ） |
| | 7.商场（商店）所有人员是否均了解促销期限和方式 | 是（ ）否（ ） |
| | 8.卖场气氛是否具有活性化 | 是（ ）否（ ） |
| 促销后 | 1.过期海报、POP、宣传单是否均已拆下 | 是（ ）否（ ） |
| | 2.商品是否恢复原价 | 是（ ）否（ ） |
| | 3.商品陈列是否恢复原状 | 是（ ）否（ ） |
| 综合评估： | | |

**互动课堂4-2**

## 促销活动效果评价

　　2018年10月底，某女装专卖店总部对"呢恩我爱"活动推广期间的促销效果进行统计发现参与促销活动的专卖店门店销售环比达到124%，非参与活动的专卖店门店销售环比达到90%；"呢恩我爱"活动推广期间，参与活动的专卖店毛呢大衣销售环比上升非常明显，达到560%。因此，从销售状况这一方面来看，"呢恩我爱"促销活动效果明显。促销活动效果分析见表4-6。

表4-6　　　　　　　　　　　　　促销活动效果分析表　　　　　　　　　　金额单位：元

| 店铺 | 大类 | 10.31—11.2 | 占比 | 10.24—10.26 | 占比 | 10.24—10.26及 10.31—11.2 | 去年同期 | 环比 |
|---|---|---|---|---|---|---|---|---|
| 参与活动店铺 | 大衣 | 350 | 30% | 50 | 10% | 400 | 71 | 560% |
| | 连衣裙 | 130 | 11% | 100 | 20% | 230 | 184 | 125% |
| | 其他品类 | 680 | 59% | 350 | 70% | 1 030 | 1 084 | 95% |
| | 汇总 | 1 160 | 100% | 500 | 100% | 1 660 | 1 339 | 124% |
| 非参与活动店铺 | 大衣 | 1 150 | 22% | 350 | 11% | 1 500 | 652 | 230% |
| | 连衣裙 | 700 | 14% | 530 | 16% | 1 230 | 1 537 | 80% |
| | 其他品类 | 3 350 | 64% | 2 400 | 73% | 5 750 | 7 188 | 80% |
| | 汇总 | 5 200 | 100% | 3 280 | 100% | 8 480 | 9 377 | 90% |
| 总计 | | 6 360 | | 3 780 | | 10 140 | 10 716 | 95% |

资料来源　编者根据校企合作企业专卖店销售数据改编.

请结合资料思考：（1）专卖店促销活动效果评价的指标有哪些？（2）请根据参与活动店铺与非参与活动店铺各大类商品的销售情况，对该女装专卖店促销效果进行评价？

## 单元小结

消费者的消费需求随着经济形势、收入水平、流行趋势等不同因素的影响而不断地变化。专卖店必须适时引进新品，应对市场和消费者需求的快速变动。专卖店商品销售过程中，要对商品进行销售分析，找出畅销商品与滞销商品。由于季节性因素等方面的影响，畅销品并不是一成不变的，需要对畅销商品进行不断优化与调整，同时确保畅销商品不缺货。滞销品是指因不被消费者认可或认知等原因，而导致销售不佳，不能获得专卖店引进时预期的利润，或利润下降到专卖店界定的滞销标准的商品。滞销品与下架商品形成的原因不同，滞销品不等同于下架商品。

商品价格的设定能够直接影响店铺的收益。在顾客看来，商品价格是决定购买与否的主要因素之一。因此，在定价技巧方面下功夫，对于商品的销售具有极大的影响，合理的价格设定，对买卖双方均有好处。高明的促销策略也是一家专卖店成功和发展的必要条件。专卖店促销规划的首要任务是明确促销目标，依据促销目标选择不同的促销方式，按照促销流程达到促销目的。

## 主要概念

新品　畅销品　滞销品　撇脂定价法　渗透定价法　派送

# 单元测试

□ 简答题

1.如何确定商品为新品？

2.如何确定商品为畅销品，畅销品优化调整的方法有哪些？

3.如何确定商品为滞销品，滞销品优化调整的方法有哪些？

4.专卖店新商品定价的技巧有哪些？

5.选择派送商品时要考虑哪些因素？

□ 案例分析题

### 利用数据分析方法分析如何与竞争对手抗衡

一个专卖店的策略如果仅仅是根据自己专卖店情况而不考虑竞争对手情况下来制定的话，那么这个专卖店的发展没有持续性。当然，每个专卖店策略应该具有专卖店自身的特色。分析竞争对手的目的是了解竞争对手，洞悉竞争对手的市场策略等。我们可以通过对竞争对手的分析来制定本专卖店的策略。某专卖店对A品类各单品的商品定价进行市场调查，市场调查情况见表4-7。

表4-7　　　　　　　　　　**A品类市场调查表**

| 市场调查情况 | A品类市场调查 | | | | | | | |
| --- | --- | --- | --- | --- | --- | --- | --- | --- |
| | 竞争对手店a | | 竞争对手店b | | 竞争对手店c | | 竞争对手店d | |
| | 数量 | 占比 | 数量 | 占比 | 数量 | 占比 | 数量 | 占比 |
| 高于竞争店（<20%） | 35 | 43.75% | 15 | 16.7% | 45 | 56.25% | 25 | 50% |
| 高于竞争店（≥20%） | 30 | 37.5% | 30 | 33.3% | 0 | 0 | 0 | 0 |
| 低于竞争店 | 5 | 6.25% | 30 | 33.3% | 15 | 18.75% | 15 | 30% |
| 持平 | 10 | 12.5% | 10 | 11.1% | 5 | 6.25% | 1 | 2% |
| 缺失品项 | 0 | 0 | 5 | 5.6% | 15 | 18.75 | 9 | 18% |
| 总数 | 80 | | 90 | | 80 | | 50 | |

问题：

请分析门店应该采取什么策略来抗衡竞争对手。

# 专卖店的经营战略和客户服务管理

## 学习目标

通过本单元的学习，理解专卖店经营战略的类型；掌握专卖店提升顾客满意度的步骤；了解专卖店品牌管理的重要性；理解塑造和提升专卖店形象的重要性；能够利用专卖店危机公关的处理原则和步骤对一家店铺进行危机公关。

## 单元框架

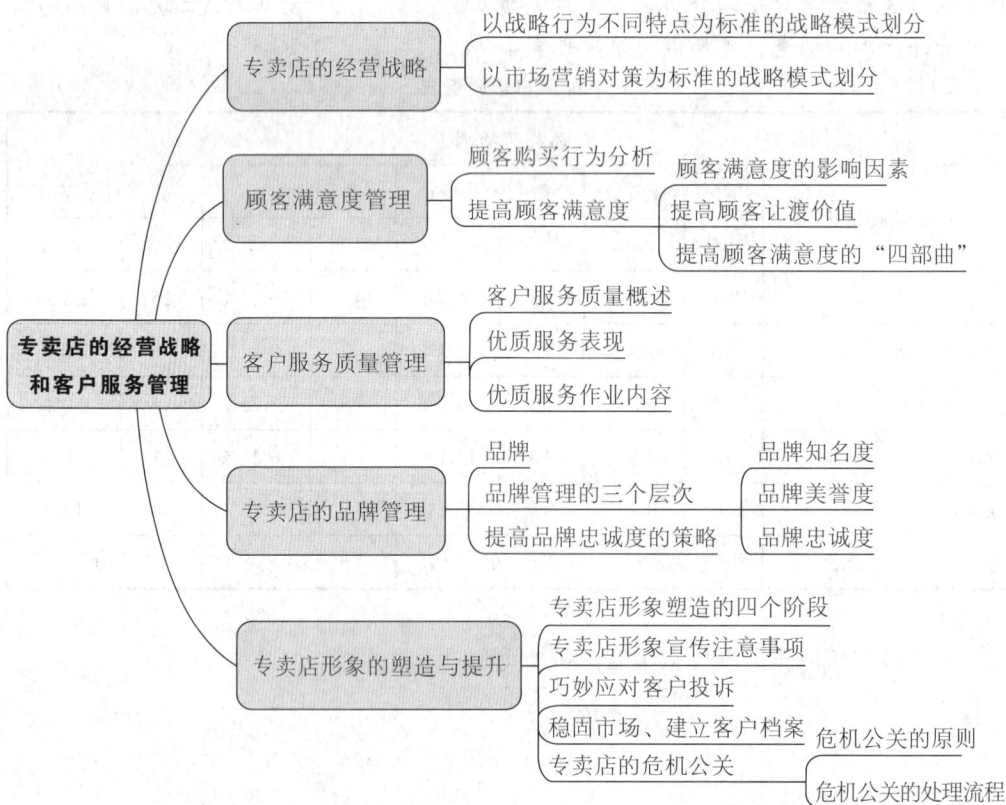

【引例】

### 发展战略调整：改名换姓，内地女鞋自救在路上

2016年，内地女鞋走上了改名换姓的道路。从"佛山星期六鞋业"变成"星期六"，弱化鞋业的星期六目的非常明确，"从内到外"地拓宽市场机会。换句话说，星期六意在弱化鞋业主业，为多元化铺路。

据星期六公告显示，拟将公司名称"佛山星期六鞋业股份有限公司"变更为"星期六股份有限公司"。变更公司名称的理由主要是出于公司未来发展战略考虑：逐步打造属于星期六的多元化品牌运营、线上线下资源融合的"她时尚生态圈"。这个变化对该品牌来说，很明显是想去业务单一化，朝多元化发展。这种变革与"星巴克咖啡"变成"星巴克"有异曲同工之妙。目的很明显，为了业务向产业链上下游延伸，也为了拓宽市场机会。

事实上，星期六围绕"她经济"的多元化思路已酝酿多时。早在2014年12月，星期六就投资900万元参股亿动非凡15%的股份，后者主营针对女性玩家的时尚装扮及社交类手机游戏。2015年7月，星期六出资近8 000万元成立两个并购基金，对文化、体育、娱乐、创新消费服务等领域的企业以及时尚新兴产业进行股权并购投资，期望通过基金可以推动多元化的"她时尚生态圈"布局，拓宽公司的产业结构，丰富产品链条，打造消费品行业的她时尚产业通道。与此同时，为了配合摆脱只是"鞋店"的形象，星期六已经开始从女鞋单品牌店的模式转向新型集合店，并进驻上海、北京和西安等地的购物中心。

企业名称弱化主业的背后，除了有积极转型的刺激，同样也有被动转型的无奈。从业绩来看，自2009年上市当年获得1.4亿元净利润后，虽然星期六营收逐年增加，但净利润则处在下滑状态。根据星期六2015年第三季度财报显示，公司2015年1—9月营业收入同比下滑3.47%，净利润同比下滑17.79%，预计全年净利润变动区间为2 516.58万元~3 595.12万元。在门店方面，从2013年年底的2 363家店到2014年年底的2 327家店，再到2015年6月底的2 200家店，星期六的终端门店数量不但在逐年递减，门店净减少的数量还在逐年增加。

资料来源 张沙莎. 星期六鞋业更名，自救在路上［EB/OL］.［2019-01-25］. http: //finance. eastmoney.com/news/1354，20160125589125273.html. 引文经过节选、压缩和改编。

专卖店在做大做强的发展过程中，经营战略也会适度进行调整。为了使专卖店能够长久经营下去，专卖店在不断优化商品结构的基础上，还要提供优质服务，塑造专卖店形象，提高顾客满意度，提升顾客对品牌的忠诚度。

# 5.1 专卖店的经营战略

**专卖店经营战略**是专卖店面对激烈变化、严峻挑战的环境，为求得长期生存和不断发展而进行的总体性谋划。专卖店经营战略是决定专卖店经营活动成败的关键性因素，是专卖店长久高效发展的重要基础。专卖店要长久高效发展，必须对自己的经营战略作出正确的选择。如果经营战略选择失误了，即使专卖店在某一段时间里具有较强的活力，最终也很难长久经营。

专卖店的经营战略着眼于专卖店整体发展，解决专卖店未来的经营方向的问题，而并非反映经营环境短期波动或着眼于解决日常事务。专卖店的经营战略模式是指可供专卖店经营人员选择的，体现不同战略要求的战略方案。在不同时期，专卖店有不同的经营战略。

### 5.1.1 以战略行为不同特点为标准的专卖店的战略模式划分

专卖店的战略行为一般可以分为经营规模的扩大、稳定和紧缩三种，也即扩张进攻战略行为、稳定防御战略行为、紧缩调整战略行为。在三种战略行为下可以对专卖店的战略模式进行细分。

1）扩张进攻战略

扩张进攻战略是指专卖店筹划扩大经营规模和实现经营多样化的一种战略，就是对现有的商品经营范围和服务范围从深度和广度上进行全面渗透和扩大。对专卖店来说，可以创造经营机会，提高专卖店资源利用率，但同时也给专卖店带来一定的风险。通常处于有利发展的地位、优势较大的专卖店较为适合此战略。专卖店的扩张进攻战略模式又可以细分为四类：

（1）市场渗透战略。市场渗透战略指专卖店利用自己在现有市场上的优势，扩大购销业务，向纵深发展，在竞争中吸引顾客，进而提高市场占有率。

（2）产品开发战略。产品开发战略指专卖店通过扩大经营品种、保证商品质量，开发新商品、新业务等，以适应市场变化和消费者的需要，不断扩大商品销售。

（3）市场开发战略。专卖店经营发展过程中，当现有市场受到限制时，必须选择和发展新市场，如建立分支机构、发展经营网点等，利用广告、促销手段在相邻市场扩展用户，从而为经营开辟新天地。

（4）多样化经营战略。多样化经营战略指专卖店充分利用自己在商品、资金、技术、设施、信息等方面的优势，使专卖店经营不断向广度和深度发展。

2）稳定防御战略

稳定防御战略是指专卖店在现有经营条件下，以守为攻，以安全经营为宗旨，不冒大风险，着重于改善经营管理，提高经济效益的一种战略行为。其特点是风险小，但专卖店却可能面临着被淘汰的危险。此战略通常为处于波动或下降之中的专卖店，或经济实力较弱的专卖店采用。

3）紧缩调整战略

紧缩调整战略是指专卖店通过缩小经营规模、减少投入，以谋求摆脱经营困境的一种战略。在经济不景气时期专卖店常常采用这一策略，但与此同时应加强预测，对经营业务作出调整，努力寻找新的机遇，并为将来的发展做好准备工作。

### 5.1.2 以市场营销对策为标准的专卖店的战略模式划分

1）无差异经营战略

无差异经营战略是把专卖店的经营力量投入到整个市场各类商品上，凭借专卖店地利、人和条件吸引消费者。其特征是风险低、费用低，对于稳定的市场或供不应求的商品较为适合。

2）差异经营战略

差异经营战略是指专卖店经营的商品具有与竞争者不同的特色，形成独特的风格。采用这种战略要根据专卖店经营条件和市场需求变化趋势确定重点方向，并从成本、价格的确定等多个经营环节来决定采取的决策。

3）出其不意战略

出其不意战略就是运用竞争者意想不到的新奇手法，来战胜对手。专卖店采用出奇制胜战略，通过新奇的商品、新奇的服务或新奇的促销来吸引消费者、扩大市场占有率。

4）重点服务战略

重点服务战略是指集中专卖店的全部力量为某些特定的顾客服务，或是重点经营特殊商品。这种战略可使专卖店在竞争中处于有利地位，使其能以优质服务赢得顾客，领先于竞争对手。

# 5.2　顾客满意度管理

专卖店经营的目标是满足目标顾客的需要与欲望，从而销售商品获得利润。这要求专卖店要为顾客提供满意的商品和服务。提高顾客满意度需要分析顾客购买行为。因此，本节首先介绍顾客购买行为。

## 5.2.1　顾客购买行为分析

顾客购买行为随其购买决策的变化而变化，购买不同的产品会有决策与行为上的不同，当购买较为昂贵的商品或作出决策较为复杂时，顾客往往会反复权衡，还会有众多购买决策的参与者。在菲利普·科特勒教授所著的《市场营销管理》一书中，依照顾客在购买过程中的介入程度以及品牌间的差异程度，将顾客购买行为分为四类。顾客购买行为的类型见表5-1。

表5-1　　　　　　　　　　　　**顾客购买行为的类型**

| 差异 | 介入程度 | |
|---|---|---|
| | 高度介入 | 低度介入 |
| 品牌差异较大 | 复杂的购买行为 | 寻求多样性的购买行为 |
| 品牌差异较小 | 减少失调感的购买行为 | 习惯性的购买行为 |

1）复杂的购买行为

如果顾客了解到现有品牌之间存在着明显的差别，顾客就会产生复杂的购买行为。如果购买的商品单位价格很高，购买行为是属于偶尔购买的、冒风险的和高度自我表现的，也就是高度介入购买。专卖店经营者必须了解商品信息并进行评估，制定出各种策略以帮助顾客更清楚地认知商品。同时，经营者必须使其品牌特征与众不同，运用主要的印刷媒体和详细的广告文字图案来描述其品牌的好处，并运用销售员这一人力资源来影响顾客。

2）减少失调感的购买行为

顾客进行高度介入购买时，将试图去了解可以在何处购买到该商品，但由于品牌差异不明显，购买行为将极为迅速。选购房产就是其中一例。专卖店经营者需要通过一定的媒体，提供能有助于顾客在购买后不再后悔的资料。

### 3）习惯性的购买行为

这类商品主要是一些单位价值较低的生活必需品，如白糖等。顾客很少认真选择这类产品，他们走进商店随手拿起一种品牌就买下。顾客选择某品牌的商品，并非是由于对它持有什么态度，而只是比较熟悉商品。在顾客购买之后，甚至不会去评估它。专卖店利用降低价格来促进销售是一种非常有效的方法。

### 4）寻求多样性的购买行为

其特征是品牌之间差异显著并且属于低度介入。这种购买行为在现实生活中表现为顾客经常转换购买的品牌。例如面粉，顾客通常未做什么评估便选择了某种品牌的面粉，然后在消费时才加以评估。而且顾客极易改变所购买的品牌。此时专卖店经营者可以提供较低的价格、折扣、赠券、免费赠送样品、优惠和强调试用新口味的广告来提高顾客对专卖店的忠诚度。

## 5.2.2 提高顾客满意度

**互动课堂5-1**

愉快的买鞋经历

正值国庆销售高峰前期，专卖店内的各大堆头前都人潮涌动，皮鞋堆头更不例外，促销人员彬彬有礼地站在堆头前，等待着过往的顾客前来选购。

这时一个温柔的声音吸引了我："您好，您看这双米色的鞋合适吗？"回头一看，只见一位短发的促销员正笑意盈盈地拿着一双休闲鞋给一位怀孕的女顾客看，那位顾客看着面前摆放着的各种各样的鞋子，脸上流露出犹豫的神色，嘀咕说："我也不知道该选哪双好。"促销员笑着说："这双米色的比较清爽，这个季节穿刚好，而且今年也比较流行米色，您觉得怎样？"顾客看了看，没有吱声，又随手拿起一双黑色的端详，促销员又耐心地询问："您打算配什么颜色的裤子？您平日深色裤子多还是浅色裤子多呢？"顾客说："我想买一双配黑裤子的"。促销员看了看说："那这双黑色的是不是更好一些？"边说边拿起米色和黑色的鞋子放在一起让顾客比较，然后又说："您要不要先试穿一下，看哪双更好一些？"顾客这时看了看旁边一双高跟的皮鞋，眼里流露出美慕的神情，善解人意的促销员马上笑着说："现在穿这种不太适合，不过再过一段时间就可以了，是吧？"顾客听完笑了笑，便拿起一双黑色的试穿起来，待穿好后，促销员在一边耐心地询问："合不合脚？感觉还合适吗？"顾客觉得很满意，便点了点头。"就这双吗？那好，我帮您包起来吧。"促销员边说边动作麻利地把鞋包装好，开好销售小票，双手递到顾客手中，指着前面礼貌地说："麻烦您到前面床上用品区的那个收银台付款好吗？谢谢！"顾客拿着小票愉快地走向了收银台。

资料来源 佚名. 愉快的买鞋经历［EB/OL］.［2018-12-29］. http://www.linkshop.com.cn/club/dispbbs.aspx?rootid=246474. 引文经过节选、压缩和改编。

请结合资料思考：（1）顾客在此购物过程当中对哪些方面满意？（2）促销员是如何一步步提高顾客满意度的？

1）顾客满意度的影响因素

从顾客角度出发，顾客满意度是顾客对某项产品或服务的消费经验的情感反应状态，在整个消费过程中，顾客不仅追求对经济收益的满意，而且追求社会性和精神性的满足。从专卖店角度出发，顾客满意度是专卖店用来评价和增强销售业绩、改进现有服务、以顾客为导向的一整套指标，它是专卖店经营"质量"的衡量方式。顾客对某项产品或服务是否满意受许多因素的影响，如产品质量、销售活动（包括广告、营销和店堂布置等）、售后服务等。

（1）产品本身。产品要素包括有形产品要素和无形产品要素（服务），专卖店必须对商品严格把关，必须要有精品意识，发现商品有瑕疵，就不能拿出来销售。同时还要讲究产品的新颖性、时尚性，满足顾客不同的需求。

（2）销售活动。销售活动包括售前活动和售中活动。顾客在准备消费前，获取专卖店通过各种途径传递的信息，然后对该商品形成自己的想法，包括他们的需求，商品所能带来的好处，他们所愿意接受的价格。

①信息。专卖店通过各种渠道把信息传递给顾客以影响顾客的期望和实际感受，影响顾客的满意度。这些信息可分为显露信息和隐藏信息。显露信息由专卖店明确、详细地传递给顾客，包括广告、推广活动、销售说明、具体的报价和邮件等。隐藏信息通过潜意识的信号传递给顾客，包括销售地点的布置、销售人员的衣着、店堂设计、商品的组合、商品的陈列等等。

②态度。在顾客购买过程中，销售人员的态度及其与顾客的沟通，对顾客的承诺及如何保证这一承诺的实现都会对顾客的购买经历产生影响。因此，对销售人员的培训，无论是在产品或服务特征及应用方面还是在与顾客沟通方面都是很重要的。

③行为。销售人员的行为在销售活动中对顾客满意度的影响至关重要。这些行为主要包括：在对待顾客需要及出现问题时要有友好的表现；具有丰富的销售经验；销售过程中关注并满足顾客的需求等。

（3）售后服务。顾客的满意也包括为顾客提供售后服务中的免费热线、信息与决策的服务、回访、售后的修理及维护服务等方面。售后服务不仅可以直接影响到顾客满意度，还可以对产品、销售中出现的失误给予补救以达到顾客满意。

2）提高顾客让渡价值

在专卖店实际的经营运作中，不断开发新顾客的同时，许多现有顾客悄悄流失，也就是西方营销界所称的"漏桶"现象。据统计，专卖店每年要流失10%~30%的顾客，平均每5年要流失一半的顾客。专卖店要防止顾客流失，堵住"漏桶"，必须要提高顾客的满意度。对专卖店极不满意的顾客可能流失80%，有些不满意的顾客可能流失40%，无意见的顾客可能流失20%和一般满意的顾客可能流失10%。但是，对专卖店高度满意的顾客只会流失1%~2%。因此，提高顾客满意度是防止顾客流失的有效手段。

提高顾客满意度可以从提高顾客的让渡价值做起。顾客让渡价值是总顾客价值与总顾客成本之间的差额。总顾客价值就是顾客从某一特定产品或服务中获得的一系列利益，具体包括产品价值、服务价值、人员价值和形象价值。产品价值即产品内在的功能、质量、特性和外在的式样、色彩、造型等实体产品带给顾客的使用价值；服务价值即专卖店向顾客提供的售前、售中和售后服务所产生的价值；人员价值指专卖店员工的经验理念、知识水平、业务能力以及效率、仪表仪容等所产生的价值；形象价值即专卖店及其产品在社会公众中的总体形象。而总顾客成本是在评估、获得和使用该产品或服务时而引起的顾客预计费用，货币成本、时间成本、体力成本和精力成本。时间成本和精力成本以及体力成本都可以归结为专卖店的服务水平和服务所涉及的范围，只要提高专卖店的服务水准和服务内容就可以减少这三种成本。所以，按照该理论要提高顾客满意度，要么提高总顾客价值，要么降低总顾客成本，或者两者同时实施。

顾客的让渡价值 = 总顾客价值 - 总顾客成本

= 产品价值 + 服务价值 + 人员价值 + 形象价值 - 货币成本 - 时间成本 - 体力成本 - 精力成本

3）提高顾客满意度的"四部曲"

顾客满意度的提高是一个过程，顾客在和专卖店的接触过程中慢慢提高满意度，所以专卖店应着眼于与顾客接触的每一个过程。专卖店提高顾客满意度的过程有：

（1）获得。所谓"获得"，就是争取潜在顾客的关注并让潜在顾客尝试购买自己的产品或服务，以获得与顾客接触的机会。专卖店通过鲜明的品牌形象，吸引潜在顾客的目光并选择专卖店的产品或服务，通过顾客与专卖店的真实接触，给顾客留下值得信任并能满足顾客要求的良好的第一印象。"获得"顾客，不仅要达成一时的交易，更要放眼与顾客建立良好的信任互利关系。

（2）同化。利用顾客对专卖店的初始体验的机会，进一步加强与顾客的联系，在情感上对顾客进行同化，争取顾客的好感和满意。这一时期是专卖店建立顾客满意的关键，也是顾客对专卖店观察和取舍的时期。这个时期顾客往往是游离不定的，他们会根据最初接触产品或服务的经历，要么满意而与专卖店继续交往，要么不满意而抱怨离开专卖店。专卖店要利用这一阶段顾客对专卖店已有体验的机会，通过服务营销、情感营销表达对顾客的关注和感谢，尽量满足顾客的需要，要让顾客感受到他们的购买行为是正确的。

（3）巩固。经过两三次的购买后，顾客对专卖店有了一定的好感和认识，但还需要专卖店对顾客进一步巩固，所谓"巩固"就是专卖店在情感同化的基础上进一步强化顾客在理念上对专卖店的认同和行为上的满意。

（4）补救。在提高顾客满意度的过程中，专卖店的服务总是难免有误的，产品质量或服务失误伤害了顾客的情感，引起顾客的不满和投诉，满意度大大下降。但是专卖店如果能及时进行补救和补偿，如通过真诚地道歉、送礼物、免费提供额外的服务等办法向顾客表达自己的歉意，可以重新赢得顾客的满意。据调查，如果顾客投诉得到了解决，经过服务补救后，顾客可能比以前更满意，因为顾客在困难的时候能更容易接受专卖店的关怀。

# 5.3 客户服务质量管理

## 5.3.1 客户服务质量概述

服务是发现顾客需求并尽可能满足顾客需求、帮助顾客为其提供方便的过程；是一方能向另一方提供的基本是无形的任何活动或利益，并且不导致任何所有权的产生。专卖店选址、装修完成后，基本定位就会确立，经营状况如何，最重要的影响因素之一就是服务。

专卖店的服务分为进攻型服务和防守型服务。进攻型服务就是以服务为手段，提高品牌市场占有率，提升专卖店销售业绩，从而提升顾客数量和忠诚度，即开发新顾客。防守型服务就是保持品牌知名度和美誉度，维持专卖店销售业绩平稳增加，从而保持最基本的利润增长空间，即维持老顾客。

服务质量是零售店铺在销售商品的过程中，向消费者提供服务、满足其需要的程度。其满足程度的大小，就是服务质量水平。服务质量水平是衡量零售店铺经营活力的重要标志。提高店铺的销售服务质量，不仅是其自身生存、发展的需要，而且可以提高专卖店信誉，树立专卖店形象，增强专卖店竞争能力，吸引消费者，扩大商品销售，提高经济效益。

服务质量的高低最终取决于顾客的评价。只有通过对服务质量的有效管理，专卖店才能知道为顾客提供的服务是否符合顾客的服务需求以及与竞争对手相比是否处于优势地位，才能评估服务人员对服务工作的负责与投入程度。通过服务质量管理提高顾客满意度，实现顾客忠诚。顾客满意既是顾客服务的起点，也是其最终目的。顾客忠诚，即顾客与专卖店及其产品之间形成一定的忠诚关系，是随着顾客满意程度不断增强而在一定时间内形成的一种"宝贵资源"。

服务质量比商品质量（通常指有形商品的质量）更难管理。这是由于服务比有形商品有着更多难以把握、难以标准化的特性，而且一项服务的组成部分比商品的组成部分更多且更容易被顾客注意。一般来说，顾客更易于记住被服务过程中最令他不满意的因素，而且比令他最满意的因素印象更深刻。服务质量管理与商品质量管理有着很大的不同，专卖店不能照搬商品质量管理的方法去管理服务质量，应认识到服务质量管理的特殊之处并制定服务质量管理标准。

### 5.3.2　优质服务表现

1）始终以客户为中心

"始终以客户为中心"不能只是一句口号或贴在墙上的服务宗旨，而应是一种具体的实际行动和带给客户的感受，如快速地为客户倒上一杯水；在客户生日时主动寄上一张贺卡或打个问候电话；在客户等候时为客户准备茶水、杂志等以打发时间等。设身处地地为客户着想是做到始终以客户为中心的前提，作为经营者，能经常换位思考是非常重要的。设身处地地为客户着想就意味着经营者能站在客户的角度去思考问题、理解客户的观点、知道客户最需要的和最不想要的是什么，只有这样，才能为客户提供优质服务。

2）对客户表示热情、尊重和关注

"顾客是上帝"，对于服务工作来说更是如此。只有做到充分尊重客户和客户的每一项需求，并以热情的工作态度去关注客户，客户才有可能对专卖店的服务感到满意，专卖店才能在竞争中占到有利的位置。

3）迅速响应客户的需求

服务的一个重要环节就是能迅速地响应客户的需求，当客户对专卖店表达了他的需求后，专卖店应在第一时间就立刻对其需求作出反应。

4）帮助客户解决问题

客户能找到你的专卖店，接受你的服务，说明他需要你帮助他妥善地解决问题，提供顾客需要的产品和服务。

5）持续提供优质服务

对店铺来说，可以为客户提供一次优质的服务，甚至一年的优质服务，难的是能为客户提供长期的、始终如一的高品质服务。但如果店铺真的做到了这一点，那么店铺会逐渐形成自己的品牌，在同行业的竞争中就能取得相当大的优势。

6）提供个性化的服务

为顾客提供个性化的服务也是专卖店经营的一大特点。每个人都希望能获得与众不同的"优待"，如果经营者能让客户得到与众不同的服务和格外的尊重，这会使店铺的经营能更顺利地开展。个性化的服务包括面对客户的一些特殊的要求，店铺也依然能特殊对待，及时地去满足。

### 5.3.3 优质服务作业内容

1）电话接听

（1）电话铃声响起3声内，必须接听电话。

（2）接听电话时，在旁边必须准备笔与纸张，以便将接听的重要内容做好记录。

（3）属于顾客投诉电话时，必须做好顾客投诉记录并记下顾客的联系方式，以便今后追踪。

（4）接听电话亲切礼貌，标准的语言是"您好，早上好/下午好/晚上好，××专卖店。"经常用"请""谢谢""对不起""请稍等""让您久等了"等文明语言。

（5）通话完毕，应将听筒轻声放下。

2）退换货

（1）退换货的一般性规定。

①有质量问题的商品，并且在退换货的时限内，可以退换。

②有质量问题的商品，超出退货时限，在换货时限内，可换不可退。

③一般性商品无质量问题，但有明显使用痕迹的，不可以退换。

④经过加工后，无质量问题的，不可以退换货。

⑤因顾客使用维修保养不当或自行拆装造成损坏的，不可以退换货。

⑥商品售出后因人为失误造成损坏，不可以退换货。原包装破损或遗失、配件不全或损坏、无保修卡的商品，不可以退换货。

⑦个人卫生用品，如内衣裤、睡衣、泳衣、袜子等，不可以退换货。

⑧专卖店出售的清仓品或赠品，不可以退换货。

⑨无本店铺的收银小票或非本店铺售卖的商品，不可以退换货。

（2）退换货的作业流程。

①退货作业流程。退货作业流程具体如图5-1所示。

②换货作业流程。换货作业流程具体如图5-2所示。

- 1　●受理顾客的商品、凭证
- 2　●听取顾客的陈述、判断是否符合退货标准
- 3　●同顾客商量处理方案
- 4　●决定退货
- 5　●判断权限填写退货单，复印票证
- 6　●现场退现金
- 7　●退货商品的处理

**图5-1　退货作业流程**

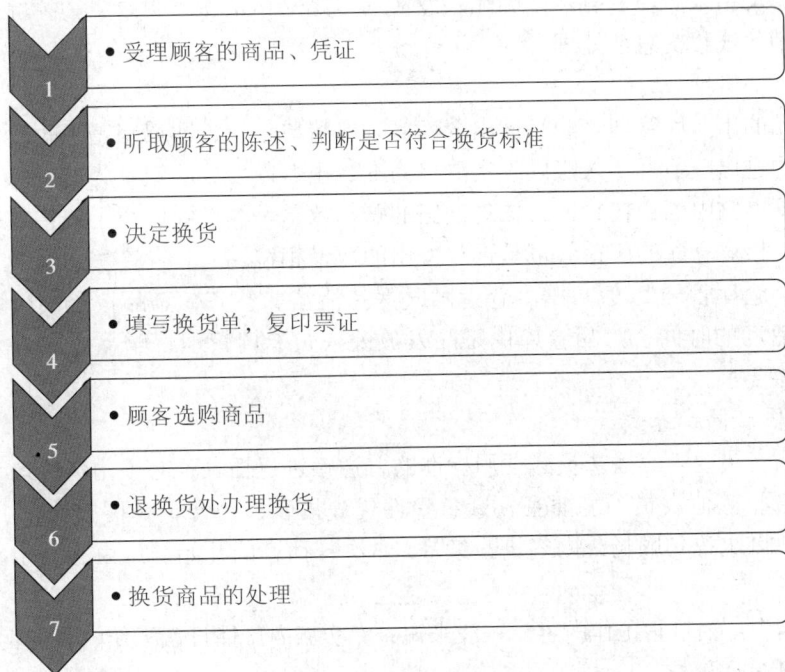

- 1　●受理顾客的商品、凭证
- 2　●听取顾客的陈述、判断是否符合换货标准
- 3　●决定换货
- 4　●填写换货单，复印票证
- 5　●顾客选购商品
- 6　●退换货处办理换货
- 7　●换货商品的处理

**图5-2　换货作业流程**

3）赠品发放

（1）赠品发放原则：

①赠品的发放必须以告示及宣传单所公布的发放方法为准。

②专卖店内不允许任何厂商发放赠品及广告活页。

③赠品凭购买小票发放，发完即止。

微视频：顾客退换货处理流程

④发出的赠品不予退换。

⑤赠品的发放需有台账记录，即填写"赠品领取登记表"，有相关人员及顾客的签名。

⑥活动结束后，要进行清点。

（2）赠品发放流程。顾客赠品发放流程具体如图5-3所示。

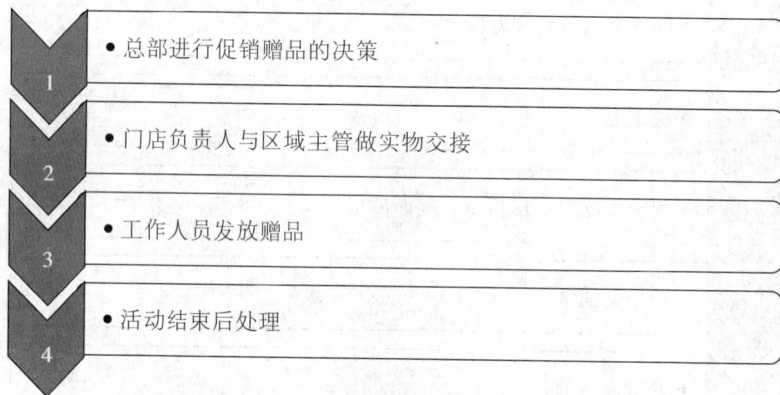

- **1** 总部进行促销赠品的决策
- **2** 门店负责人与区域主管做实物交接
- **3** 工作人员发放赠品
- **4** 活动结束后处理

**图5-3 顾客赠品发放流程**

由专卖店店长批准促销活动所需的赠品品项、数量及时间；专卖店按活动规则发放赠品；活动结束后，若有剩余赠品，专卖店对赠品申请库存更改，去掉标签，由专卖店继续销售或移交总部处理。

（3）赠品管理。

①赠品的出入库管理。赠品进出仓库必须有清单记录，即填写赠品收发单，清楚显示每日的进出账情况，入账以收货清单为准，出账以发放的记录为准；每日营业结束后，根据电脑中的销售数据，核对发出的赠品数量是否一致或小于销售数；每日营业结束后，核对仓库的库存数量是否与发出的数量相符。

②赠品仓库管理制度。赠品仓库随时保持清洁、整齐，赠品按照供应商进行分类，注明活动的时间；赠品仓库由赠品发放处人员专门管理；赠品仓库必须符合安全、消防的要求。

4）店内广播

（1）播音员要求。播音员必须用标准的普通话进行播音；必须由经过培训的播音员进行播音，其他人员不能播音；紧急事件优先播音；播音员在播放前，广播词先默念几遍，以求语句顺畅，内容需连续播音3次；播音的开始与结束必须用文明礼貌用语。

（2）店内广播日常工作内容。一般来说，专卖店内广播日常工作内容见表5-2。

5）DM投递稽核

专卖店为了提高顾客的进店率，会不定期地投递海报给顾客。对专卖店的服务台海报投递情况进行考核，一般采用实名制收到率核查的方法。

实名制投递一般是针对正常档期30天有效会员、特殊档期（专刊）45天有效会员无法执行匿名制投递的人数执行的投递方案。实名制投递是指通过系统生成会员资料、经投递公司将海报按照会员登记地址投递到信箱。DM投递稽核的步骤见表5-3。

表5-2　　　　　　　　　　　专卖店内广播日常工作内容

| 时间 | 内容 |
|---|---|
| 员工早班时间 | 每日早安语，提醒员工例行工作 |
| 开店前5分钟 | 提醒收银员、服务员及全体员工做好开店准备，并接待顾客 |
| 开店时 | 播放迎宾曲/开店问候语 |
| 开店中 | 播放背景音乐、播放促销信息、播放安全广播 |
| 营业结束前5分钟 | 提醒顾客尽快结束购物 |
| 营业结束时 | 送宾曲/闭店问候语 |
| 闭店前5分钟 | 播放营业结束通告 |
| 晚班结束前5分钟 | 播放感谢词，提醒员工例行结束工作 |

表5-3　　　　　　　　　　　DM投递稽核的步骤

| 步骤 | | 时间 |
|---|---|---|
| 1 | 制订电话抽查计划 | 海报起效日前两天 |
| 2 | 电话抽查海报实名制收到率 | 海报起效日当天及第二天 |
| 3 | 检查匿名海报投递率 | 海报起效日当天及第二天 |
| 4 | 会员信息更正 | 电话核实后 |
| 5 | 汇总档期的海报收到率 | |
| 6 | 退件顾客信息更新 | 海报起效日前一天 |

专卖店根据投递公司提供的实名制投递计划，抽查区域按照商圈公里范围（0~1公里、1~2公里、2~4公里）划分。随机抽取总投递数的1%（且抽查数量不可少于100份有效抽查数）进行电话抽查。海报收到率调查表见表5-4。

表5-4　　　　　　　　　　　海报收到率调查表

| 专卖店名： | | 海报期别： | | | 日期： | |
|---|---|---|---|---|---|---|
| 总邮寄份数 | | | | | | |
| 商圈公里范围 | | 0~1公里 | | 1~2公里 | 2~4公里 | 合计 |
| 小区名称 | | | | | | |
| 总邮寄份数 | | | | | | |
| 海报起效日 | 有效受访人数 | | | | | |
| | 收到人数 | | | | | |
| | 收到率 | | | | | |
| 合计 | 预备受访人数 | | | | | |
| | 总有效受访人数 | | | | | |
| | 总有效受访率 | | | | | |
| | 总收到人数 | | | | | |
| | 总收到率 | | | | | |
| 备注 | 预备受访_人中，_人电话错误，占比：_；其他原因_人，占比：_；未开信箱_人，占比：_ | | | | | |
| | 总有效受访_人中，_人收到DM海报，占比：_ | | | | | |
| | 总有效受访_人中，_人未收到DM海报，占比：_ | | | | | |
| | 未收到人数_人中，_人地址错误（将地址改正），占比：_ | | | | | |

6）商品运送作业

为提升顾客服务质量和水平，专卖店在顾客购买大件商品后要进行货物的运送。一般来说，商品运送作业的步骤如下：

（1）顾客凭提货卡结账。促销员待顾客选定商品后开具提货卡，让顾客至收银台结账并开具发票。此步骤，收银员需要注意提货卡上的货号与收银机显示器上的货号是否相符，商品售价与品名是否相同。收银员在提货卡上签名，并写上时间以便查核。

（2）顾客提货或办理托运。顾客在结账后凭提货卡与结账单据（发票及收银条）至提货区自行提领商品。顾客来提货时，首先要将商品在顾客面前做简易测试，证明无异常，能正常使用基本功能，即可装箱交付顾客。

当顾客要求托运时，可在提货区办理。此时，要进行托运办理凭证的核对：

①签名：提货卡上是否有收银员的签名，日期与电脑显示的是否相符，从结账到提货的时间是否异常。

②单据：结账单据、提货卡上的商品名称、型号、电脑条码等资料是否相符。

③缺货：提货卡结账后如遇仓库缺货，则应办理退货或经顾客同意，到货后尽快联系厂商给顾客送货。

（3）顾客自提。待确认顾客结账后将相关商品运送至商品管理处。顾客持提货卡及收银条、发票至商品管理处，将相关结账单据交防损人员检查核对。防损人员检核无误后，在提货卡上签字出货，商品交顾客带回。

（4）顾客对自提或托运商品的单据签收。顾客在提货测试后需要在"提货卡"与"大件提货登记表"上签收。针对需要托运的商品，应填写托运单。顾客填完托运单后，将托运单中的商品联贴在已测试过的商品外箱上，等待托运，顾客联由顾客带回。提货区员工需将顾客提货的商品明细资料填在"大件提货登记表"上，以备后续查核。保修卡由提货管理人员填写日期，并加盖保修卡专用章后，交给顾客。

专卖店托运单见表5-5。

表5-5

**专卖店托运单**

填单日期： 时间： NO.：

| 货号 | 品名 | 规格型号 | 数量 | 单位 | 运输距离 | 运费 |
|------|------|----------|------|------|----------|------|
|      |      |          |      |      |          |      |
|      |      |          |      |      |          |      |
|      |      |          |      |      |          |      |
|      |      |          |      |      |          |      |
|      |      |          |      |      |          |      |
| 收费区别 | □顾客付费　　□免费运送 | | | 运费小计 | | |
| 备注 | | | | 防损 | | |

大件提货登记表见表5-6。

表5-6　　　　　　　　　　　　　**大件提货登记表**

| 日期 | 货号 | 品名 | 顾客姓名 | 提货单号码<br>发票号码 | 营业员 | 自提 | 托运 | 备注 |
|---|---|---|---|---|---|---|---|---|
|  |  |  |  |  |  |  |  |  |
|  |  |  |  |  |  |  |  |  |
|  |  |  |  |  |  |  |  |  |

7）退差价作业

收银台员工接到顾客反映商品结账价格有误后，核对结账金额并查证商品的正确价格后，按照专卖店退差价作业规范将钱款赔付给顾客。专卖店退差价作业规范流程如下：

（1）确认价格。专卖店工作人员接到顾客反映商品结账价格有误后，首先到店铺查看与收银条相同的货号、品名及规格的商品，店铺当班员工确认是价牌错误还是系统价格未生成。若是价牌错误应立即更换牌卡，并将换下的旧牌卡附着在退差价表上；若是系统价格未生成，应发邮件至总部寻求变价帮助，申请总部尽快调整系统价格。

（2）退差价流程。工作人员开出差价单，收回原收据或发票（如有），在收银条上盖差价已退的印章后重开收据或发票（如有），并在顾客签名后将差价退还顾客。营业结束后，退差价的员工将退差价表中的退货金额输入收银机并将退差剩余款上交店长或主管。

（3）差价发生的原因：

①收银员录入操作错误。

②店铺价格标示错误（如POP海报或价格标签标示错误）。

③系统里面的海报档期价格未及时生成。

8）顾客物品管理

专卖店在经营过程中，经常会在闭店巡检时发现有顾客遗留的物品。一般来说，店铺的顾客遗忘物品登记表见表5-7。

表5-7　　　　　　　　　　　　　**顾客遗忘物品登记表**

| 日期 | 时间 | 物品名称 | 当班人员 | 主管 | 处理情况 | 领取人 | 领取时间 |
|---|---|---|---|---|---|---|---|
|  |  |  |  |  |  |  |  |
|  |  |  |  |  |  |  |  |
|  |  |  |  |  |  |  |  |
| 店长： |  |  |  |  |  |  |  |

顾客遗忘物品处理过程主要包括以下几个步骤：

（1）若发现顾客遗留物品，将遗留物品保存并填写顾客遗留物品登记表。

（2）清洁顾客寄包处。

（3）整理并分类顾客遗留物品。

（4）按规定处理各类顾客遗留物品。

（5）将无人认领或无法处理的遗留物品暂时保存在收银台。

（6）每天营业结束后清点核实顾客遗留物品的情况。

（7）顾客到专卖店领回遗留物品时，按规定进行处理。

**职场对接5-1**

### 顾客退货处理技巧

顾客：你家出售的衣服穿一次就起球，我要退货（一般这时候有其他顾客正在购物，店铺要做的第一件事就是把顾客引导到其他地方去沟通）。

导购：姐，您是我们家老顾客了，您放心，有什么事情肯定帮您解决，您这边和我说下情况吧。

顾客：在你家买了一件毛衣，穿了一天就起球了；我要退货，我现在也怀疑其他两件也是一样的情况。

导购：姐，您别着急，我能看一下衣服吗？

顾客：好，你自己看看。

导购首先了解顾客购买商品的起球情况，确认了衣服的材质，是属于羊毛类；然后对顾客进行了穿着和搭配的询问，得知顾客当时穿的时候搭配了一个金属包，这样就找到了原因；之后，又向顾客解释了羊毛产品的使用知识。

导购：姐，是这样的。首先您反映的这个情况，我能理解，一件衣服几百元钱，穿一次就起球肯定心里会有点不舒服。但是我要跟您解释一下，羊毛和羊绒与其他混纺的产品在使用过程中都存在着起球的现象，专业相关机构为解决羊毛衫起球的现象也想过一些办法，但是还没有找到非常好的解决方案。产品起球一般是因为织物表面的短纤维在穿着过程中受到比本身粗糙的织物的摩擦，就会产生起球的情况。当时我们送您的爱心小卡片上也已经温馨提示您，加您微信的时候也和您说了，不能和金属摩擦。

顾客：那我穿了一天，不仅背包的地方起球了，肚子下方的地方也起球了，那又是为何呀？

导购：方便问一下您当时穿的什么裤子吗？

顾客：当时穿了一条牛仔裤，系了个链子在腰上。

导购：姐，我没猜错的话，您裤子上的链子应该也有金属吧？

顾客：是的。

导购：姐，您这件毛衣两个地方起球，都是因为与金属摩擦，这边帮你用剃毛器处理一下，就不会起这么多球了；然后您在下一次穿的时候注意不要和金属进行摩擦就可以了。衣服的不同面料其实都是有利有弊的，就像棉会缩水，聚酯纤维会皱……

顾客：我家里很多牛仔裤，而且上面都有金属，那该怎么办呢？

导购：您这边考虑过穿裙子吗？我们店里有适合搭配您这件毛衣的裙子……

在导购员的引导下，顾客又买了几条夹棉材质的中裙。顾客买单后，店铺送给顾客一个剃毛球机。

导购：姐，您是我们家的VIP，以后冬天有大衣和其他需要熨烫的衣服，可以拿过来我们帮您熨烫。

资料来源　编者根据合作企业提供的资料整理.

# 5.4 专卖店的品牌管理

## 5.4.1 品牌

### 1）品牌的概念

品牌就是牌子，商号、商标，承诺。广义的"品牌"是具有经济价值的无形资产，用抽象化的、特有的、能识别的概念来表现其差异性，从而在人们的意识当中占据一定位置的综合反映。狭义的"品牌"是一种拥有对内对外两面性的"标准"或"规则"，是通过对理念、行为、视觉三方面进行标准化、规则化，使之具备特有性、价值性、长期性、认知性的一种CIS（Corporate Identity System）识别系统总称。

根据现代营销学之父菲利普·科特勒在《市场营销学》中的定义，品牌是销售者向购买者长期提供的一组特定的特点、利益和服务。品牌是给拥有者带来溢价、产生增值的一种无形的资产，它的载体是用于和其他竞争者的产品或劳务相区分的名称、术语、象征、记号或者设计及其组合，增值的源泉来自于消费者心智中形成的关于其载体的印象。品牌承载的更多是一部分人对其产品以及服务的认可，是一种品牌商与顾客购买行为间相互磨合衍生出的产物。

### 2）品牌资产

品牌资产是西方20世纪80年代出现的概念。近年来，西方学术界较为流行的一个定义是："品牌资产是一系列与品牌、品牌名称、标识物相联系的资产和负债，它能增加或减少提供给公司或其顾客的产品或服务的价值。"也就是说，品牌资产是一种超越生产商品所有有形资产之外的价值。

从狭义上说，品牌资产就是消费者关于品牌的知识。它是有关品牌的所有营销活动给消费者造成的心理事实。品牌资产具有四个特点：首先，品牌资产是无形的。其次，品牌资产是以品牌名字为核心。再次，品牌资产会影响消费者的行为，包括购买行为以及对营销活动的反应。最后，品牌资产依附于消费者，而非依附于产品。因此，品牌资产有正资产，也有负资产，品牌资产因市场而变化，品牌资产的维持或提升，需要营销宣传或营销活动的支持，品牌资产会因消费者的品牌经验而变化。

2017年全球专卖店品牌价值排行榜："谷歌"品牌价值1 094.7亿美元名列榜首，"苹果"以1 071.41亿美元名列第二，亚马逊以1 063.96亿美元名列第三。第四至第十一名的品牌依次为AT&T、微软、IBM、三星、Verizon、沃尔玛、Facebook、ICBC。中国"华为"品牌价值252.3亿美元，名列第四十位。

### 3）品牌忠诚与品牌忠诚度

品牌忠诚是指消费者对品牌的忠诚，它反映出消费者对该品牌的信任、支持和偏爱。品牌忠诚是通过消费者对品牌承诺的识别、接受与信任产生的。品牌忠诚度是品牌忠诚的程度，很大程度上能够量化。**品牌忠诚度**是指由于质量、价格等诸多因素的影响，消费者在购买决策中，多次表现出来对某个品牌产生感情，形成偏爱并长期重复购买该品牌产品的程度。品牌忠诚度的形成不完全是依赖于产品的品质、知名度、品牌联想及传播，它与消费者本身的特性密切相关，靠消费者的产品使用经历。提高品牌的忠诚度，对专卖店的生存与发展，扩大市场份额极其重要。

（1）品牌忠诚与顾客忠诚的联系。在本单元第二节讲述了提高顾客满意度可以进一步提高顾客的忠诚度。这里需要注意，品牌忠诚与顾客忠诚不完全相同，两者存在着一定的区别与联系。对二者进行区分有利于明确品牌忠诚中的品牌塑造对消费者的影响。我们要区分真正的忠诚与伪忠诚，在进行忠诚度测量时一般会测量重复购买水平，而实际测量的重复购买水平数值是顾客忠诚，它包括了价格忠诚等，而不仅仅是品牌忠诚。

顾客忠诚是指消费者对品牌（或产品）的忠诚行为，它包含以下几种忠诚：

①价格忠诚。即消费者主要因为产品的价格符合他的承受能力，而不管是否有很喜欢的品牌，比如，某位顾客只买得起2 000元以下的手机，他看中的就是某个品牌的便宜，尽管他可能很喜欢另一品牌的外观及品牌个性。

②方便忠诚。这与商店忠诚有相同的地方，比如，离家最近的商店里没有A品牌的洗衣粉，而要买A品牌要到较远的地方，顾客就只好购买B品牌。

③行为、习惯忠诚。消费者购买商品时，仅仅因为习惯了使用某品牌，谈不上有什么特殊原因，或有什么偏好，这就是"品牌惰性"。

④态度忠诚。消费者在了解、使用品牌的过程中与品牌有了某种感情上的联系或对品牌有总的趋于正面的评价。

⑤功能（质量）忠诚。由于某品牌在功能或质量上有较明显优势，消费者又认可这种优势。

（2）品牌忠诚和顾客忠诚二者的区别。顾客忠诚包含品牌忠诚，品牌忠诚包括行为和态度上的忠诚。价格、方便、功能上的满足是产品被消费者接受的基本水平，不是品牌忠诚的主要解释因素。

①认识的角度不同。顾客忠诚是从顾客的角度出发，主要着眼于对顾客消费行为的认识。品牌忠诚是以消费者为基础，从品牌的角度出发，主要着眼于顾客对品牌的态度和心中某个品牌的形象及其对消费行为的影响。

②顾客忠诚可以忠诚于多个品牌，而品牌忠诚只是针对某个品牌。

③顾客忠诚包括了品牌忠诚。

（3）品牌忠诚的条件。品牌忠诚必须注意六个必要和充分条件：

①有偏向（不是随机的）。

②行为反应（即购买）。

③随时间的过去而持续。

④由一个决定群体作出决定。

⑤在一系列品牌中对一个或多个品牌的选择行为。

⑥是一个心理过程。

### 5.4.2　品牌管理的三个层次

品牌知名度、品牌美誉度与品牌忠诚度是品牌管理的三个不同层次。

1）品牌知名度

品牌管理的初级层次——品牌知名度管理。品牌知名度是品牌管理的最低层次。品牌知名度是现有顾客或潜在顾客对某一品牌的认知程度及认识范围，对某一品牌具有相应认知程度和认知范围的顾客或潜在顾客的范围。因此，品牌知名度涉及产品与品牌之间的联系。

（1）认识品牌名、品牌标志。品牌知名度的最低层次是认识品牌名或品牌标志，它是以提示记忆为基础的。在这一层次品牌名与产品之间的联系并不紧密。虽然认识品牌标志仅仅是品牌知名度的起点，但它在消费者作出购买决策时却起着重要作用。

（2）记住品牌或品牌标志。品牌知名度的第二个层次是记住品牌或品牌标志。也就是说在请消费者回忆某产品大类的品牌时，他能说出该品牌的名称。知名度的这一层次高于第一层次，这时产品与品牌名之间的联系已经较为紧密了。

（3）品牌名存在于消费者的记忆深处。品牌知名度的第三个层次是品牌名存在于消费者的记忆深处。也就是说在"非提示记忆"的时候，该品牌是消费者回忆起产品大类的第一品牌名，这说明该品牌名已到达了消费者脑海中的某一特殊层次。

2）品牌美誉度

品牌管理的中级层次——品牌美誉度管理。品牌美誉度涉及消费者对该品牌的倾向性，是品牌管理的较高层次。品牌美誉度是指消费者对该品牌持有好的看法与印象的程度。品牌美誉度是比品牌知名度更高级的层次。品牌美誉度以品牌知名度为基础，没有品牌知名度就谈不上品牌美誉度。

品牌美誉度与品牌知名度的传播方式不同。品牌知名度主要是靠大众传播（媒体传播），而品牌美誉度主要是靠人际传播。而消费者判断产品的好坏，很大程度上只有亲自使用或听信其他使用者。调查数据显示，消费者对其他使用者介绍的产品品牌质量、性能的相信程度和消费者对广告宣传的相信程度分别为88%和8%。品牌美誉度的传播主要靠人际传播来实现。但人际传播的速度慢，这就使得品牌美誉度的形成周期拉长。因此，大众传播与人际传播应相互补充。一方面依靠大众传播媒介迅速扩大品牌知名度，另一方面依靠人际传播方式作为大众化传播的补充，从而使品牌知名度与品牌美誉度共同提高。

3）品牌忠诚度

品牌管理的高级层次——品牌忠诚度管理。品牌忠诚度是品牌管理的高级层次，它以品牌知名度与品牌美誉度为基础，同时通过对品牌忠诚度的管理而提高品牌销量，扩大品牌资产，实现品牌的长远发展。

品牌忠诚度的维持与提高除了涉及传播问题，更强调消费者购物的经验和直接使用商品的经验。在专卖店中，专卖店的品牌和专卖店经营的商品的品牌往往是合二为一的。只有通过使用该品牌，才能决定是否认可该品牌所提供的承诺，才能产生对该品牌的忠诚。当然，品牌忠诚度以品牌知名度和品牌美誉度为基础。研究发现，品牌销量一般符合二八定律，即品牌的二成的忠诚消费者的消费量占整个品牌销量的八成。因此，品牌忠诚度管理不仅是品牌管理的最高阶段，还是其核心问题。

根据品牌忠诚度的大小，我们可以将品牌忠诚度划分成四个层次：

（1）无品牌忠诚。品牌忠诚度管理的最低层次是无品牌忠诚度，即消费者对品牌毫不在意，这属于品牌失灵现象。

（2）消费者对品牌感到满意或是习惯。品牌忠诚度管理的第二层是消费者对品牌感到满意或是习惯。他们的购买行为是受到习惯性力量的驱使。一方面，他们没有时间与精力去选择其他品牌，因而在对现有消费品牌满意的基础上，会不断地重复购买这一品牌，而无视其他竞争品牌的存在。另一方面，转移品牌可能会使他们付出转移成本，即转而使用其他品牌所需的时间、精力、金钱或行为风险成本。因此，在其他竞争品牌所提供的利益不足以抵消转移成本时，他们不会轻易转换品牌。

（3）消费者对某一品牌产生了偏好情绪。品牌忠诚度管理的第三层是消费者对某一品牌产生了偏好情绪，这种偏好建立在与其他竞争品牌相比较的基础之上。这种偏好产生于品牌标志、品牌体现的高质量以及使用经验等相关因素，从而使消费者对品牌有一种默契之感，他们会重复购买该品牌，而且会将该品牌向亲近的朋友或亲人推荐，有利于扩大品牌的市场份额。

（4）消费者对品牌忠贞不二，并持有强烈的偏好与情感寄托。这是品牌忠诚度管理的最高层次，也是品牌忠诚度的最高级阶段。消费者与品牌之间的这种忠实纽带，不仅产生于品牌的功能性，更重要的是来自于品牌心理、品牌文化、品牌个性等方面。特别是消费者选择某一特定的品牌，通过消费该品牌，来传递自身的信息，满足心理上特定的需要。

### 5.4.3 提高品牌忠诚度的策略

**1）人性化地满足消费者需求**

专卖店品牌的建立是围绕着消费者而展开的。所以，专卖店需要提高自己品牌的品牌忠诚度，要想方设法地赢得消费者的信赖。在展开一系列建设品牌的活动中，应始终将消费者的需求置于首位，最终使消费者在购买专卖店的品牌产品时能够获得不一样的体验，收获舒适而难以忘怀的感觉。如果达到这种效果，那么专卖店在提高品牌忠诚度中所做的努力就算是有所回报了。另外，专卖店的品牌建设不是短期的行动，而是一种对长远利益的追求。专卖店要不断地分析、研究消费者变化着的消费需求，尽量做到人性化地满足消费者的需求。

**2）创新产品和服务**

对于专卖店品牌建设来说，创新犹如专卖店的血液，是一股新生的力量。再加上消费者的需求也在不断地变化，所以要提高品牌的忠诚度，专卖店就要能够跟上消费者变化着的需求。产品和服务的质量是提高品牌忠诚度的基础，也是核心。消费者对专卖店品牌的忠诚，其实也就是信任品牌产品的质量。专卖店不断地创新产品和服务，就是在不断地加强消费者对品牌的信任度，从而提高对品牌的忠诚度。

**3）提供有价值的附加产品**

专卖店的产品要以消费者为核心，制定合理的产品价格，提供优质的服务。一方面是做好产品或者服务的质量，另一方面还可以提供给消费者物超所值的附加产品。这样做可以提高消费者的品牌忠诚度，提高消费者对品牌的认同度。

4）有效的沟通

专卖店在提高品牌忠诚度的过程中，要充分重视与消费者的沟通，分析研究消费者的需求，直接与消费者沟通可以很好地获取信息。专卖店通过与消费者的有效沟通来维持和提高品牌忠诚度，如建立顾客资料库、定期访问、发广告等，从而采购满足顾客需求的商品。

5）制定合理的产品价格

在当前居民消费水平状况下，价格仍是顾客选择消费的主要决定因素之一。所以专卖店要努力实现产品价值的最优化，销售物美价廉的产品，满足顾客的消费需求。产品的定价要使终端消费者满意，还要为专卖店自身留下满意的利润空间。

6）提升顾客转换的"门槛"

提升顾客转换的"门槛"——转换成本，可以削弱竞争对手的吸引力，减少顾客的退出。可以采取对忠诚顾客进行财务奖励等方法。如对重复购买的顾客，根据购买数量的多少、购买频率的高低实行价格优惠、打折销售、赠送礼品等。也可以采取为顾客提供有效的服务支持，如质量保证、售后的产品保养维修等，与顾客建立长期的合作关系。

7）注重专卖店形象的塑造，大力促进品牌与消费者的情感联系

为了提高品牌的忠诚度，专卖店要建立长期持久的美好的店铺形象，不断提高专卖店的美誉度，避免有损专卖店形象事情的发生。如果发生，也要尽力挽回对专卖店形象的负面影响，避免顾客对专卖店忠诚度的降低。

# 5.5　专卖店形象的塑造与提升

**互动课堂 5-2**

## 耐克转"危"为"机"

专卖店危机公关处理得当而扭转乾坤的案例不在少数。近些年在国内，化"危"为"机"的经典案例包括北京奥运会期间耐克的形象挽回。2008年，北京奥运会刘翔的因伤退赛打乱了包括耐克在内的所有其代言产品的推广计划。但是，刘翔退赛发生后的第二天早晨，广州很多市民拿到新出炉的《南方都市报》时，颇感意外。报纸封面有两张大图：一张是刘翔退赛后失落的背影；另一张是刘翔坚毅的正面特写，左侧是广告词"爱比赛，爱拼上所有的尊严，爱把它再赢回来。爱付出一切，爱荣耀，爱挫折。爱运动，即使它伤了你的心"。这正是刘翔的赞助商耐克火线换上的新广告。据悉耐克当天在北京、上海、成都等地媒体显著位置上都投放了该广告，粗略计算金额在150万元以上。在刘翔退赛24小时之内，耐克迅速反应，完美启动危机公关。其实，在刘翔退赛的当日下午，耐克公司即发表了官方声明："刘翔一直是中国最杰出的田径运动员。耐克为能与刘翔紧密合作而感到自豪。在此时，我们理解他的感受，并期待他伤愈复出。"

英国危机公关专家里杰斯特曾提出关于危机处理的"3T"原则，即"Tell your own tale"（讲出你的故事）、"Tell it fast"（尽快提供情况）、"Tell it all"（提供全部情

况）。从时间上考虑，Tell it fast应是危机公关的首要原则。这一点，耐克不仅做到了，而且完成得堪称完美。

在危机公关中，每个危机的事发原因都不同，处理的方式也会有差异，作出迅速及时的反应无疑是第一位的，但让人遗憾的是，很少有企业能做到这一点。

危机事件处理不当给企业造成的损失是惊人的，对品牌的无形损伤更是难以计量。宝洁的SK-Ⅱ、光明的"回炉奶"、家乐福事件都对企业品牌造成了很大的损伤。面对这种形势，笔者认为，每一家具有规模的企业都应该重视起来，尽快建立自己的监测系统，制定出相应的危机管理预案，或把相关业务外包给合作的公关公司；如不未雨绸缪，遇到危机大面积爆发时，恐怕会对企业造成难以挽回的重大损失。

从耐克这次的案例来看，很显然，耐克在押宝刘翔时早就做好了多种预案，才能在危机时刻胜出。这次，耐克近乎完美的危机公关，也给国内的众多企业上了生动的一课。同时，这也提醒了其他企业，只有早做准备，才能在关键时刻从容应对，做到危机公关的最高境界——转"危"为"机"，把危机转化成提升自己品牌美誉度的机会。

资料来源　陈平. 刘翔退赛引发耐克完美危机公关［EB/OL］.［2019-03-04］. https://www.globrand.com/2009/175468.shtml. 引文经过节选、压缩和改编。

请结合资料思考：（1）耐克如何转"危"为"机"的？（2）专卖店应该如何进行危机公关？

### 5.5.1　专卖店形象塑造的四个阶段

在形形色色的专卖店招牌下，也不可避免地在上演着几家欢喜几家愁的市场话剧。主要的原因之一在于专卖店形象的塑造，而不仅仅是持续地进货、卖货；不注重形象塑造的专卖店注定走不了多远。专卖店的形象塑造分为四个阶段：

1）引起公众关注阶段

在这一阶段，专卖店要根据自身实力展开适当的广告和公关攻势，将有关本店的一些情况、信息传播给广大的消费者，使消费者对本店有所了解和认识。同时要注重专卖店的店面设计，使消费者对本店有深刻的印象。还应注意社会上对本店的各种议论，注意信息的收集，并基于此作出相关应对。这一阶段专卖店要力求让顾客对本店产生好感并开始关心、收集有关本店的资料，这是消费者对本专卖店产生感情的开始。

2）销售场所的展现阶段

专卖店此时要做的工作很多，例如分析目标顾客群，并结合所售商品的特性进行销售场所设计从而创造出一种协调的氛围。除商品独具匠心外，包装和装潢也会给顾客留下深刻的印象。对销售人员最基本的礼节知识加以规范和培训，并在服装上加以统一，这样将充分发挥销售场所设计和销售人员仪态表现的作用，从而使顾客产生非常强烈的好感和购买欲望。

3）销售进行阶段

在销售进行阶段，专卖店的工作是如何通过形象塑造来使顾客的购买欲望变成现实的购买行动。塑造形象一方面是专卖店的长期工作，另一方面也是创造业绩的大好机会。这时候，商品的质量及功能适用性、销售人员的销售技巧尤为重要。专卖店要力求做到以上三个方面都让顾客舒心、满意，从而使来店的顾客产生舒适和满足感。

4）情感维系阶段

通过专卖店的各种维护措施、售后联系、售后服务及销售人员给顾客留下的良好形象来建立与顾客的长期的、稳定的情感，从而使其成为本店的忠实顾客。这一阶段要尤其注意顾客意见的收集、处理及反馈，这一阶段也是顾客忠诚度的最后建立和完善阶段。

经过上述四个阶段，可以使消费者在购买过程中逐步形成对商店的整体印象和评价，即专卖店形象。

### 5.5.2　专卖店形象宣传注意事项

专卖店形象塑造后要对专卖店形象进行宣传。形象宣传是专卖店立足市场的关键，但不切合实际的宣传将会引起公众的反感，造成负面的影响，会损害专卖店的形象。在实践中我们要注意以下几个问题：

1）重视专卖店的整体形象

专卖店要重视整体形象策略，防止宣传的杂乱无章。对专卖店自身宣传而言，重视专卖店的整体形象是非常重要的。

2）重视形象细节

专卖店在宣传活动中重视大型宣传活动，却忽视一些细节活动或在大型宣传活动中不注意细小的安排。细节决定成败，消费者会通过细小问题来看待整个活动过程。因此，专卖店要在宣传时注重细节。

3）重视真实的内容

有人认为，专卖店做宣传、处理公共关系可以夸大其词，这是极端错误的看法。宣传必须有真实的内容，夸大的宣传只会损害专卖店的形象，让消费者彻底远离这家专卖店。

4）重视到位的服务

专卖店在宣传形象的同时，必须牢牢记住对消费者的服务要到位，让消费者切实感受到专卖店的商品和服务是无可挑剔的。

### 5.5.3　巧妙应对顾客投诉

顾客对专卖店的不满将直接影响专卖店的声誉和形象。如果能很好地解决顾客的投诉，专卖店就会再一次赢得生机，并能使顾客群更坚实、更稳固、更庞大。

专卖店每天都要与不同的顾客交流，同样的产品不一定能满足所有类型顾客的需要，此时，会产生顾客对专卖店的投诉。研究表明：当顾客对一家店铺不满时，4%的顾客会说出来，96%的顾客会选择默然离去；其中离去顾客的90%将永远不再光顾此家专卖店，而这些不满的顾客又会把他们的不满至少传递给8~12人听，向他们宣传此家专卖店的商品质量和服务质量是如何糟糕，这8~12人中有20%还会转述给他们的朋友听。如果店铺能及时处理投诉而又能让顾客满意的话，有82%~95%的顾客还会到这里来购物。因此，处理好顾客的投诉非常重要。在处理顾客投诉的整个过程中要注意以下几点：

1）耐心地倾听顾客投诉

在接待和处理顾客投诉时，首先要让顾客把心里想说的话说出来，体现出专卖店对他的重视和尊重。认真听取顾客的投诉，发现投诉的问题和原因。如果不能仔细听顾客的诉说，中途打断顾客的陈述，就可能造成顾客最大的反感。一般的客户投诉多数是发泄性的，情绪都不稳定，表意不清。这时，为了缓解顾客的情绪，店铺工作人员要控制住自己的情绪，鼓励顾客说话，讲述顾客遇到的问题，使顾客慢慢平静下来。一旦发生争论，只会将小事变大，激发矛盾。真正处理客户投诉时必须耐心地倾听客户的抱怨，避免与其发生争辩，先听顾客陈述完。

2）改变对投诉的偏见

当顾客前来投诉或反映意见时，专卖店一定要改变顾客是来找麻烦的偏见。应当认识到，顾客能将不满意说出来是对专卖店的信任和帮助。"顾客的投诉是给专卖店最好的礼物"，因为顾客的投诉和意见能让专卖店看到自己经营管理方面的不足，从而可以改进工作，提高服务质量。

3）工作人员的态度要谦恭

顾客在表述怨言时可能会表现得很气愤，将情况有意夸大。在这种情况下，销售人员必须表现得谦恭，千万不要打断对方讲话或急于申辩，并表示出对此事很关心并愿意了解全部的事实情况，保持冷静并坚持听下去。店铺工作人员一定要记住：顾客的气愤可能不是直接对工作人员的，而是对商品或者对环境的，从而控制住自己的情绪。

4）向顾客表示感谢和歉意

等顾客表述完毕，一定要在第一时间向投诉的顾客致谢，因其投诉才使销售人员认识到自己的工作失误，使自己能够真正认真地关注并解决这些失误之处。同时，还要向由于这些问题而给顾客带来的不便表示道歉，并真心实意地帮助顾客。如果销售人员能真诚地说声"非常抱歉""真是对不起""对不起，是我们工作失误，不是您的错"等，顾客的激愤情绪在很大程度上会平息下去。

在表示歉意时，要有诚意，一定要发自内心地向顾客道歉。不能让顾客感觉到工作人员在愚弄他，道歉后不要过分强调客观原因，不能把责任推到其他人身上，而是要站在顾客的角度解决问题。

5）迅速处理顾客投诉

处理顾客投诉时切忌拖延，因为时间拖得越久就越会激发顾客的愤怒，而使他的想法变得顽固而不易解决。在对待顾客投诉时，专卖店应该坚持礼貌待人、合理解决、及时处理的原则，绝不允许任何管理人员或店员与顾客发生争执。只有快速高效地解决好顾客投诉，才会有更多的顾客光顾你的专卖店。

微视频：顾客当面投诉处理流程

**职场对接5-2** ·····································

**"某专卖店电话处理食物中毒顾客的投诉"模板**

服务台：您好，×××专卖店服务台，请问有什么可以帮助到您？

顾客：我吃了你们专卖店的商品，身体不适/食物中毒，你们准备怎么处理？

（此时，服务台一定要启用电话录音。）

服务台：非常抱歉，先生/女士，请问您怎么称呼？

顾客：我姓×。

服务台：×先生/女士，我非常理解您的心情，您先不要着急，为了更快速、有效地处理事件，麻烦您提供一些详细信息好吗？

顾客：你还想问什么，我是相信你们才去你们那儿的。

服务台：（自己先冷静一下），×先生/女士，我非常理解您的心情，我们需要了解详细的信息才能更快速、有效地帮您处理，麻烦您帮忙提供，谢谢。

顾客：×××××。

服务台：请问您购买的是什么商品，是什么时候购买的？

顾客：×××××。

服务台：请问您是什么时候食用的，有哪些人食用了，大概食用了多少量，是否食用了除商品外的其他食物？

顾客：×××××。

服务台：请问是什么时间出现身体不适的，有哪些症状，有几个人出现了相同的症状？

顾客：×××××。

服务台：请问您有没有采取初步的救护措施，比如看医生？

顾客：×××××。

服务台：请问您是在哪一家医院就诊的？

顾客：×××××。

服务台：请问您或您的家人/朋友现在身体不舒服的症状缓解了一些吗？

顾客：×××××。

服务台：麻烦您帮忙看一下商品包装上的生产日期，如果有当时的购物小票，看一下小票上的机号和流水号。

顾客：×××××。

服务台：×先生/女士，您的信息我再重复一遍，您看一下是否有遗漏或错误的。

顾客：×××××。

服务台：×先生/女士，您放心，我现在立即向我们店总汇报，店总会亲自跟进处理。将会有专人在10分钟内再次联系您，您的号码是×××××，没错吧。

顾客：×××××。

资料来源　编者根据合作企业提供的资料整理。

### 5.5.4  稳固市场，建立顾客档案

专卖店要想长久生存，必须和顾客建立良好的关系。建立顾客档案，应该是和顾客建立良好关系的最基础性的工作。如果专卖店把进店的顾客、购买过商品的顾客、提过意见或建议的顾客都能够登记存档，就获得了第一手资料，而且这些顾客也会感到自己受到了重视，在日后的沟通中自然会成为专卖店的"回头客"。

顾客档案的内容包括顾客的基本情况、市场潜力、经营发展方向、财务信用能力、产品竞争力等方面。专卖店建立顾客档案的目的，是为了缩减销售周期、销售成本，规避市场风险，寻求业务扩展中所需的新市场、新渠道，旨在通过提高并改进顾

客价值观、满意度和忠诚度,来改善专卖店的经营。

1) 收集顾客档案资料

专卖店建立顾客档案,首要的工作就是要专门收集顾客与专卖店联系的所有信息资料,这里包括顾客本身的内外部环境信息资料,主要有如下几个方面:

(1)顾客最基本的原始资料。顾客最基本的原始资料,包括顾客的姓名、单位、地址、联系电话等比较固定的内容;如果有可能,还可以获取顾客的个人性格、兴趣、爱好、家庭、学历、年龄、能力、经历背景等详细资料,这些资料是专卖店针对顾客进行管理的起点和基础,这项工作要通过店员与顾客的沟通、访问来收集完成,最后整理归档。

(2)顾客特征资料。专卖店收集顾客特征方面的资料,主要考虑顾客所处地区的文化、习俗、发展潜力等内容。

(3)顾客所在商圈的竞争对手资料。专卖店要收集顾客周边竞争对手的资料,以提高对竞争者的关注程度,对竞争者的各方面都要进行比较,关注顾客对商品的市场流向动态,从而锁定每一个潜在的顾客。

(4)交易现状资料。专卖店关于交易现状资料的收集,主要从顾客的销售活动以及存在的问题来考虑,看顾客未来的发展潜力、财务状况和信用状况等方面的内容。

2) 做好顾客档案整理和更新

专卖店收集到顾客的初始资料后,要着手为顾客建立一份顾客档案。但顾客信息是不断变化的,因此还需要对顾客档案资料进行不断补充、增加,对顾客档案实行动态性的整理。

(1)将顾客档案分类。把顾客档案资料进行编号分类、定位,并活页装订。顾客档案整理的第一部分内容是顾客的基础资料,如顾客的背景资料等。顾客档案整理的第二部分内容着重于顾客购买商品的信誉、有关财务记录及付款方式等情况的记录。顾客档案整理的第三部分内容主要是顾客交易状况的资料,如顾客购买商品时进出货的情况登记,店员对实际进货、出货情况的报告,顾客每次购买商品登记的具体型号、颜色、款式等。顾客档案整理的第四部分内容是关于顾客退赔、折价情况的记录资料,如顾客的历次退赔、折价登记表和退赔、折价的原因,以及责任归属等。

对于每一大类资料,都要填写完整的目录编号,并对资料进行定位,以备日后查询。专卖店对顾客档案每年都要分年度进行清理,录入系统。

(2)建档工作注意事项。建立档案工作时力求顾客的信息详细真实而且全面。顾客档案反映出来的顾客信息,是专卖店对顾客确定一对一具体销售政策的重要依据。因此,在档案建立的最初阶段,除了顾客姓名、地址、联系人、电话等基本信息之外,还应包括顾客的特征、社会地位和影响力、资金实力、商业信誉以及在本店的购买意向等更为深层次的信息。档案内容必须真实,专卖店工作人员的调查寻访必须深入实际,绝不能凭主观意识而胡编乱造。

**职场对接5-3**

### 专卖店100名女性会员生日邀约标准

员工:您好,您是×××女士吗?

顾客：是的，你是哪里？

员工：您好，我是×××专卖店的金牌时尚顾问，我叫×××。

今天给您来电，是因为公司将在3月18日举行"与春天约会——大型VIP互动沙龙活动"。因为您是我们尊贵的VIP会员，恰巧这个活动遇上了您的生日，我们特别荣幸，也祝您生日快乐！公司为您准备了一份精美生日伴手礼，价值69元的不锈钢运动水杯，现已寄存在门店了。欢迎您在3月16日××点前来参加活动，领取您的礼物，不知您有时间吗？

顾客：哦，好的。

员工：给您做下记录，感谢您前来参加（如果顾客说没有时间，我们要追问什么时候有时间？再次邀请顾客）。

我叫××名字，待会儿我加一下您微信，您当天来的时候跟我提前联系，来的时候找我。您的礼物，我给您保管好。您的微信是手机号码吗？

顾客：是的（如果不是，记录顾客微信号）。

员工：有任何问题我们微信联系，今天打扰您了！再见！

顾客：拜拜！

员工挂电话后的动作：手机微信添加顾客微信号→添加为好友→发送当天活动通知/活动图片。

资料来源　编者根据合作企业提供的资料整理。

### 5.5.5 专卖店的危机公关

1) 案例解析：肯德基打人事件

江西第一家肯德基餐厅落户南昌，开张数周，一直人气旺盛，非常火爆。不想，1个月未到，有顾客因争座被殴打而向报社投诉了这家肯德基餐厅，造成了一场不小的风波。

事件经过大致如下：一位女顾客用所携带的物品占座位后去排队购买套餐时，座位却被一位男顾客坐了而发生争执。先是两位顾客因争座发生口角，尽管已引起其他顾客的注意，但都未太在意，此时餐厅的员工未能及时平息两人的争端。接着两人的争吵声越来越大，店内所有顾客都开始关注事态发展，邻座的顾客则停止用餐，离座回避；带小孩的家长担心事态危险和小孩受到粗话影响，开始领着小孩离店。最后二人由争吵上升到斗殴，男顾客大打出手，殴伤女顾客后离店，别的顾客也纷纷离座外逃或远远地看热闹。女顾客非常气愤，当即要求肯德基餐厅对此事负责，并加以赔偿。此时，如果餐厅经理能够满足顾客的要求，女顾客就不至于向报社投诉。但餐厅经理表示"这是顾客之间的事情，肯德基不应该负责"，拒绝了女顾客的要求。女顾客马上打电话向《南昌晚报》和《江西都市报》两报社投诉。两报社立即派出记者到场采访。餐厅经理在接受采访时对女顾客被殴表示同情和遗憾，但是认为餐厅没有责任，不能做出道歉和赔偿。两报很快对此事作了报道，引起众多市民的议论和有关法律专家的关注。事后，根据消费者权益保护法，肯德基被认为对此事负有部分责任，向女顾客公开道歉，并赔偿了部分医药费，两报对此也都作了后续报道。

对本案例可以做如下分析:

（1）从公共关系的角度来看，肯德基对顾客争座事件应该管，而且管得越早越好，应遵循公关危机处理快速反应原则。

南昌这家肯德基餐厅因未能及时处理好该事件而使舆论影响不断升级，形象损失越来越大。在两位顾客因争座发生口角开始，尽管已经引起其他顾客的注意，但都未太在意，此时餐厅的员工如能及时平息两人的争端，则不会有太大不良后果。从两人一般争吵上升到大声争吵，在店内所有顾客都开始关注事态，或停止用餐，或离座回避之时，如果餐厅经理能满足女顾客的要求，女顾客就不至于向报社投诉。而接受记者采访时，餐厅经理继续与女顾客持对立的观点，更增添了新闻的冲突性和报道价值，从而令店家进一步陷入被动局面。从整个过程看，本次事件的处理态度是公关大忌，餐厅经理为维护一时的权益，不仅失去了一位消费者，而且给众多消费者留下了心理阴影。而在这一事件中，即使从自身形象出发，店家也应主动提早处理，使消费者之间免伤和气，心情愉快地消费。

（2）从上述事件中我们应该吸取教训，在以后的工作中应注意以下几个问题：

①培养员工的公关意识十分重要。目前不少店家的员工宁可输掉店铺的形象也不愿输理，因小失大，这源于员工公关意识的薄弱，看不到形象作为无形资产对于专卖店的巨大价值。因此，专卖店要对员工进行素质的培养，推行全员公关，这是专卖店不应忽视的工作。

②公关无小事。公关危机大都是由小事件引起的，公关应从小事抓起，而不应在引起轩然大波之后再来处理。消除隐患，防微杜渐，是危机公关的主要原则。出现危机就手忙脚乱，无应对之策，说明公关管理仍有漏洞。塑造形象的公关工作应当从点滴做起，而现在一些专卖店热衷于"大手笔"，重视媒体公关，往往忽视了日常公关管理，这正是造成"店铺名声在外，而消费者却不满意"现象的原因之一。

③勇于承担责任是专卖店公关的一种境界。公关要塑造的一个重要方面是店铺的社会形象，而一个专卖店的形象是否表里如一，就在于其在经营活动中是否勇于承担与其形象对应的社会责任与义务。怕担责任甚至出了事拒绝承担责任的店铺会让消费者寒心。此类行为一旦发生，必然使店铺的信誉度大受损害。

④时刻站在顾客角度考虑问题。"莫以善小而不为"，在中华民族传统文化中，有"万事德为先"的思想，这也是一个优秀员工内在品质的表现。上述案例中的肯德基员工在两位顾客争座的过程中，就缺乏这一品质，始终没有挺身而出为顾客排忧解难。其实顾客争的不过是一个座位而已，只要肯德基的员工设法为其再提供一个座位，事情马上就可以得到解决；而其"管不了"的态度，无疑让人们感到深深的遗憾。

2）专卖店危机公关的处理原则

危机公关是指应对危机的有关机制，具体是指为了避免或者减轻危机所带来的严重损害和威胁，从而有组织、有计划地学习、制定和实施一系列管理措施和应对策略，包括危机的规避、控制、解决以及危机解决后的恢复等不断学习和适应的动态过程。

（1）承担责任原则。危机发生后，公众会关心两方面的问题：一方面是利益的问题，利益是公众关注的焦点，无论谁是谁非，专卖店都要敢于承担责任。即使受害者在事故发生中有一定的责任，专卖店也不应首先追究其责任，否则会各执己见，加深矛盾，引起公众的反感，不利于问题的解决。另一方面是感情问题，公众很关注专卖店是否在意自己的感受，专卖店应该站在受害者的立场上表示同情和安慰，并通过新闻媒介向公众致歉，解决深层次的心理、情感关系问题，从而赢得公众的理解和信任。

（2）真诚沟通原则。专卖店处于危机漩涡中时，是公众和媒介的焦点，应该主动与新闻媒介联系，尽快与公众沟通，说明事实真相，促使双方互相理解，消除疑虑与不安。真诚沟通是处理危机的基本原则之一。这里的真诚指"三诚"：诚意、诚恳、诚实。如果做到了这"三诚"，则可以较顺利地解决问题。

（3）"速度第一"原则。在危机出现的最初12~24小时内，消息会像病毒一样，以裂变方式高速传播。专卖店的一举一动将是外界评判专卖店如何处理这次危机的主要依据。专卖店必须当机立断、快速反应、果决行动，与媒体和公众进行沟通，从而迅速控制事态。否则会扩大突发危机的范围，甚至可能失去对全局的控制。危机发生后，能否在第一时间控制住事态，使其不扩大、不升级、不蔓延，是处理危机的关键。

（4）系统运行原则。在规避一种危险时，不要忽视另一种危险。在进行危机管理时必须系统运作，绝不可顾此失彼。只有这样才能透过表面现象看本质，创造性地解决问题，化害为利。

（5）权威证实原则。在危机发生后，专卖店要请有发言权的第三者通过媒体使消费者解除对自己的警戒心理，重获他们的信任。

3）危机公关的处理流程

（1）采取紧急措施，对危机迅速作出处理。

①立即成立危机处理临时机构。公共关系危机爆发后，专卖店应立即成立以经营者为首的危机处理临时机构，为公共关系危机事件的有效处理提供强有力的保证。

②迅速隔离危机险境。当出现严重的恶性事件和重大事故时，为了使与专卖店相关的公众生命财产不受损失和少受损失，必须采取有效的措施，迅速隔离危机险境。

③严格控制危机势态。在严重的恶性事件爆发后的一段时间里，危机还可能进一步恶化和转化，并迅速蔓延开来。因此，必须采取得力的措施，控制危机范围的扩大。

④及时收集有关信息。在危机爆发和延续的过程中，应及时实施全面观察，观察的内容要包括：危机事件发生的时间、地点、涉及人员、影响范围、发展情况、危害程度等；在危机事件得到控制后，还要迅速进行调查，从事件本身、亲历者、目击者和相关人士那里广泛、全面地搜集信息，详细地做好记录，为危机事件的妥善处理提供充分的信息基础。

（2）深入调查原因，制订应对计划。为了查清原因，分析情况，确定对策，经营者必须深入现场，了解事实，这是危机处理中重要的一步。在查清原因的基础上，应当根据危机事件的性质、特点、起因等的不同，迅速制订危机处理的计划，包括如何对待投诉公众、如何对待媒体、如何具体行动等。

（3）积极妥善处理危机事件。根据危机处理的方案，采取一定的措施和方法，对公共关系危机事件作出具体妥善处理，其中最关键的是：如何安抚受众，以便缓解对抗。

（4）重建社会组织形象。危机事件得到了妥善的处理，并不一定等于危机处理的结束，还有一个专卖店良好形象的恢复和重建过程。这一过程的工作要点是：

①树立重建良好社会组织形象的强烈意识。任何危机的出现，都会使专卖店的良好形象受到不同程度的损害。为此，必须进行良好社会形象的恢复和重建工作。经营者和全体员工必须树立强烈的形象重建意识，要有重整旗鼓的勇气和再造辉煌的决心，只有当专卖店的良好形象重新得到建立，专卖店的危机处理才算真正的完成。

②确定建立良好社会形象的明确目标。重建良好社会形象的基本目标是消除危机事件带来的形象危机，恢复或重建知名度和美誉度协调发展的良好声誉，再度赢得公众的理解、支持与合作。

③采取重建良好社会形象的有效措施。

**职场对接 5-4**

### 用心提升产品质量和改进服务是最好的危机公关

2016年3月15日，中央电视台3·15晚会报道了位于北京三里屯的一家麦当劳发生鸡翅超过保温期后不予取出、甜品派以旧充新，以及食材掉到地上而不加处理继续备用等违规情况。

当晚21时左右，北京市卫生监督所数名工作人员赶到现场，对麦当劳三里屯店进行突击检查。记者跟随检查人员进入后厨，发现其卫生情况并不乐观，夹道等处有不少面皮，且记者未在操作间发现任何计时设备。

约1个小时后，卫生监督所工作人员向媒体公布了检查结果，发现麦当劳后厨有数处问题违规，并相应地出具了《卫生监督意见书》。检查人员介绍，检查期间发现麦当劳操作间的垃圾桶没有加盖，冷库内存放的食品有些未上架存放，食品和外包装材料有混放情况，且在夹道内发现数批面包坯子未存放在食品专用库内。

麦当劳公司方面相关负责人也赶到现场。面对媒体，其公关部相关负责人表示，麦当劳方面对此事十分重视，将借此契机加强内部管理，并启动系统自查；如果查明属实，将对相关员工进行惩罚。

当天晚上21时50分，距被曝光违规操作仅1个小时，麦当劳新浪官方微博作出回应：针对央视3·15晚会所报道的北京三里屯餐厅违规操作的情况，麦当劳中国对此非常重视。将就这一个别事件立即进行调查，坚决严肃处理，以实际行动向消费者表示歉意。麦当劳将借此事深化管理，确保营运标准切实被执行，为消费者提供安全、卫生的美食。欢迎和感谢政府相关部门、媒体及消费者的监督。

3月16日，麦当劳三里屯店关门歇业。麦当劳中国一名负责人对媒体表示，麦当劳已经对三里屯门店进行了停业整顿处理，将追究相关人员的责任，并同时对其全国

1 400多家门店重申了餐厅的操作标准，要求各门店进行彻底自查。

3月16日上午，国家食品药品监管局食品安全监管司主要负责人对麦当劳（中国）有限公司负责人进行责任约谈，要求麦当劳（中国）有限公司对3·15晚会媒体曝光的事件高度重视，认真吸取教训，采取有效措施，立即进行整改，强化诚信教育，严防此类事件再次发生，有效维护消费者的切身利益。

3月22日，麦当劳三里屯店正式恢复营业。该店门上不仅贴上了"用心承诺"的字样，在门前还摆放了一封致歉信。"深表歉意""监督""批评""产品质量"等字均用了大号字体。北京麦当劳方面表示，在停业期间，餐厅积极接受并配合了相关部门的检查。目前三里屯店已经完成了内部自查和培训，恢复对外营业。

拓展阅读：专家对此案例的点评

资料来源　佳歌. 麦当劳品牌危机公关案例报告研究［EB/OL］.［2016-07-30］. http：//www.360doc.com/content/16/0730/00/34487992_579596761.shtml.引文经过节选、压缩和改编。

## 单元小结

专卖店的经营战略是专卖店面对激烈变化、挑战严峻的环境，为求得长期生存和不断发展而进行的总体性谋划。专卖店在不同的时期有着不同的经营战略。分析顾客的购买行为，找到顾客满意度的影响因素，才能有针对性地提高顾客满意度。服务是发现顾客需求并尽可能满足顾客需求、帮助顾客为其提供方便的过程。应制定服务质量标准，在电话接听、退换货等各个作业流程为顾客提供优质服务。

品牌是牌子、商号、商标，也是对顾客的承诺。广义的"品牌"是具有经济价值的无形资产。品牌知名度、品牌美誉度与品牌忠诚度是品牌管理的三个不同层次。品牌忠诚不同于顾客忠诚，顾客忠诚包含品牌忠诚。专卖店要想长久生存，必须和顾客建立起良好的关系。稳固市场，建立自己的顾客档案。专卖店塑造店铺形象的同时，应当巧妙应对顾客投诉，快速反应，及时进行危机公关。

## 主要概念

专卖店经营战略　顾客让渡价值　总顾客价值　总顾客成本　品牌忠诚度

## 单元测试

□ 简答题

1.专卖店的经营战略有哪些？

2.如何提高顾客让渡价值？

3.提高顾客满意度的"四部曲"是什么？

4.品牌管理包括哪几个层次？

5.专卖店危机公关包括哪些处理原则？

□ 案例分析题

### 案例1　顾客遗留的物品处理的作业流程

专卖店在进行顾客物品管理的过程中，经常在闭店巡检时发现有顾客遗留的物品。一般来说，如果发现有顾客遗留物品时，就需要按专卖店的规范业务流程进行处理。

问题：

请将顾客遗留物品处理的作业规范进行适当排序：

（1）每天营业结束后清点核实顾客遗留物品的情况；

（2）若发现顾客遗留的物品，要将遗留的物品保存并填写"顾客遗留物品登记表"；

（3）将无人认领或无法处理的遗留物品暂时保存在收银台；

（4）顾客到专卖店领回遗留物品时，按规定进行处理；

（5）清洁顾客寄包处；

（6）整理并对顾客遗留的物品进行分类；

（7）按规定处理顾客遗留的各类物品。

## 案例 2　帮助顾客寄存物品

一个专卖店收银员在收银过程中碰到了这样一位顾客：顾客在店铺买了一双新鞋子去参加晚上的派对，顾客对新买的鞋子付款之后，直接将新鞋子穿在脚上，请求收银员帮她代为保管脱下来的旧鞋子，并承诺晚上专卖店闭店之前会来取走旧鞋子。收银员为了方便顾客，同意代为保管旧鞋子，并将顾客的旧鞋子放在了收银台的下方。而到了晚上闭店的时候，顾客并没有来取走旧鞋子，收银员主观认为顾客不会再来取旧鞋子了。因此，没有经过顾客的同意，直接将顾客的旧鞋子扔进垃圾桶。第二天上午，顾客来到收银台前要求取走旧鞋子。收银员无奈之下，只好告知店长，并且在店长的带领下到垃圾桶里去寻找顾客的旧鞋子。幸运而又尴尬的是顾客的旧鞋子不在垃圾桶里，而穿在保洁员的脚上。事后，顾客将收银员和保洁员投诉到了服务台。

问题：

（1）出现这一问题的原因是什么？

（2）如何杜绝此类投诉事件的发生？

## 案例 3　顾客食品中毒投诉

A 食品专卖店于某日接到了投诉电话：李先生从该店铺购买了汉堡软糖，吃后出现腹泻、呕吐症状。事后，李先生认为汉堡软糖存在着食品质量安全问题，向店铺要求 10 倍赔偿，并出示了医院出具的疑似食品中毒的诊断证明。另外，李先生已经向市场监督管理部门举报，相关部门已经介入调查，要求 A 食品专卖店给予解释。与此同时，该事件已经在当地的电视和微博上传播。

问题：

（1）针对此突发事件，门店的店长、主管、普通员工应该作出哪些应对？

（2）店长需要核实什么信息？核实信息后应该传递给谁？

（3）如果需要在第一时间召开紧急会议，会议讨论的关键问题应该是什么？

（4）下一步需要调查的信息包括哪些？

（5）对商品应该采取哪些处置？

（6）如何去做政府应对和媒体应对？

### 案例4 忠诚会员见面座谈会

某家居用品专卖店为了提升顾客的满意度和忠诚度，开展了一次忠诚会员见面座谈会。

活动主旨：主要是为了能够近距离地了解忠诚会员对本专卖店的期许，拉近店铺与顾客之间的关系；做好社区服务，同时提升忠诚会员的认同感。

活动对象：专卖店前20名的忠诚会员。

活动时间：2018年7月14—15日（周六、周日）

　　　　　　2018年7月21—22日（周六、周日）

具体以参会人数定场次。

活动形式：座谈会。

专卖店准备水果、饮料、糖果、点心。

专卖店按照参加座谈会的忠诚会员的人数，拿出价值50元左右的枕芯作为礼品，礼品总额不超过1 000元。

参会人员：专卖店店长、专卖店员工。

活动目的：倾听忠诚会员的真实诉求，借鉴忠诚会员的宝贵意见及建议；忠诚会员能够成为社区的意见领袖，他们会影响身边的亲友更加关注本店的活动并成为本店的常客。

问题：

（1）请你对如下所述的该专卖店座谈会实施方案的步骤进行排序：

①请店长亲自接待，向忠诚会员表示感谢；

②由专卖店店员电话预约，邀请名单中的会员前来参加；

③在7月14日至7月22日期间的周六、周日，按照实际参加的人数分批次安排；

④聆听忠诚会员的意见并给予解答，对于比较突出的会员卡相关问题认真地记录，会后统一解决，并及时反馈给客户；

⑤向忠诚会员介绍目前收银台在线打印优惠券及现金券的方式。

（2）试分析举办忠诚会员见面座谈会的意义。

# 专卖店的库存和盘点管理

## 学习目标

通过本单元的学习，理解专卖店库存管理的功能；理解专卖店理想库存的保持；掌握专卖店如何处理恶性库存；掌握专卖店商品盘点的流程和方法；能够对专卖店商品盘盈和盘亏的原因进行分析并给出处理意见。

## 单元框架

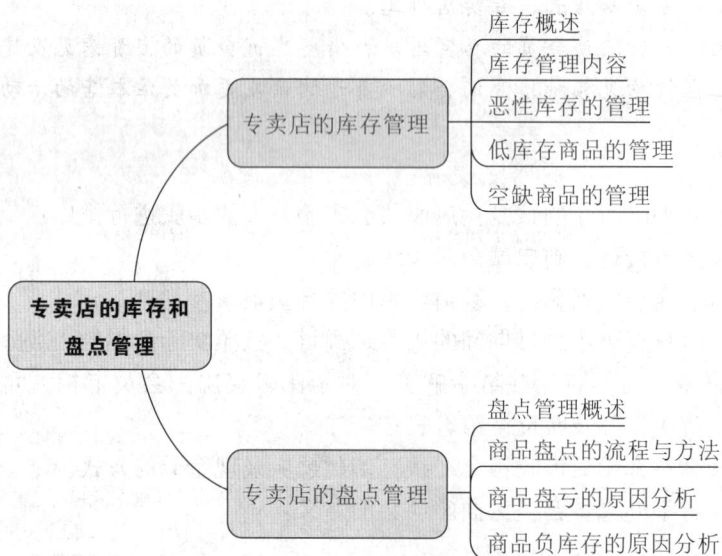

【引例】

### 服装专卖店的库存管理

某一家服装专卖店的库存有几千件，由于货号有很多类似的，所以在电脑中的库存出现了串号现象，出现了负数，连续两次盘点都发现少了衣服。店里的员工自己没有手工做账，只有电脑里有账务信息，所以无法对账，员工认为是电脑里的账有问题。这家专卖店先分析数据，发现商品串款串号的现象非常严重，比如条码00 222 1104-9921的含义是：00是品类代码；222代表2018年的夏装，春夏秋冬分别是1、2、3、4，该专卖店成立于1996年，1996加22就是2018；1104代表款号；99代表色号；最后面的2位21代表尺码。店铺的员工由于对商品条码的含义不了解，入账或盘点时就出现了较大的误差。于是店铺首先对串款串号的商品逐一核对，从总差异数量入手，对有可能串款串码的商品进行充抵，差额部分算作损耗。经历这次事件以后，店铺建立了手工明细台账，作为电子账本的备份进行保存，并进行每日的库存管理，以做到万无一失。

资料来源 编者自行整理。

当专卖店的经营达到一定规模时，由于经营的商品品种较多，商品的库存和盘点管理的难度都会很大。库存和盘点管理不当，不但会因为高库存占用资金，还会提高仓库存储、能源消耗、人员管理等成本，时间一长，可能导致超过保质期，造成商品报废等损失。因此，专卖店在经营过程中要努力使库存和盘点管理进行得井然有序。

# 6.1 专卖店的库存管理

在"生产商—零售商—消费者"的商品流向中，专卖店作为零售商承担了使商品流通的作用。随着专卖店间竞争的不断加剧，专卖店越来越关注自身的库存水平。保持适量库存，可以防止顾客流失。降低库存，增加现金流，可以间接地提高专卖店的利润率。专卖店之间的竞争与其说是价格的竞争，不如说是库存管理的竞争。如何通过对库存进行管理，建立竞争优势并赢得顾客已经成为专卖店关注的核心。

### 6.1.1 库存概述

1）库存的分类

专卖店的库存是指店铺里陈列着准备销售的、在店铺货架上方临时存放区的、在仓库里的以及在途中的所有商品的价值总额。

按库存的功能作用分类，一般可将专卖店的库存分为安全库存、周期库存、在途库存、调节库存和投机库存等五种基本类型。

（1）安全库存。由于在需求和提前期等方面存在着不确定性，专卖店需要保持安全库存。为应对需求和提前期的不可预测的变动，专卖店需要持有安全库存或称缓冲库存。

（2）周期库存。周期库存是指由补货过程导致的时间差所需要保持的库存。周期库存用来满足确定条件下的需求。

（3）在途库存。在途库存是指已经采购的处于运输过程中的商品。

（4）调节库存。调节库存是为了调节需求或供应的不均衡、生产速度与供应速度的不均衡、各个生产阶段的产出不均衡而设置的库存。例如，把在淡季生产的产品存储起来以满足旺季的需求，这就形成了调节库存，也可称为季节性库存。

（5）投机库存。持有投机库存不是为了满足目前的需求，而是为了其他原因。例如，因为预测到价格将会上涨或产品将会短缺，或在产品采购时，为了获得数量折扣，专卖店会购买大于当前需要数量的产品。

2）库存的功能

库存涉及资金占用、仓储、安全、老化、丢失、保险、包装、管理等方方面面的成本和费用，故库存成本是很高的。但是专卖店仍然需要持有一定的库存。这是因为库存是建立在对供给和需求之间进行平衡的基础上的。库存有利于解决供给和需求之间的变化和不可知性的问题，还可以在经营出现问题的情况下，保证顺利运营。

（1）改善客户服务，防止断档。库存商品可以满足一定时间段内顾客的需求，因此，即使短时间延迟到货或者到货数量低于预期，其也可以在一定程度上防止缺货，保证优质服务，能对突发事件进行处理，满足未能预测的时间点的需求。故应保证适当的库存量，采购那些即将停产或者不易购买到的商品。

（2）降低物流成本。以适当的时间间隔补充与需求量相适应的合理的货物量，消除或避免销售波动的影响。可以实施整车运输，以降低物流成本，通过批量订货而获益。

（3）保证销售的计划性、平稳性。通过制订销售计划并保持其平稳性，消除或避免销售波动的影响。避免延迟向客户送货的情况出现。

（4）展示功能。专卖店在正常的销售或促销活动中，需要展示大量商品，以吸引消费者前来购物。

（5）储备功能。在价格下降时大量储存，降低成本，以应不时之需。

3）理想库存的保持

理想库存不同于最低库存，理想库存是能够支持高销售的最低库存量。而最低库存量是指没有滞销或多余的库存，所有库存都会在预定标准的周转天数内销售完毕。

（1）库存量过大所产生的问题：增加仓库面积和库存保管费用，从而提高了产品的空间成本、能源和劳动力的消耗成本；占用大量的流动资金，增加库存投资，造成资金呆滞，既加重了货款利息等负担，又会影响资金的时间价值和机会收益；造成如产品过期或失效等有形损耗和无形损耗的库存风险成本；造成店铺资源的大量闲置，影响其合理配置和优化；掩盖了店铺经营过程的各种矛盾和问题，不利于店铺提高管理水平。

（2）库存量过小所产生的问题：造成服务水平的下降，影响销售利润和店铺信誉；影响销售过程的正常进行；流失大量顾客，使提高顾客满意度的成本提高；影响专卖店实现利润最大化和店铺的长远发展。

### 6.1.2 库存管理内容及商品库存管理的分类和核算方法

1）库存管理的内容

库存管理，是指对商品储存及其数量、质量等进行的管理控制活动。商品库存是商品销售活动中的一个环节，是指从商品购进到商品售出之前，停留在商店中准备销售的商品。具体包括：存放在仓库中的商品；摆放在货架上的商品；在店外的在途商品。库存商品能保证商品正常流转，解决流通中时间、季节、运输等原因而产生的生产与消费之间的时空矛盾，它是生产的继续，消费的准备，具有非常重要的作用。

专卖店是小型零售业态，它本身的商品存量有限，发挥不了"储水池"的作用，主要是满足消费者的正常需要，保持正常存量，使销售不断货，保证商品的数量不缺失，质量不受损；通过管理活动使存量更合理、不积压不脱销，使资金占用更合理，加快周转，降低库存成本，提高经济效益。商品库存管理活动的内容主要有以下几点：

（1）商品品类管理。专卖店经营商品的范围一经确定，就应加以落实，对其经营的大类、中类、品种和细目加以检查，保证不缺货、不断档，对在库商品的数量、期限、品质进行检查，保证质量好、不变质、无损伤。

（2）对商品库存实行定额控制。商品定额是专卖店控制商品存量的一种有效方法，它是商品的供应能力、进货期限、销售需要等的保证条件。确定正常储存量的标准，可以按品种制定定额，也可以对商品库存总额规定平均控制额度。在实际工作中还可以确定最高定额（商品积压的临界点）和最低定额（商品脱销的临界点），一般按平均定额来掌握。对库存总额都按平均定额来控制，保证所占资金能合理周转。定额要同进货和销货相联系，销售量大且库存量不足就要采购进货，快销就要快进。

（3）对商品存放的管理。商品堆放也是库存管理的内容，要存取方便，提高存储效率，分类清楚，注意安全；要实行先进先出的原则，防止先进后出而变质；注意商品存放的规范化，同类型或同地点的商品不能互相影响而产生化学、物理变化。

（4）对库存商品实行质量控制。专卖店的库存商品可分为畅销品、平销品、滞销品、残污品等。平时要通过购销记录和库存期限来统计和掌握上述商品的分类状况、所占比重，在数据分析的基础上采取措施：对畅销品可适当扩大订货量；对平销品多采取促销手段，适量减少订货量；对滞销品既要严格控制进货，又要进行大力度的促销或削价处理；对残损、受污、临近超期的商品要采取打特价等方法及时处理；对已过保质期且可能对人有害的商品要报废处理。这既有利于盘活资金，加快商品周转，又是商业诚信、对消费者负责的基本商业道德要求。

2）商品库存管理的分类和核算方法

（1）商品库存管理的分类。商品的库存管理，大致上可以分为按金额的库存管理、按数量的库存管理和按商品周转率的库存管理三类。

①按金额的库存管理。以金额为基准的库存管理，比较容易设定标准库存额。可以根据过去的销售实际业绩来分析预测未来的销售，也可以根据过去的库存额来设定未来的库存额等。其优点是可确切掌握店铺资金的状况，并能准确进行采购预算，较灵活地运用资金。

②按数量的库存管理。商品的采购量，必须以库存管理所获得的数值为依据。按数量的库存管理的特点是：商品类别可依款式、货号、颜色、尺寸等进行细分管理；确切掌握某种商品需进多少数量、库存数量等方面的资料；能了解畅销品及滞销品的差别；以数量为基础，若价格有变动，管理方面不会受影响。

③按商品周转率的库存管理。按商品周转率的库存管理可以加快资金周转，对提高资金利用率和变现能力有积极的作用，可以从财务的角度预测整个专卖店的现金

流，从而预测整个店铺顾客的需求。

（2）商品库存管理的核算方法。库存商品的核算方法，是指专卖店的库存商品明细账用什么价格来记账，以及在库存商品的明细账上是否反映商品的实物数量。按照库存商品明细账所提供的核算指标来划分，库存商品的核算方法分为数量金额核算法和金额核算法。

数量金额核算法是同时采用实物计量和货币计量两种量度对库存商品的增减变动及结存情况进行反映和监督的核算方法，它既可以提供库存商品的数量指标，又可提供库存商品的金额指标，数量金额核算法又可分为数量进价金额核算和数量售价金额核算两种。金额核算法是仅以货币计量对库存商品的增减变动和结存情况进行反映和监督的核算方法。金额核算法又可分为售价金额核算法和进价金额核算法。

不同类型的专卖店，可以根据本专卖店的经营特点及经营管理的要求采用不同的库存商品核算方法。

**互动课堂 6-1**

**服装订货以及库存比例计算案例分析**

某60平方米的中档服装店，春夏的时候开店并采购了3 200件货品，4个月销售了480件，剩余货品为库存。现在秋冬换季了，以现在的库存，应该安排多少进货？一般店铺的季末库存与进货的比例为多少？有没有相关的计算公式？该店铺的商品周转是否合理，销售是否够量？

拓展阅读：分析及点评示例

资料来源　佚名. 服装订货以及库存比例计算案例分析［EB/OL］.［2018-08-11］. http://lady.ef43.com.cn/data/2017/2017-08-11/259524.html.

### 6.1.3　恶性库存的管理

很多专卖店经营的商品紧跟时尚潮流，这就决定了其商品在款式、包装等各方面必须要时常更新。比如说，去年很流行的款式，今年有可能就成了滞销货，于是，难免会出现库存积压的情况。对专卖店而言，商品卖不出去就是损失。因此，日常经营中要小心谨慎，要细心地做好商品的存货管理，提早做处理，探求降价的原因。

存货有良性存货和恶性存货两种。良性存货即为专卖店的正常运营而储存的货品，这些货品可以在限定时间内，转换为资金。良性存货是提高卖场销售业绩的重要一环。**恶性存货**是店铺在运营过程中，存货远远高于销售需要而形成的过剩产物。造成存货过剩的原因有很多，但基本上都属于人为因素。因此，应对存货过剩的原因有足够的重视，并采取适当的预防措施，以改善存货过剩的状况。

1）适时开展促销特卖

任何一家专卖店，都有或多或少的库存积压，实现零库存是不现实的。要最大限度地减少库存积压，加快资金的周转，要求专卖店必须要做好市场调查，掌握好节奏，在适当的时候，推出特卖活动。例如，节假日促销、发行优惠券、VIP惠售、团购、搭配销售等，都是行之有效的方法。这种方法能在较短的时间内使资金快速回笼，可以直接在店门口或者收银处张贴大广告，将最热销的商品与存货一起出售，告诉购物者这里有物美价廉的商品正在出售。一般来说，这些方法不会影响经营者与供应商的关系，不会损害经营者的信誉，更不会损害专卖店的形象。

2）寻找特殊销售渠道

当库存商品太多，仅靠现有的销售渠道无法消化库存的时候，作为经营者，就要灵活变通，可以考虑针对目标消费群体，开辟更适合商品销售的其他形式的销售渠道，如网上网下联合销售。

3）实行淡季多种经营

对于专卖店来讲，任何一类商品，都有它的淡季和旺季。在销售的淡季，作为经营者，要考虑如何调整商品结构，减少库存，加快资金回笼，以度过这个"危险期"。在生意的淡季，要肯于动脑筋经营，但也不失于细微之处，善于抓住时机，调节商品结构，以使淡季不淡。

4）用库存商品交换广告

广告是提升专卖店知名度最有效的手段，很多时候做广告还可以获得供应商的支持。而且很多媒体是可以用货品来冲抵广告费的，经营者可以用库存商品去冲抵广告费，这样既清理了库存，又做了广告，一举两得。

5）参加有针对性的展销会

通过各城市组织开展的产品展销会，实行促销，也可以有效地清理库存。展销会主要依靠不变的品质、低廉的价格来吸引特定的消费群体，达到展销的目的。

6）选择最佳的展示位置

将商品的样品放在店内比较引人注目的地方，可以有效提高该商品的销售量。比如可以将它们放在店外的展台上、靠近收银台的地方或主通道旁。

7）退还供货商

如果可以的话，将卖不掉的存货退还给供货商是一个最省心省力的方法。

---

**职场对接6-1**

### 轻装者有力，优库存者赢

在快时尚潮流的反复冲刷之下，服装渐成"朝生暮死"的行业，不得不时刻居安思危。而身处该行业的天然洼地——库存市场中，我们才更明晰，与销路、利润点、品牌力什么的比起来，库存才是最大的痛点。

1.浪费但正确的选择

对于服装产业乃至与之深度相关的奢侈品产业来说，"品牌的价值永恒，而品牌货的价值则可能随时缩水"。这就不难理解众多大牌近年来被曝出的各种令人惊愕的去库存手法了。

2.库存决定生存

零库存的企业几近凤毛麟角，基于生产经营的稳定性与连续性以及对销售机遇的把握，企业不可避免地持有一定的库存。当整体经济环境不佳、市场竞争愈发激烈时，库存就像一条绳子，勒住了不少产业的喉咙，至少对服装产业是这样的情形，居高不下的库存成为不少服装企业难以解决的头号难题。

拓展阅读：
服装业如何
优化库存

资料来源　雍萍. 轻装者有力，优库存者赢［J］. 产城，2018（8）. 引文经过节选、压缩和改编。

### 6.1.4 低库存商品的管理

1）低库存商品扫描的步骤

专卖店低库存商品扫描的步骤具体见表6-1。

表6-1 低库存商品扫描的步骤

| 步骤 | 内容 |
| --- | --- |
| 1 | 在专卖店在线商品系统内建立《低库存扫描》盘点簿 |
| 2 | 使用"手持终端机"进行低库存商品扫描 |
| 3 | 填写《低库存报表》和《订单查询报表》，完成数据匹配后派发给营业部门 |
| 4 | 按《低库存报表》在后仓找商品，进行补货 |
| 5 | 将找到的商品在报表中有货商品旁用"√"标注 |
| 6 | 在在线商品系统中将当日的《低库存扫描》盘点簿进行删除 |
| 7 | 进一步查找有库存但未找到的商品，并进行库存调整 |
| 8 | 完成《低库存报表》及《订单查询报表》，转交次日早班营业人员 |
| 9 | 根据前一日《低库存报表》《当日空缺报表》，厂商执行订货行程进行订货 |

2）低库存商品扫描后的工作

（1）补货。营业人员按系统库存数量和实际商品数量的信息，判断是否进行补货（即系统库存大于实际商品的数量，需在后仓核查是否有补货商品在仓库），营业人员在后仓找货并将找到的商品加货至货架。同时将有货商品在《低库存报表》上用"√"标注。

（2）库存调整。营业人员可依据报表中系统库存量小于规定值的商品，到排面做再次核查，如有差异部分，需对虚库存商品做库存调整。

（3）订货。营业人员检查《低库存报表》以及《订单查询报表》中未订货或订单过期商品的订货状态。对于未订货和订单过期商品，营运人员需确认报表库存量：满足一周销售的，可依照原商品的订货行程在最近的订货日执行订货；满足4—6天销售的，厂商送货为每周2次的，可参考订货行程在最近的订货日进行订货；满足2—3天销售的，则需根据商品状态提交手工紧急订单或在次日早晨列入订货需求。

### 6.1.5 空缺商品的管理

专卖店在营运过程中也经常会出现货架上商品的空缺。空缺是指在货架上有正常陈列位置，但没有任何实际库存的商品。

1）空缺商品扫描

所有台账管理的品项都需要进行空缺扫描。空缺扫描为空缺商品拉排面提供了依据。

2）空缺商品拉排面

（1）正常商品空缺拉排面原则。对于正常空缺商品，使其价格卡保持在原处，并从上至下或从左至右进行拉排面。同时在价签上放此货暂缺卡。图6-1为空缺商品的商品空缺卡，4月1日为空缺发生日期。

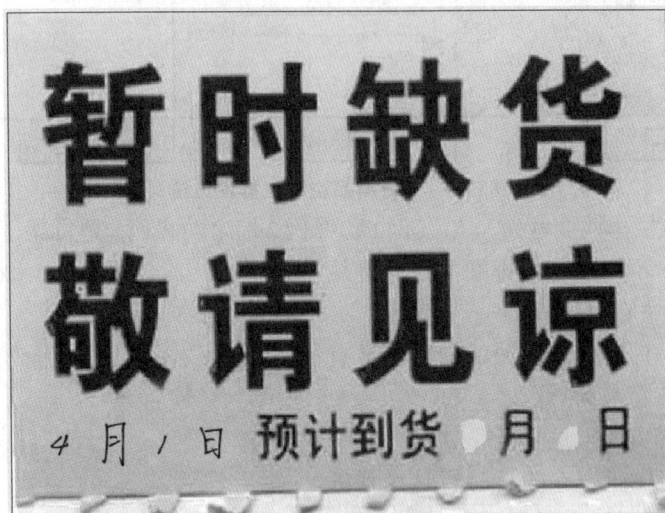

图6-1　商品空缺卡

（2）空缺商品拉排面举例。

①案例1。图6-2为A、B、C三个背的货架中，最右边的C背货架商品空缺的拉排面方法。

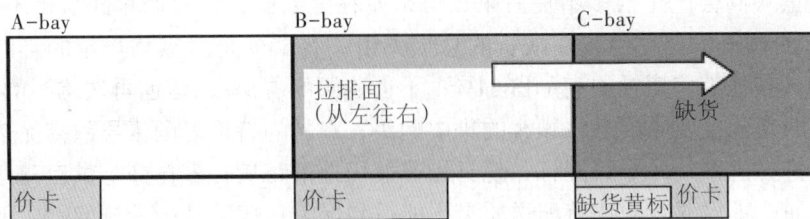

图6-2　C背商品空缺拉排面方法

在案例1中拉排面要注意：货架上空缺品项的价格卡不能撤除；允许从左往右从相邻库存拉排面；在价格卡上放置黄色此货暂缺卡；陈列的此货暂缺卡覆盖在空缺商品价格卡价格部分，不要覆盖掉品名和条码。

②案例2。图6-3为A、B、C三个背的货架中，中间的B背货架商品空缺的拉排面方法。

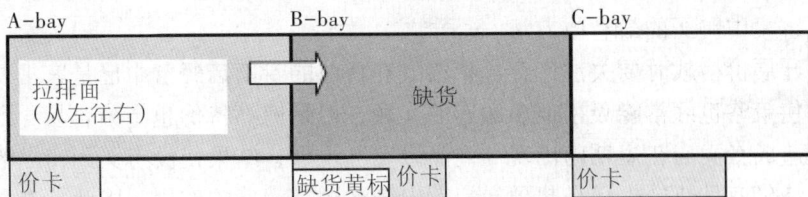

图6-3　B背商品空缺拉排面方法

在案例2中拉排面要注意：中间的背出现空缺与案例1一样处理；拉排面的商品价格卡保留在原处。

③案例3。图6-4为A、B、C三个背的货架中，左边的A背货架商品空缺的拉排面方法。

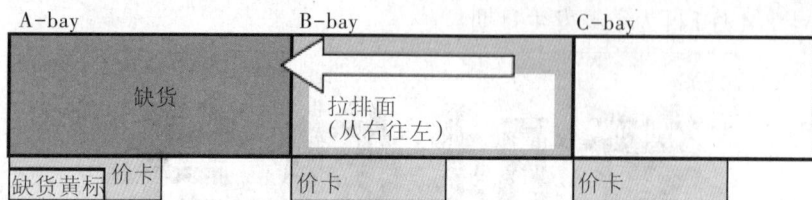

**图6-4  A背商品空缺拉排面方法**

在案例3中拉排面要注意：与案例1和案例2相比，案例3是货架上左边的第一个背的商品空缺，不同点是拉排面的方向是从右向左的，其余与案例1和案例2一样。

3）商品空缺原因分析

一般来说，门店商品空缺的原因主要有：

（1）总部统仓未到货。

（2）厂商无货或未送货。

（3）在台账图上存在的新品暂时没到货。

（4）未及时补货。

（5）虚库存等原因使系统库存与实际库存不符。

（6）未及时下单或未正确下单。

4）降低缺货的方法

库存量太高会产生很多不良后果，但是库存量太低，容易产生缺货等不良后果。美国P&G的调查数据显示，在缺货的总损失中，有53%是对零售店铺的影响：顾客离开，购买其他零售店铺的商品占31%；不再购买的占9%；延迟再次购买的占13%。造成商品缺货的主要原因是：顾客的集中购买；商品的特价等因素导致商品热销；缺乏补货支持信息系统，导致漏订、晚订和非最优批量订货；零售商与供应商之间缺乏诚信与沟通；零供双方的物流配送质量不能得到保障；店铺基础设施问题，例如货架过少、店铺后仓狭小，影响周转等；员工工作疏忽导致货架缺货。针对上述缺货现象，可以采用以下治理缺货的方法：

（1）应对季节性需求，提前准备充足货源。针对顾客的集中购买而导致店铺缺货的现象，经营者应该具有提前预判的能力，知道哪个季节、哪个节假日会畅销哪些商品。在换季等关键的时间点和时间段，经营者一定要提前精心准备，对一些热销可能性很大的商品要提前采购，可适当保证有额外的库存留着备用。"不打无准备之仗"是应对顾客集中购买的最有效方法。

（2）开展价格战时要关注库存。价格战在目前的专卖店经营中已是家常便饭。特价商品销售策略也经常能吸引很多顾客的光顾，但是商品特价也十分容易导致商品热销过度，造成专卖店在短期内出现"商品真空"现象，结果使没有买到商品的顾客愤愤不平。特价商品热销也只是起到在短期内刺激顾客消费的作用。因此，专卖店在准备特价商品销售之前，应该就特价商品销售计划做整体策划，在计划特价销售期间准备适当的库存，一旦发现特价商品即将售罄，应该马上停止特价销售活动。可见，准确计划特价商品销售的期限是解决缺货问题的关键所在。

（3）充分借助管理信息系统的力量。管理信息系统在专卖店经营中起着不可替代的作用。同样，缺货问题也往往是因为店铺缺乏补货支持信息系统的支持，导致漏订、晚订和非最优批量订货。在货架上安装无线射频识别（RFID）系统，一旦销售区的产品量低于底线，系统就会自动发出警报。此时，员工可以通过手持无线设备扫描商品货号，快速补货，店铺经营者可以向供应商快速发送缺货通知。

（4）加强店铺配套设施建设。加强店铺配套设施建设，应该是店铺建设之前就应该考虑的问题。事先规划，未雨绸缪，同样是解决缺货问题的有效方法。货架上的商品与标签标明的商品或规格型号要相符合，防止顾客的误买，后仓货品陈列规范，有利于店铺的补货。经营者在专卖店规划阶段，要综合考虑单品数，货架容积和后仓面积，避免为以后的运营带来明显的瓶颈。

（5）加强与供应商的合作，实现"双赢"。店铺经营者与供应商之间缺乏诚信与沟通，从而造成订单不能按时、准确地履行，也是店铺缺货的原因。零售商与供应商之间合作是双方实现"双赢"的唯一正确选择。

# 6.2　专卖店的盘点管理

### 6.2.1　盘点管理概述

**盘点**，是指定期或临时对库存商品的实际数量进行清查、清点的作业，即为了掌握货物的流动情况（入库、在库、出库的流动状况），对仓库现有物品的实际数量与保管账上记录的数量相核对，以便准确地掌握库存数量。盘点是对日常商品管理活动的大检阅，各种问题都会在盘点结果中显示出来，但大多数情况下店铺往往把盘点作为一项任务，而没有认真去分析原因，真正堵住店铺的管理漏洞。

1）盘点目的

盘点作业是一件非常重要的工作。它的基本目的主要有两个：一是控制存货，以指导专卖店日常经营业务；二是掌握损益，以便经营者真实地把握经营绩效，并及时采取防漏措施。具体地说，盘点作业可达到以下目的：

（1）确定商品的库存数量，并更正账面与实际不符的现象。

（2）督察商品管理的绩效，从而加以改善。

（3）确认专卖店在经营期间内的销售损益情况。

（4）掌握专卖店的存货水平、积压商品的状况。

（5）了解目前商品的存放位置与缺货情况。

（6）发现并清除专卖店已经到期商品、过期商品、残次品与滞销品等。

（7）环境整理并清除死角。

2）盘点的原则

为确保商品盘点的效率，在进行盘点时，应遵循以下原则：

（1）真实性原则。要求盘点所有的点数、资料必须真实，不允许作弊或弄虚作假以掩盖问题和失误。

（2）准确性原则。盘点过程要求准确无误，包括资料的输入、陈列的核查、盘点的点数，都必须确保正确。

（3）完整性原则。盘点流程，包括区域规划、盘点的原始资料、盘点点数都须确保完整，不能存在任何遗漏。

（4）清晰性原则。盘点过程为流水作业，不同的人负责不同的工作，所有资料必须清楚、书写必须规范，货物的整理必须整洁，才能顺利进行盘点。

（5）团队合作原则。为减少停业损失，缩短盘点时间，店铺经营者和店铺员工均需参加盘点工作。因此，各个部门必须有良好的配合协调意识，以大局为重，使整个盘点按计划进行。

### 6.2.2 商品盘点的流程和方法

1）商品盘点流程

专卖店盘点作业一般包含的步骤见表6-2。

表6-2　　　　　　　　　　　　　专卖店盘点步骤

| 盘点前 | 建立盘点计划，形成盘点簿 |
| --- | --- |
| | 整理计划盘点的品项 |
| 盘点中 | 营业员初盘 |
| | 店长和主管对盘点的商品进行3%左右的抽查 |
| | 盘点完成后在商品在线系统列出相关报表，做盘点差异对比和结果确认 |
| | 及时更新商品在线系统的账上库存 |
| | 保存盘点结果信息 |
| 盘点后 | 盘点结果报表存档 |
| | 店长、主管抽查部分单品的盘点准确率 |

（1）盘点准备。店铺经营者需向全店人员明确盘点的目的和工作程序，做到分工明确，责任到人，并且做好盘点用表，尽可能避免重复点数和遗漏等问题。

在开始盘点前，货架或柜台上应先补足盘点当天销售的商品，原则上盘点当天不再补货。仓库货品盘点一般在白天，货架或柜台商品盘点一般在当天晚上。

对于店铺来说，应准备好书面的标准程序，其还可做为培训材料之用。实物盘存的准备工作应包括以下几个方面：

①加以整理。把商品放置在它固有的位置上，以便于盘存。

②进行核对。按商品的编号和名称正式核对所有商品。

③订出细则。有关人员在盘存之前要重新学习盘存的方式和方法。

④搞好培训。教会有关人员正确使用秤、计数器和掌握相关的计量方法。

⑤建立班组。建立两人或两人以上的盘存班组，并规定有关盘点、核对和记录库存数量的职责。

实物盘点的次数通常是根据物品价值的大小和物品在公开市场上处理的难易程度来确定的。贵重或值钱的物品较一般库存物品，其盘点次数可能就要更多些。

（2）开始盘点。首先要记录当时的库存账面数量，以便于在输入实盘数后通过对比分析库存情况。

库存账面数=期初库存数+入项数量-出项数量

盘点作业正式开始前，首先分配盘点区域的责任人员，说明盘点工作的重要性，特别要告诫店员，动手清点的商品不单单是商品，而是金钱，应该以点钱的责任心来清点商品，不能有半点马虎。

①商品陈列区盘点作业要点。所有明确标示"不盘点"和贴有"赠品""自用品"标志的物品一律不盘点。应将本区域的散货送往特别区域。特别区域的商品，包括顾客退换货以及楼面发生的散货（即被顾客从正常陈列面拿到非正常陈列面位置的商品），在特别区域进行盘点。盘点人员两人为一组，一人点数，一人录入。采用相互交叉的盘点方法，初点与复点的人员不同，三点的人员与初点、复点的人员不同。商品的点数单位与销售单位一致，并且是每个陈列位分开点，不进行累加。商品盘点计数后，点数人员将数字书写在小张自粘贴纸上，贴在本商品的价签上。录入人员先输入区域编号，扫描商品，再按照小张自粘贴纸上的数字进行录入，不做任何改动。每录入一个数据后，立即将小张自粘贴纸撕毁（初点、复点、三点用不同颜色的小张自粘贴纸）。每次录入完一个位置的编号，必须检查是否所有的小张自粘贴纸的数据均已录入完成，有无遗漏。复点进行后，则进行抽点，记录抽点的数据，等待系统确认计数数据有无差异。归入待处理区域的所有商品一律不进行盘点。

②店铺库存区盘点作业要点。库存区域商品的盘存一般是两人为一组同时进行点数，如果所点商品的数目一样，则将此数字登记在盘点表上；如果两人的点数不一致，必须重新点数，直至相同。未拆的原包装箱不用拆箱盘点，只需记下数目，所有非原包装箱或已经开封的包装箱必须打开盘点。盘点表上的标签只记录该位置商品的品种，因此，盘点表上的数据应该是该商品在该位置的总数。

盘点的方向一般是先左后右、由上至下。遇到无标签的商品，盘点人员应先领取标签，现场盘点计数。遇到有标签无商品的，计数为零。库存区要分区盘点，完成一个区域的盘点后，再进行下一个区域的盘点。完成的盘点表，可以接受抽查人员进行数据抽查，抽查人员必须对散货、贵重物品、大宗商品进行重点抽点核对。盘点表数字的书写应清楚、规范，盘点表的页数应正确。盘点后用标识明确此商品是已经盘点的商品。盘点后所有的资料经过检查，符合完整、清楚、正确的标准，由盘点小组的人员将其封存交至经营者手中。

（3）盘点出实际盘数。在盘点商品数量时，货品不能再进出仓库和柜台，但是系统里要做入库、出库等操作，否则会造成人为的盘点差异，导致错误分析。

经营者必须将已发生而尚未进账的全部凭证登记入账。晚间停止营业后，在进行盘点前，店员应将当日的销售金额全部登记入账，与财会部门对好账目。检查和校正所用器具，检查价格标签是否与规定价格相符。整理好商品，残损的商品要单独存放。店铺不允许任何部门擅自出借、挪用和赊销商品。

（4）差异分析。在商品数量点数完成后可以开始进行差异分析，差异显示货品的盈亏数。

盈亏数=账面数-实盘数

盘点结束后调整库存。商品盘点的结果一般都是盘损，即实际值小于账面值，但只要盘损在合理范围内应视为正常。商品盘损的多少可表现出店内从业人员的管理水平及责任感，有必要对表现优异者予以奖励，对表现较差者予以处罚。一般的做法是事先确定一个盘损率。

盘损率=盘损金额÷（期初库存+本期进货）

当实际盘损率超过标准盘损率时，店铺负责人员要承担一定责任；反之，则予以奖励。

2）商品盘点表

专卖店盘点过程中需要使用盘点总计划及检查表、盘点品类分配及人员安排表、盘点录入计划表、监盘人员工作安排表、盘点预查更正表等多张表格。专卖店依循盘点计划确定要盘点的分类，盘点总计划及检查表见表6-3，盘点品类分配及人员安排表见表6-4，盘点录入计划表见表6-5，监盘人员工作安排表见表6-6，盘点预查更正表见表6-7。

表6-3            **盘点总计划及检查表**

专卖店：      盘点日期：      盘点负责人：

| 时间段 | | | 工作内容 | 责任人 | 落实情况 | 备注 |
|---|---|---|---|---|---|---|
| 盘点前 | 天起 | 天 | | | | |
| 盘点前 | 天起 | 天 | | | | |
| 盘点前 | 天起 | 天 | | | | |
| 盘点前 | 天起 | 天 | | | | |
| ⋮ | | | | | | |

表6-4            **盘点品类分配及人员安排表**

专卖店：      品类：      店长/主管：

| 序号 | 最小盘点品类编码 | 盘点表张数 | 初盘员 | 复盘员 | 盘点表复核员 | 备注 |
|---|---|---|---|---|---|---|
| | | | | | | |
| | | | | | | |

表6-5            **盘点录入计划表**

| 电脑编号 | 录入区域编码 | 录入员 | 复核员 | 备注 |
|---|---|---|---|---|
| | | | | |
| | | | | |

表6-6            **监盘人员工作安排表**

| 序号 | 监盘员 | 盘点区域编码及名称 | 初盘及复盘的人员 | 抽盘张数 | 差错数 | 备注（注明差错处理情况等） |
|---|---|---|---|---|---|---|
| | | | | | | |
| | | | | | | |

表6-7            **盘点预查更正表**

专卖店：    盘点日期：    查实日期：    编号：

| 商品编码 | 商品名称 | 原盘数量 | 实际数量 | 更正数量 | 更正原因 |
|---|---|---|---|---|---|
| | | | | | |
| | | | | | |

更正人：          主管/店长：

3）盘点人员的作业技巧

进行商品盘点是为了核对库存商品实际数量与账上的数量是否相符；查明超过保管期限、长期积压货物的实际品种、规格和数量，以便尽快处理；检查商品有无质量变化、残损等情况；检查库存货物数量的剩余或缺少的原因等。

（1）盘点人员的作业技巧。

①盘点人员盘点前应和填表人员分别在盘存表上签名。

②盘点人员对一个货架开始盘点前，先查看货架编号、盘存表号码、张数，让填表人员核对。

③盘点人员盘点时原则上应由左而右、由上而下，不得跳跃盘点。

④盘点人员盘点的顺序：针对同一商品可以按商品货号—商品名称—价格盘点。

⑤盘点人员在盘点中应特别注意角落，避免遗漏商品。

⑥盘点人员在盘点商品时，数量必须正确，不可马虎。

（2）商品盘点填表人员的作业技巧。

①填表人员拿起盘存表后，应注意是否有重复。

②填表人员盘点时，必须先核对货架编号。

③填表人员应复诵盘点人员所念的各项名称及数量。

④填表人员填写的内容的顺序为：商品编号—商品名称—单位数量。

⑤对于某些内容已预先填写的盘存表，应确认货号、品名、单位、金额等核对无误后，再将盘点人员所盘点出的数量填入盘存表。

⑥如果第⑤条填写的商品盘点时已无存货，则在本数量栏内填"0"。

⑦盘存表只可填写到指定的行数，指定行数以后留做更正用。

⑧数字的填写必须正确清楚，绝对不可涂改。对于写错需更正的行次，必须用直尺划去，并在审核栏写"更正于第×行"，然后签字确认。

（3）商品盘点抽查人员的作业技巧。

①抽查人员应先了解盘存货架的位置、商品陈列情形以及其他知识。

②抽查人员应在建立抽查组织后，配合抽查组织进行盘存的抽查工作。

③抽查人员检查已盘点完成的货架商品，核对其货号、品名、单位、金额及数量是否按规定填写。

④抽查人员检查更正处是否按照规定处理，检查进行盘存的各组是否有签名。

⑤抽查人员抽点盘点完成的商品是否与盘存表上的记载相符，若发现盘点数量不符，应立即通知原盘存组人员更正。

⑥抽查人员抽点的商品如正确无误，则在该行的审核栏内打"√"。

⑦抽查人员抽查的重点，应为金额大、单价高、容易出错的商品，并以每张都抽查为原则，抽查的比例为每张约30%。

⑧抽查人员对每张盘点表进行抽查后，应在抽查员栏签名。

⑨抽查人员抽查后，应向经营者报告有关抽查时所发现的优缺点，经营者再综合各抽查人员意见，将优缺点填入盘存综合抽查报告表内。

### 6.2.3　商品盘亏的原因分析

盘亏是盘点后存货的账面结存数大于实际结存数的情况。专卖店在生产经营过程中除正常损失外，因自然灾害、管理不善等原因也会造成货物的损毁。专卖店的存货品种多，收发频繁。在日常的存货收发、保管过程中，由于种种原因，如计量错误、检验疏忽、管理不善、自然损耗、核算错误、偷窃、贪污等，会发生存货的盘亏和毁损情况，造成存货账实不符。为了保证专卖店盘点后做到账实相符，专卖店必须对存货进行定期或不定期的清查，确定专卖店各种存货的实际库存量，并与账面记录核对，查明存货盘盈、盘亏和毁损的数量及原因，并编制存货盘点报告单。

1）操作不当导致盘亏的原因分析

（1）单据未及时录入或录入错误产生系统库存数差异。

（2）防损意识薄弱对高价值、高库存商品的敏感度不够，因内、外盗窃等因素导致体积小、价值高的商品流失较为严重，如存在着员工私藏货品等。

（3）店铺未认识到商品串收串卖的严重性，错误地认为商品名称相同、品牌相同不会造成与供应商之间的结算错误。

（4）盘点人员业务技能和专业知识欠缺，对《盘点流程》不够明确，漏盘商品，如漏盘模特身上的货品，货架缝隙间有滑落的货品，盘点期间的销售没有及时登记。

（5）欠缺对于盘亏原因的查询，盘点前、中、后缺乏检查监督机制。

（6）盘点人员未按《盘点流程》进行复盘。

2）供应商送货时，对商品的验收不仔细

（1）商品品名、数量、重量、价格、有效期限、品质、等级、规格、包装、单位、质量与标准或订单不符；发票金额与验收金额不符，未验收或未入库。

（2）赠品、折扣与合同不符。

（3）供应商的欺诈行为，如厂商套号，以低价商品冒充高价商品。

（4）员工与供应商勾结导致损耗。

（5）未严格按收货标准验货，含有水分。

（6）生鲜商品送货不及时，收货时间过长，导致商品"鲜度"降低。

（7）对厂商管理不严，出入时厂商带走商品。

（8）需要使用叉车收货时，叉车等设备没有安全操作，损坏商品。

（9）漏记进货账款或进货重复登记，收货数据录入错误。

（10）入库商品条码贴错。

3）在日常工作中缺少对库存商品的跟进及调整

（1）顾客换货，收银人员不及时调账。

（2）仓库货品摆放混乱，同款不集中。

（3）收银员销售不细心，导致录入系统错误。

（4）团购账务登记不清晰，无明细。

（5）员工看货意识较差，导致商品丢失等。

### 6.2.4　商品负库存的原因分析

**负库存**是指系统中的或账面上的商品或物料数量小于实际库存数量，也就相当于**盘盈**。对于负库存问题，零售店铺应当在日常经营管理中严加防范，防患于未然，进而使信息系统所统计汇总的数据起到真正的经营和管理作用。系统出现负库存的原因，可大致分为三类：

1）信息滞后

（1）无订单收货。店铺在验收某些紧急订单商品时，没有收到订单，同时系统也不支持无订单验收商品，就会出现商品已经在店铺先上架销售，而系统后台数据没有入账的现象。要解决此问题，应在系统中立即录入接收的紧急订单的商品；同时，第一时间及时补下商品的订单，以保证店铺商品库存的准确性。

（2）库存调整单录入延迟。店铺的商品盘点等工作需要调整商品库存，而由于种种原因，商品库存调整信息没有录入系统，系统库存将会一直呈现不准确的数据。对于这些需要调整的库存商品信息，应在店铺系统中及时录入，并在系统中反映出系统库存信息的变动。

（3）系统故障。专卖店的信息系统会出现一些系统故障，导致信息中心日结不成功，当日的商品销售信息不能进入系统。

2）突发异常型

（1）店铺自用的商品参与盘点。店铺的自用材料（例如水杯、扫把等）被盘点人员盘点，造成商品虚库存，即盘盈。

（2）遗漏粘贴，店内码错误。店铺的有些商品需要粘贴店内条码，如果因工作失误没有粘贴条码就进行销售，就会出现销售前台的POS收款机按照原商品的条形码进行销售，发生原商品成为负库存，而应当粘贴店内码的商品未销售。

避免此类事情发生的措施是：首先，店铺收货时对应当粘贴店内条码的商品，必须粘贴店内条码然后验收入库。其次，对于店铺自营或者需要二次组合包装销售的商品，贴码工作可以放在从仓库出库前做好，做到不贴条码不出库。

（3）称重条码有误。对于店铺的经营范围包括散装商品或其他生鲜的称重商品，有时候会出现称重商品PLU（Price Look-up，商品价格检索及商品名）编号混乱或者重码的现象，进而导致商品的系统信息与电子秤信息不相符，称重商品销售混乱，商品库存出现差异。另外，有时也会出现电子秤工作人员录错商品PLU编号的现象，导致称重商品销售出错。这种错误在收银台扫描时很难发现，于是便出现了负库存。

出现这种情况时，必须从源头加以杜绝，采购人员在样品资料登录时就要综合检查，而在店铺，必须通过对错码、重码商品进行汇总、记录、标识，再进入店铺系统进行资料变更或修改。最好是将现存错码、重码商品汇总成清单交收银员与陈列人员各一份便于提醒。由于称重商品的条码输入人员粗心大意或未按工作流程操作所致的现象，建议对电子秤操作人员实施定时责任分工，对可以推测属于该类责任问题时必须实施明确的处罚。通过"报表查询"中的"销售流水清单"可以确认发生负库存单品的时间、收银员工号或称重时间，从而找出该时间的电子秤操作人员，确认责任人并要求责任人负责因此造成的销售亏损金额。通过此操作可以大大加强电子秤操作人员的责任心和准确率。

（4）组合销售产品。专卖店经常会为了促销商品而将一些商品组合销售或者捆绑销售，对于捆绑销售的商品实行单独贴店内码销售的方式，并将原有不用的条码用空白条码纸粘贴覆盖，从而解决这一问题。

（5）不同规格的商品销售混乱。店铺的商品有些是单个销售的，有些是整箱销售的。收银员误将整箱商品的条码当成单个商品的条码进行扫描，而产生错误。对于这一部分商品的处理方式是：明确界定两种商品的条码，让收银员熟悉这些商品的条码。

（6）验收错误。供应商发货时误将单据填错，而店铺在验收时也没有查验出来，从而导致负库存的产生。另外，商品原始包装出现错误，将多个不同的商品装入一个包装箱内，在店铺验收时也未发现，从而入库后出现库存不准，便出现了负库存。对于这种问题的解决方法是：在收货时，加强对于验收货的二次验收管理，验收人员在拆箱上货时还要注意箱内是否完全是一种商品，发现有问题时应立即核对系统，尽量杜绝此类事件的发生，提高商品验收的准确性；订货下订单时，需要参考营业现场的信息反馈和后台的电脑店铺库存的两方面结果，以避免重复要货或长期断货的现象发生。

（7）退货或者返厂错误。店铺的某些商品退货给供应商时，有时会出现商品退货有误，尤其是一些残损商品由于管理不善，已无法判断商品的属性，导致商品的退换货错误，商品返厂单的数量填写有误，进而影响到商品系统库存的准确性。为了避免错误，应对退换货商品妥善保管，准确记录，验收出库的时候要有多人检查，以免出错。

（8）顾客退换货出错。顾客到店铺退换货时，工作人员对于商品不是很熟悉，出现退换的商品错退或错换，也会影响到商品库存的准确性。有些店铺在顾客退换货时会出现退货的是 A 商品，结果系统录入退货 B 商品，这种情况一般是商品的销售小票丢失、店铺判断商品不准确导致的。对于这种情况，店铺要求顾客退换商品时必须持有商品销售小票，同时还需要店铺确认商品之后再办理商品的退换货作业，以避免商品的退换货错误。

3）盘点错误

负库存问题几乎是零售店铺的孪生姐妹，杜绝负库存几乎不可能。产生负库存的原因很多，盘点就是负库存的主要原因之一。生鲜、散装商品出现负库存的情况非常多见，其主要原因是对加工类商品进行盘点时，核算的方法不一致。而零售店铺应用的软件不能完全符合实际操作的要求也导致了负库存的出现，系统中往往设置了一些严密的环节，但在实际操作中往往达不到这样的管理要求，导致系统的运行效果不甚理想。因此，零售软件开发者在开发和完善零售软件时，应该多加思考，多从用户实际操作的角度出发，真正贯彻以人为本的开发思路，使开发出来的软件更加符合店铺的实际需求，真正降低负库存。

## 单元小结

专卖店之间的竞争包括商品质量、价格等方面的竞争，更包括库存管理的竞争。通过对库存进行管理，降低库存，可以间接提高专卖店的利润率。商品库存管理活动的内容主要有商品品类管理、对商品库存实行定额控制、商品存放的管理等几个方面。存货有良性存货和恶性存货两种。良性存货即为专卖店的正常运营而储存的货品，这些货品可以在限定时间内转换为资金。良性存货是提高卖场销售业绩的重要一环。恶性存货是存货过剩的产物。造成存货过剩的原因有很多，但基本上都属于人为因素。因此，在日常经营中要细心地做好商品的存货管理，提早做处理，探求降价的原因。缺货是连锁专卖店最大的敌人,专卖店在经营过程中也会出现低库存甚至商品缺货的现象,专卖店要对商品短缺的原因进行分析,降低因商品短缺对专卖店造成的损失。

盘点是对日常商品管理活动的大检阅,是定期或临时对库存商品的实际数量进行清查、清点的作业。盘点是一个琐碎而复杂的作业。因此,店铺要按照盘点流程来进行盘点。专卖店盘点的结果很少会出现刚好盘平的情况,而是会出现盘亏或盘盈的现象。存货盘亏是盘点后存货的账面结存数大于实际结存数的情况。盘盈是指系统中的或账面上的商品或物料数量小于实际库存数量,也就是所谓的负库存。对店铺来说,不管是盘亏还是盘盈,都反映了商品管理的缺陷,要找到原因,真正降低盘亏额和盘盈额,提升店铺商品管理水平。

## 主要概念

恶性库存　盘点　盘亏　负库存

## 单元测试

□ 简答题

1.专卖店商品库存管理的内容有哪些?

2.如何对专卖店恶性库存进行管理?

3.空缺商品如何拉排面?

4.商品盘亏的原因有哪些?

5.什么叫负库存?商品出现负库存的原因有哪些?

□ 实训题

### 实训项目1:库存差异处理方法

下列为专卖店产生库存差异的原因,针对产生库存差异的原因进行分析,你认为专卖店下一步应该选择什么样的行动计划?请对库存差异的原因进行分析,根据提供的a、b、c、d、e、f等行动计划,选择合适的下一步行动计划。

产生库存差异的原因有:

A.商品进行大量陈列,在销售过程中导致品质变差,对其做清仓报废处理。盘点时报废商品又转化为待盘点商品,导致库存量加大;

B.两件商品串号销售;

C.盘点错误;

D.内部员工偷盗;

E.商品收货时未按标准作业流程操作;

F.商品过期;

G.坏品,破包,无法销售。

可以采取的下一步行动计划有:

a.及时进行商品条码的调整;

b.根据实际销售,合理订货;

c.加强防盗;

d.加强收货管理；

e.加强员工责任心；

f.及时检查商品保质期。

### 实训项目2：紧急撤柜与下架商品的处理

专卖店商品在紧急撤柜商品下架后，排面如何处理？紧急撤柜商品下架后，在后仓如何摆放？下架商品的处理可以选择下列方法吗？

A.对商品进行报废处理，总部的采购部门按下架商品平均成本的一定百分比进行商品补偿。

B.供应商至专卖店换货。

C.供应商至专卖店领取退货。

D.先在专卖店封存，等总部通知再恢复上架。

# 专卖店的绩效评估与人员管理

## 学习目标

通过本单元的学习，掌握专卖店绩效评估项目；能够对专卖店进行损益预算；了解专卖店的机构设置和人员配置；理解专卖店的人员管理；了解专卖店如何留人。

## 单元框架

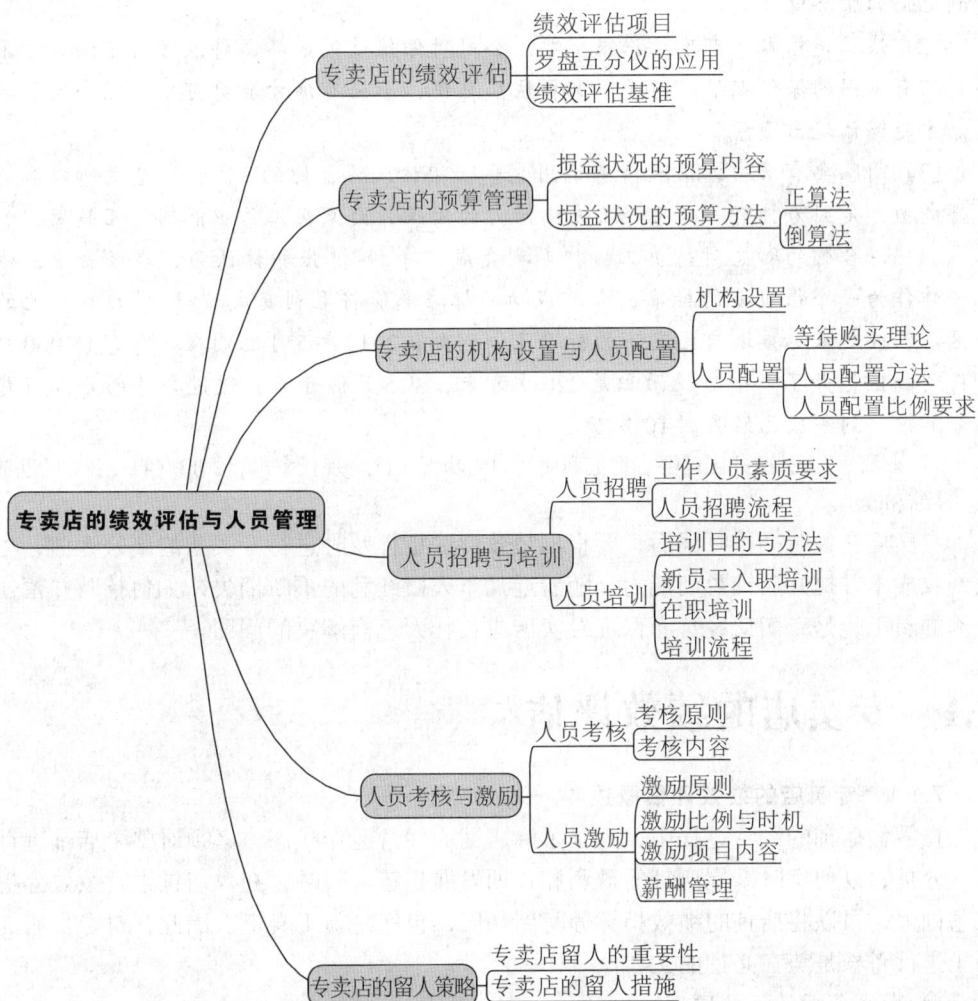

**【引例】**

## 社区店的核心经营理念

三河市聚龙电器有限公司是燕郊一家以社区店为主要发展模式的企业，公司成立于2009年，目前在燕郊开有3家社区店，每家店的面积在200平方米左右，他们的门店都选在有15 000～20 000户居民的大型社区中，共有员工20余人，平均年龄只有27岁，2012年销售规模为1 000多万元，是专注于社区的零售企业。

回顾本公司的发展史，总经理张印林认为，做社区店，最为核心的主要就是以下几个方面：

（1）产品是赠品，服务才是产品。张印林认为，开在社区边上的零售店，产品都是赠品，服务才是他们销售的产品。所以，他的专卖店，能够做到顾客随叫随到，从顾客打电话过来最多15分钟就能上门服务。在社区内，他们与物业公司形成良好的合作，让广告渗透得比较深，每栋楼的电梯门上都有他们的楼层贴，住户随处都可以看到他们的服务电话。

（2）诚信是根本，有度承诺很重要。公司对保值政策依品类特点进行了细分，不同产品有不同的保值期限。对于一家社区店来讲，承诺有度才会更可信，贴合实际的承诺才能够体现出诚意。

（3）团队要有活力，用激情感染用户。张印林认为，他的3家社区店之所以能够开得成功，是因为拥有一只年轻又充满活力的团队，大家在工作中能够相互鼓励。

（4）以合作的心态对待员工，把毛利变成"净利"。张印林认为，在经营中，他把合作作为一个很重要的标准，合作成功的标准是能将毛利变成"净利"。目前他的社区店已经越来越接近自己定下的标准了。例如，2012年5月他们在一个有15 000户居民的社区边开了一个店，面积是220平方米，从5月份开业，通过合作的方式将费用分解掉，到年底已经盈利10多万元。

资料来源　连晓卫.社区店要有把毛利变净利的功夫［J］．现代家电，2013（4）.引文经过节选、压缩和改编。

专卖店在经营一段时间后，要根据绩效评估指标及时进行专卖店的绩效评估，尽快回收成本并提升店铺盈利能力。随着近几年人口红利的不断消失，如何招聘并留住优秀的员工也是专卖店经营者保证专卖店成长壮大急需解决的问题。

# 7.1　专卖店的绩效评估

### 7.1.1　专卖店的绩效评估概述

在零售店铺的经营过程中，为了了解店铺的经营运作状态，必须对整个店铺进行绩效分析，以便实时掌握店铺的盈利和长期发展趋势。同时，在对店铺进行绩效分析的基础上，可以将店铺的绩效指标分配到基层，也就是员工身上。因此，对专卖店的员工进行考核是势在必行的工作。

1）专卖店绩效评估项目

专卖店绩效评估的项目，是用来衡量专卖店经营绩效的关键因素，也是衡量服务品质及成果的重要指标。绩效项目的评估必须容易理解且计算方式固定，并能反映实际，不受外部条件的影响。常用的绩效评估项目有以下几项：

（1）营业数量。零售业的营业数量的增加不一定是利润的增加，销售数量和销售价格成反比，如果折扣大，营业数量虽然增加了，但是利润还是很低，有时绩效反而不如折扣较低的较少的营业数量。

（2）营业额。营业额是指"销售商品"或"提供劳务"取得的收入额，即营业收入。零售店铺的销售额=销售量×平均销售价格。营业额＝主营业务收入+其他业务收入。主营业务收入是销售额的其中一部分。营业额通常会依不同的时间来记录，比如每日、每周、每月、每季或每年的营业额。

（3）利润额。利润额一般指毛利额、净利额。毛利额指营业额扣除成本费用后的税前金额，这一评估项目虽然比较偏财务方面，但也是营运中追求的重要指标。

主营业务毛利=主营业务收入-主营业务成本

主营业务利润=主营业务收入-主营业务成本-主营业务税金及附加

营业利润=主营业务利润+其他业务利润-销售费用-管理费用-财务费用

利润总额=营业利润+投资收益+补贴收入+营业外收入-营业外支出

净利润=利润总额-所得税费用

营业外支出不属于生产经营费用，但其是应从实现的利润总额中扣除的支出，包括固定资产盘亏、报废等。营业外收入包括捐赠利得等。

（4）费用额。与营运绩效关系最直接的就是销售费用，指维持运作所耗的资金及成本，一般包括租金、折旧、员工工资等，一个高营业额的专卖店，如果销售费用也高，就会抵消它的利润。

（5）增长率。增长率是本期数据相对历史数据的增长数与历史数据的比较，实际工作中上常与去年同期的数据相比较，比如营业额增长率，市场占有率增长率，重要商品种类、销售量、销售额的增长率等。

（6）业绩达成率。一般专卖店都会在新年度开始前，制定不同的营业目标，实际销售额与预定目标的比例即为达成率，由达成率可以知道实际的销售完成情况。

（7）空间效益。空间效益是将营业额除以单位面积，此项目可看出每单位空间所提供的效益。一般来说，小面积的专卖店效益会比较高，例如百货公司内的专卖店。所以，此项仅为参考，不能作为主要的绩效评估项目。

（8）员工贡献效益。营业额除以员工人数，由此可以看出每位员工的平均绩效。但这不是客观而公平的。

（9）商品效率。商品效率指退货率、损坏率、商品回转率、平均库存等与商品有关的绩效项目，商品效率虽然和营运是间接关联，但是可以由这些评估项目审核营运的品质。

（10）出陈比例。其是指由自己的工厂或商品供应厂商所送的商品量与预计商品量的比例。出陈比例低会影响正常的营运绩效。

（11）销售分析资料。其主要包括来店顾客数、平均客单价及时段营业额等的店铺销售资料。

2）罗盘五分仪在专卖店管理中的应用

**罗盘五分仪**是一种零售店铺惯用的绩效考核标准，把管理型员工比作罗盘，从以下五个方面对员工进行考核：第一，财务，经济是上层建筑的基础。第二，业绩，这是对营销能力的考核。第三，库存，这是对产品运作手段与速度的考核。第四，人员，如果连和自己的员工或者同事的关系都处不好，想有大作为就很难。第五，服务，根据消费者的投诉和评价进行考核。

同样，罗盘五分仪也能用于对整个专卖店的绩效考核，以确保专卖店的正常运营。任何绩效不在允许的偏差范围内，"交通灯"都会改变颜色，专卖店应根据不同的状况采取相应的行为应对。红灯：考核结果超过了预先定义的偏差限度，应采取紧急行动来应对。黄灯：考核结果接近警戒线，建议严格监控。绿灯：考核结果在预定目标范围之内。蓝灯：考核结果超过偏差限度，但是朝着对专卖店有益的方向，需调查原因。

对整个专卖店的考核主要包括顾客、财务、员工、营运、社区。

表7-1为某专卖店罗盘五分仪考核的内容及相应的亮灯情况。

表7-1　　　　　　　　　　　　　罗盘五分仪考核内容

| 考核项目 | 具体内容 | 考核项目 | 具体内容 |
|---|---|---|---|
| 顾客 | 食品安全和店铺卫生审核分数（黄灯） | 员工 | 员工培训时数（蓝灯） |
| | 结账排队的人数（绿灯） | | 在职期小于12个月的员工离职率（蓝灯） |
| | 货架架标的正确性（绿灯） | | 员工发展（蓝灯） |
| | 商品的空缺率（蓝灯） | | 员工满意度（蓝灯） |
| | 会员消费占比（黄灯） | | 主管到位率（绿灯） |
| | 神秘顾客考核结果（蓝灯） | 营运 | 专卖店的标准化（绿灯） |
| 财务 | 销售业绩（红灯） | | 未知损耗（蓝灯） |
| | 薪资费用（红灯） | | 已知损耗（红灯） |
| | 专卖店费用（绿灯） | | 审计审核分数（绿灯） |
| | 净利润（红灯） | | 不含专柜的商品库存天数（红灯） |
| 社区 | 媒体负面报道（绿灯） | | |

### 7.1.2　专卖店的绩效评估基准

（1）具有挑战性而且可以达成。具有挑战性的绩效标准，一方面可以配合营业竞赛激励员工达成；另一方面可激发员工的潜力增加绩效。绩效标准必须是员工的能力所能达成的，达不到的标准除了没有意义外还会削弱员工的士气，产生负面效应。

（2）经过经营者及执行者双方同意。绩效标准必须经过经营者和店铺员工的共同调整，没有经过双方同意的绩效标准会减弱它的效果。由经营者所提议的绩效标准不一定能考虑到店铺员工的能力，而店铺员工的意见则容易忽略执行细节与实施的困难，所以一定要综合双方的意见，寻求兼顾双方的平衡点。

（3）具体而且可以评估衡量。绩效标准必须能加以数量化，无法数量化的标准在审核时会引起不必要的困扰及争端，如果衡量标准是以个人意见或经验来衡量，结果会因为不容易计算而使员工产生不满或困扰的情绪。

（4）具有明确的期间限制。绩效标准应该附带明确的记录期间，以便评估审核，比如以每个月的销售额作为绩效评估的标准，一方面可以与以前同时期的数据进行比较，另一方面也可以对未来同时期的绩效预估进行调整。

（5）可以调整。绩效标准必须能配合改变进行适当的调整，例如针对新通路的扩展，原有的绩效标准必须能配合新通路的特性，绝不能采用不可能调整的绩效标准。

（6）简单易懂、便于计算。如果牵涉奖金，则必须有一个可计算的公式，以减少因为计算困难所产生的纠纷。

（7）有助于持续性改善。对下一次的评估必须要有对比的效果，这样才有意义。如果没有持续比较的功能，只能适用于特殊事件，并不适合一般的营运绩效标准。

### 7.1.3 专卖店月均净利额的计算

某加盟商在百货公司选址后，合作经营租了一间专柜，开设了一家专卖店。该店铺的营运数据资料如下：平均月销售额为351 000元，销售商品的平均毛利率为60%，在经营过程中，专卖店需向百货公司缴纳专柜扣点20%，该专卖店店员工每月总薪金加佣金合计10 000元，其他营运费用月均10 000元，该店装修总投入240 000元，在财务角度按2年分摊，另外每月在陈列品及宣传上的费用为3 000元，我们可以估算该店铺的月均净利额。

该专卖店的平均月毛利=351 000×0.6=210 600（元）

月均净利额=210 600−351 000×0.2−10 000−10 000−240 000÷24−3 000=107 400（元）

# 7.2 专卖店的预算管理

### 7.2.1 损益状况的预算内容

开一家专卖店，为了做到有的放矢，心中有数，要对可预见的一定期间（一般为一年）的经营、效益状况进行科学的预算，以此来考察和发现专卖店开办中可能存在的问题，以便加以改进和调整。在此基础上经反复论证后，调整专卖店经营目标，作为考核专卖店未来业绩的基准。

专卖店的损益表就是通过对专卖店的收入和支出的预算，计算出收入与支出的差额，这个差额就是损益。预算的项目都以现行的损益表为框架，其主要项目有：

1）营业收入和毛利率

营业收入是专卖店收入的主体，也是专卖店效益的来源。营业收入一般指销售收入，有的还包括劳务性收入。毛利率是指营业收入减去营业成本的差额占营业收入的百分比。毛利率越高专卖店的利润才越多，毛利率是专卖店利润率的前提。经营管理费用，即专卖店的各项支出，在收入既定的条件下费用越高则利润越低。费用率是指各项费用占营业收入的百分比，费用率与利润率成反比。

2）利润总额和净利润

利润总额减去向国家缴纳的所得税之后，形成专卖店最后的经营成果，即专卖店净利润。净利润占营业收入总额的百分比，称为净利润率。

### 7.2.2　损益状况的预算方法

预算专卖店未来一定期间（一般为一年）的经营损益状况常用的方法主要有两种：

1）正算法

正算法是指先预计营业收入总额，在此基础上推算毛利额，再减去预计的经营管理费用，最后测算出当期的利润（或亏损）总额。由于它是先从大的营业收入算起，到最后得出损益状况，简称这种算法为正算法。

下面以某一专卖店为例，预计其一年期间的营业收入及收益状况。

（1）预测营业收入总额。

某店铺设在社区的商业街，面积为130m²，计划经营包装食品和日常生活用品，1 000~1 500个品种。对全年营业收入的推算依据是：全社区有居民1 200户，平均每户2.8人，约3 360人。居民以中高收入阶层为主，人口构成老年族占15%，中青年上班族占60%，儿童、青少年、学生约占25%。年均每人每月在该店铺的可能消费支出预计为30元，共计约100 800元，再加上过路人及其他方面的购买，该店的月营业收入在100 000~110 000元之间，该专卖店全年营业，节假日不休，推算全年营业收入额在1 200 000~1 320 000元之间，取中间数预计为1 260 000元。

（2）推算销售毛利额。营业收入总额扣除营业成本（商品进价及进货费用）和商品销售税金及附加（指商品销售增值税、城建税及教育费附加），就是毛利额。依据专卖店经营实际，长期形成的毛利率大多在30%~40%，此处按35%计算毛利额为：

毛利额=1 260 000×35% = 441 000（元）

（3）预计经营管理费用。店铺的经营管理费用，如果细分还可分为销售费用和管理费用。销售费用主要指运输搬运费、包装费、保险费、广告费、进货费、房租费、水电费、工资等；管理费用则主要指设备折旧、房产折旧、电话费、招待费用等管理方面的费用。店铺费用的主要项目如下：

①人员工资。人员4人，每人每月工资及各项奖金平均为4 000元。

4 000×4×12 = 192 000（元）

②房屋租金及采暖费用，全年预计为68 000元。

③低值易耗品及设备摊销费，全年预计为12 000元。

④日常专卖店管理费，包括年检、工商管理、专卖店日常办公用品费用等为10 000元。

⑤保险费，约8 000元。

⑥广告费，约10 000元。

⑦社区服务、公关费用4 000元。

⑧水电费每月600元，全年7 200元。

⑨信息处理、会计数据整理等费用，每月1 600元，全年19 200元。

⑩银行转账费用1 600元。

⑪其他费用，如卫生、慰问、救济等4 000元。

（4）预计全部费用总额。预计全部费用总额为336 000元，占营业收入总额的26.67%。

经营管理费用率=336 000÷1 260 000×100% = 26.67%

（5）预计利润总额。毛利额减去费用后即为利润总额。

利润总额= 441 000–336 000 = 105 000（元）

利润率=105 000÷1 260 000×100%=8.33%

（6）推算净利润。在利润总额中减去专卖店所得税就是专卖店净利润。查账征收纳税人应纳税所得额：收入总额–（成本＋费用＋损失＋准予扣除的税金）–规定的费用减除标准。

2019年，个体工商户的生产、经营所得和对企事业单位的承包经营、承租经营所得不超过30 000元的按5%缴纳所得税，超过30 000元到90 000元的部分按10%缴纳所得税，超过90 000元至300 000元的部分按20%缴纳所得税，超过300 000元至500 000元的部分按30%缴纳所得税，超过500 000元的部分按35%缴纳所得税。具体纳税等级及对应税率见表7-2。

表7-2　　　　　　　　　　**2019年个体工商户个人所得税税率表**

| 级数 | 全年应纳税所得额 | 税率 | 速算扣除数 |
|---|---|---|---|
| 1 | 不超过30 000元 | 5% | 0 |
| 2 | 超过30 000元至90 000元的部分 | 10% | 1 500 |
| 3 | 超过90 000元至300 000元的部分 | 20% | 10 500 |
| 4 | 超过300 000元至500 000元的部分 | 30% | 40 500 |
| 5 | 超过500 000元的部分 | 35% | 65 500 |

本专卖店的应纳税所得额为105 000元。

净利润=105 000–（30 000×5%+60 000×10%+15 000×20%）=105 000–10 500=94 500（元）

或者利用速算扣除数计算全年应纳税款：

全年应纳税款=全年应纳税所得额×税率–速算扣除数

全年应纳税款=105 000×20%–10 500=10 500（元）

净利润=105 000–10 500=94 500（元）

净利润率=94 500÷1 260 000×100%=7.5%

2）倒算法

倒算法，也叫倒推法，是指先确定专卖店目标利润额，按目标利润率倒推营业收入额及经营管理费用额。这种方法比较简单，主要以目标利润额为依据，测算各项损益项目，以它来确定专卖店经营的基本要求，如果不能保证目标利润的实现，则专卖店的创办和经营没有意义，也就不可能作投入准备。倒算法的基本步骤为：

（1）确定目标利润总额。根据投资的平均报酬率和投资行业的平均利润率来加以确定。如果低于平均收益水平，就要考虑是否进行此项投资活动。现实投资零售行业的报酬率一般为5%~8%，经营得好的，利润率可达10%~12%。设某专卖店的目标利润为50 000元，设总利润率为5%。

（2）推算营业收入额。以目标利润额及总利润率倒算营业收入额。

营业收入预计额=50 000÷5% = 1 000 000（元）

如要预计净利润，则按利润总额乘以相应专卖店所得税税率得出专卖店所得税税额，利润总额扣减专卖店所得税税额之后即为专卖店净利润。

专卖店净利润=50 000-（30 000×5%+20 000×10%）=46 500 （元）

（3）倒算毛利额及经营管理费用额。如按店铺的一般毛利率30%推算毛利额。

预计的毛利额=1 000 000×30%=300 000 （元）

费用额是在毛利额减去利润总额后倒推算出的。

预计的费用额=300 000-46 500=253 500 （元）

预计费用率=253 500÷1 000 000×100%=25.35%

通过分析对照取得可靠的依据，便于最后作出决策。

# 7.3 专卖店的机构设置与人员配置

### 7.3.1 专卖店机构设置

1）专卖店的工作特点

（1）人手少，工种多，要有很强的工作适应性。一家专卖店，营业面积大多在 $100m^2 \sim 200m^2$，人员多为4~6人，营业时间长，同时在班的人员多为2~3人。作为一个专卖店，"麻雀虽小，但肝胆俱全"，各个工序都有，订货、验收、定价、打码、上架、销售、收银、整理、清洁等工序都不可少。这就要求专卖店的员工要有多方面的技能：能促销、会收银，还能参与商店管理，对各岗位有很好的可替代性，成为一个多面手。

（2）环节多、事务杂，要具有较广泛的知识。专卖店的业务环节齐全，从购、销、存、退，到整理、收银、补货、货款结账、销售、统计、毛利计算、税金交纳、客户沟通、供应商联系等，员工都要有所了解，掌握相关的知识。

（3）任务重，各方牵涉多，要求有独立解决问题的能力。专卖店的员工，不论是经营者还是营业人员，既要为顾客服务，又要维持商店的正常经营并有所赢利；可是专卖店处于各方（工商、税务、社区）监督、各方利益碰撞的条件下，既要平衡各方利益，维护商店的权益，又要调节各方关系，作好自律，促使员工团队必须团结合作、忠于职守、尽心尽力，要求有较好的职业道德和人格修养。

2）专卖店的组织机构

专卖店的组织机构受投资形态的影响，一般有这样几种：一是由投资人独自开办专卖店，又分为只开办一家店，或者是同时办有几个分店，形成连锁经营。二是由店主投资参加专卖店公司的连锁经营，或者是加盟店。三是大型专卖店公司直营的连锁分支店。不同的投资主体，就决定了各种店的管理机构有不同的设置。

（1）由投资人独自开办的专卖店的组织机构。由投资人独自开办的专卖店的组织机构有两种：一种是由店主直接组织管理，自任经理、下设助理（或店长）、营业员、收银员等；另一种是设有分店，店主任经理，下设助理，按分店设店长及店长助理、营业人员等。具体组织结构图如7-1所示。

```
                              店主
                             （经理）
                               │
                         ┌──────────┐
                       经理助理
                         │
              ┌──────────┼──────────┬──────────┐
   店主      店长                   店长        店长
  （经理）    │                     │          │
    │     ┌──┴───┐            ┌──┴───┐    ┌──┴───┐
  经理助理  店长助理            店长助理    店长助理
    │       │                   │          │
 ┌──┴──┐ ┌──┴──┐            ┌──┴──┐    ┌──┴──┐
营业员 收银员 营业员 收银员  营业员 收银员 营业员 收银员
```

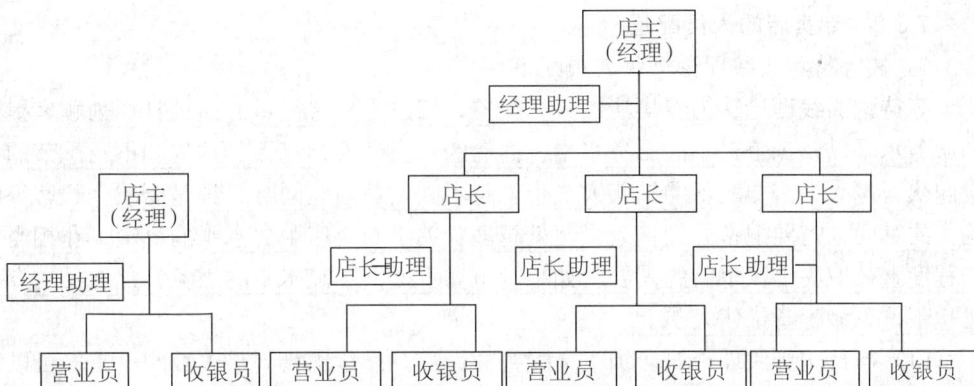

**图7-1　独自开办的专卖店的组织机构图**

（2）由店主投资开办专卖店公司的加盟连锁店的组织机构。这种店一般由店主任经理、下设店长，如需要可设助理，执行公司有关连锁业务规范。再下设营业员、收银员等。因店小，也可统称营业员，各种业务统筹兼顾。具体组织结构图如7-2所示。

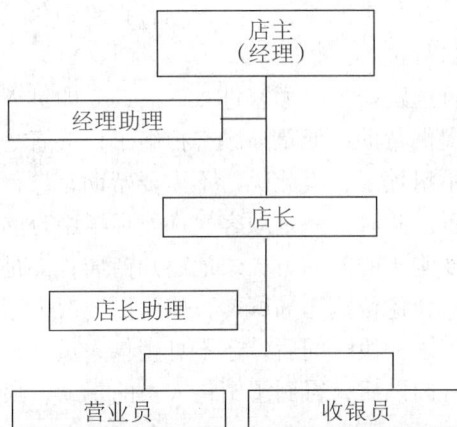

```
              店主
             （经理）
               │
          ┌────┘
        经理助理
          │
          └────┐
             店长
               │
          ┌────┘
        店长助理
          │
      ┌───┴────┐
    营业员    收银员
```

**图7-2　开办加盟连锁的专卖店的组织机构**

（3）大型专卖店公司设立的直营连锁店。这种店由公司直接投资直接管理，店长由公司委派，店内机构及人员岗位均按公司统一规范设置，全部执行公司有关规章和制度。具体组织结构图如7-3所示。

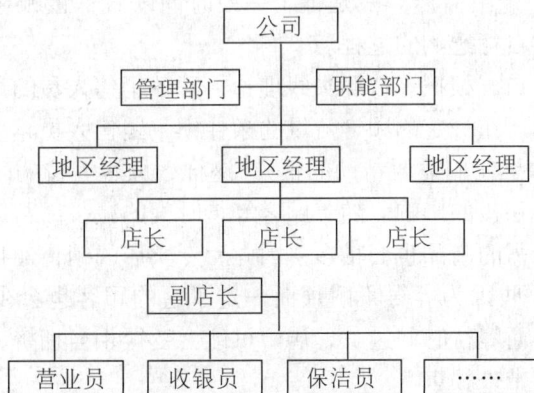

```
                     公司
                      │
           ┌──────────┴──────────┐
        管理部门              职能部门
           │
    ┌──────┼──────────────────┐
  地区经理   地区经理          地区经理
              │
        ┌─────┼─────┐
      店长   店长   店长
              │
            副店长
              │
     ┌────┬───┼────┬──────┐
   营业员 收银员 保洁员  ……
```

**图7-3　专卖店公司下设的连锁店铺组织机构**

### 7.3.2 专卖店的人员配置

1) 按等待购买线理论进行人员配备

**等待购买线理论**认为专卖店的人员配置，取决于顾客流量、店铺打算为顾客提供的服务水平以及竞争对手的服务水平。商店的买卖越大，每天、每周和不同季节的买卖起伏就越大，需要配备的销售人员也就越不固定。与此同时，越是要减少顾客等候购买的时间，需要配备的销售人员也就越多。关于专卖店服务水平的决策，在相当大的程度上，取决于竞争上的需要。如果竞争对手提供了高水平的服务，那么，本专卖店也不得不多配备销售人员。

(1) 等待购买线理论对店铺人员配备的影响。最佳销售人员人数的决策，可以根据等待购买线理论来考虑。该理论认为，顾客来到商店，他们会进入三个可能的状态，即立即得到销售人员的帮助；不需要帮助，自行选购；等待店中人员来为他们服务。

①立即得到销售人员的帮助。顾客进入专卖店，立即得到销售人员的热情接待。一是顾客接受销售人员提供的帮助，在销售人员的帮助下选购商品，顾客在离开商店时，或是购买了商品，或是未购买。二是该顾客拒绝销售人员的帮助，顾客进入无人帮助的自行选购位置自行选购。

②无人帮助，自行选购。如果顾客进入商店，立即进入无人帮助、自行选购的位置；或者是开始有人提供帮助，但是该顾客拒绝了；或者是该顾客先是等待店中人员提供服务，但是等得不耐烦了，因此决定不需要帮助，自行选购，该顾客进入了无人帮助、自行选购的位置。此时，一是顾客也许发现了中意的商品，付款后就走出了商店，也许未发现他需要购买的商品，厌烦地离开商店；二是在无人帮助的情况下，自行选购了一些商品以后，这位购物的顾客，感到需要有人帮助，于是，等待店中有人为他提供服务，而在等了一段时间后，还不见销售人员上来帮助，便放弃等待，走出商店；三是等了一段时间以后，得到了销售人员的帮助，最后走出商店时，或是购买了商品，或是没有购买。

③等待提供帮助。顾客进入商店后，立即需要有人帮忙，但当时没有销售人员接待，于是就开始等待。一是等待的时间不长，顾客很快就得到了销售人员的帮助。这样，顾客走出商店时，或是购买了商品，或是没有购买。二是顾客等待的时间过长，可能放弃等待，空手走出商店。三是等了一段时间以后，该顾客决定自行选购，于是，进入无人帮助、自行选购的过程。

(2) 配备销售人员。根据等待购买线理论，配备销售人员的最佳人数，是等待购买线模式的直接产物。在一定的顾客流量的条件下，销售人员越多，顾客进入商店后能越快得到帮助（如果他们需要帮助的话）。这样，顾客等待的时间就很短。这对商店的年销售额将产生积极的影响。随着顾客等待时间的减少，帮助顾客选购增多，那么，多半顾客发现所需的商品也会增多，因此，专卖店的销售额也会随之增加。随着等待时间的减少，那些因为等得不耐烦而一走了之的顾客也会少。减少顾客等待时间，可以消除拥挤，而等待时间过长，店中可能会变得相当拥挤，给店内带来不愉快的气氛，给店铺经营带来损害。

配备销售人员的人数多少，可以根据等待购买线理论，基于店中应很少出现拥挤现象这一要求，对比增加销售人员人数的边际费用与提高服务水平后可以获得的边际收入，权衡两者的得失，作出合适的安排。

根据等待购买线理论可以知道，越是要减少等候购买的时间，竞争对手的竞争力越大，要配备的作业人员也就越多。最后要考虑一下成本问题，应根据自身情况，选择高素质的员工并不断提高其服务水平和竞争力。

2）专卖店的人员配置方法

（1）功能法。人员的配置要满足专卖店各项功能的需要，比如导购、收银、清洁、送货、保洁等，每一项功能都应配置足够的人力。

（2）规模法。以专卖店的规模大小决定人员的配置，规模有两个含义：一是面积的大小，一般每$100m^2$营业面积不少于2名营业员；二是营业状况，冷清的店和热销的店，顾客数量不同，人员配置自然也就不同。

（3）利润法。人员太少，影响营业推广，利润也少；人员太多，费用增加也会对利润造成影响。通过计算找出成本利润比的最佳点，就是应该配置的专卖店人数。

3）人员配置的比例要求

人员配置时要解决好以下几组比例关系：

（1）作业人员和非作业人员的比例关系。直接从事与销售有关的业务活动人员，一般视为作业人员，其他种类人员为非作业人员。非作业人员是保证店铺正常运营所不可缺少的，但因为他们不从事售卖，所以这类人员配备过多，就会使机构臃肿，人浮于事。因此，这两种人员必须保持合理比例。

（2）基本人员与辅助人员的比例关系。这两类人员都是从事销售的，都属于直接作业人员，但他们在售卖中所起的作用却不相同。他们之间的比例关系，应根据店铺销售的产品及其规模来确定。

（3）管理人员与非管理人员的比例关系。管理人员是店铺经营与管理的重要力量。一定数量和质量的管理人员，对于店铺的运作起着十分重要的作用。一般来讲，管理人员占全体人员的15%左右为合理。

（4）男员工和女员工的比例关系。由于专卖店行业的特点，一般来讲，女员工应多于男员工。但由于工作、安全等多方需要，也需要有男员工在岗。

（5）年龄结构比例关系。一般而言，年龄是表示能力的尺度，年龄增加意味着经验和知识的增加，意味着由此而产生的能力的增加；但在另一方面也意味着人员精力充沛程度的下降，体力的降低。年龄对作业效率的影响也很大。一般而言，30岁左右的人员，在正常状况下作业效率最高。

### 7.3.3 销售人员工作时间安排

根据销售人员不同的实际情况，安排其相应的工作时间，不但避免了销售人员的抱怨，而且，能让他们感受到商店对他们的照顾，促使他们努力工作，提高销售额。

销售人员对他们的工作时间的偏爱是不相同的，有些销售人员愿意每天只工作4小时；有些销售人员只愿意在平日工作（指星期一至星期五）；有些销售人员宁愿在晚间工作；有些销售人员愿意午后3点在家中照顾儿童；还有一些销售人员愿意每周只工作4天，但是，如果每周能离开3天，他们愿意在周末工作10～12小时。因此，店铺需要了解和分析店内销售人员的时间偏爱情况，然后，利用这些不同的偏爱进行最优的工作时间安排。

人员管理是任何专卖店都要重视的要害问题。对于小型零售商店——专卖店，因店面小而人员少，每个员工的素质和工作状态对商店的存在和发展都具有重要影响，所以加强专卖店人力资源的利用和管理则是专卖店经营管理中一个十分重要的问题。

《中华人民共和国劳动法》第四章工作时间和休息休假规定：

第三十六条 国家实行劳动者每日工作时间不超过8小时、平均每周工作时间不超过44小时的工时制度。

第三十七条 对实行计件工作的劳动者，用人单位应当根据本法第三十六条规定的工时制度合理确定其劳动定额和计件报酬标准。

第三十八条 用人单位应当保证劳动者每周至少休息1日。

第三十九条 企业应生产特点不能实行本法第三十六条、第三十八条规定的，经劳动行政部门批准，可以实行其他工作和休息办法。

第四十条 用人单位在下列节日期间应当依法安排劳动者休假：元旦；春节；国际劳动节；国庆节；法律、法规规定的其他休假节日。

第四十一条 用人单位由于生产经营需要，经与工会和劳动者协商后可以延长工作时间，一般每日不得超过1小时；因特殊原因需要延长工作时间的，在保障劳动者身体健康的条件下延长工作时间每日不得超过3小时，但是每月不得超过36小时。

……

第四十四条 有下列情形之一的，用人单位应当按照下列标准支付高于劳动者正常工作时间工资的工资报酬：

（一）安排劳动者延长时间的，支付不低于工资的百分之一百五十的工资报酬；

（二）休息日安排劳动者工作又不能安排补休的，支付不低于工资的百分之二百的工资报酬；

（三）法定休假日安排劳动者工作的，支付不低于工资的百分之三百的工资报酬。

某专卖店实行上班三班倒制：8：30—17：30、11：00—20：00、13：30—22：30，常年无休。

可以发现该专卖店对工作人员的工作时间安排上存在着以下问题：

（1）无休息（每周至少应休息一天）。

（2）每天工作9小时>每天工作8小时。

（3）劳动法规定每周工作时间不得超过44小时，最高加班时间每月不得超过36小时，每日不得超过3小时，该店不符合此规定。

（4）加班时间的工资计算：正常加班，加班工资不得低于工资的150%；法定休息日加班工资不得低于工资的200%；法定节假日加班工资不得低于工资的300%。

# 7.4 人员招聘与培训

**互动课堂 7-1**

**工作失误，造成投诉**

一天早上，一对中年夫妇来到专卖店，只见他们直奔专卖店食品部货架，迅速拿出照相机拍了起来，然后，他们打12315对专卖店进行投诉。原来他们春节前在该专卖店经员工介绍购买了1袋低脂糖果给家里患有糖尿病的老人食用，结果老人吃过后糖尿病复发，并送往医院医治。事后，该夫妇向该食品生产厂家询问后，得知该糖果并不是糖尿病患者可以食用的，该顾客对此伤害之事，十分气愤，声称要将照片向新闻媒体公布，认为这是专卖店员工误导了顾客，并已对顾客的身心造成了伤害，强烈要求赔偿损失。经核查确认，这是由于专卖店工作失误造成的，因为低脂和无糖是有根本区别的。

专卖店的人员大致分为两类，一是商店的管理人员，即经理或店主以及助理等人员；二是具体业务人员，包括业务员、促销员、营业员、收银员等。由于专卖店规模小、人员较少，岗位设置不细，有时互相兼顾、顶替，一人多岗情况较多，为此则要求专卖店人员要一专多能，适应性强，对其素质要求相对要高些。

资料来源 编者自行整理。

请结合资料思考：（1）中年夫妇为什么对专卖店进行投诉？（2）专卖店理货员应该具有哪些岗位技能？

## 7.4.1 工作人员素质要求

1）管理人员的基本素质要求

（1）性别、年龄条件。性别和年龄是要考虑的重要条件之一。一般来说，原则上对性别不限制，只要条件合适，男女均可，但团队结构对性别还是有要求的，总体上要男女搭配，各占适当比例。工作安排上，要各方协调，在年龄上要求中、青搭配。年龄大的经验丰富，有利于工作；青年人富有朝气，精力旺盛，是专卖店最需要的。不同年龄段可各占一定比例。

（2）文化知识条件。对管理层来说，首先要求受到良好的教育，具有大专以上学历。对于专卖店管理、商品经营、团队管理等知识应有较系统和深入的了解。善于学习，掌握吸收和分析各种信息的知识，能接受新事物、有探索开创的追求。

（3）能力条件。管理层的能力要求，集中在有独立发现和解决问题的能力，有创造性的思维，有敢于创新和推动事物前进的能力；有表达、协调和沟通、谈判能力，善于权衡轻重，协调矛盾，平衡利益；有克服困难、组织完成工作任务且能把握机会引领专卖店发展的能力，具有计算机和商业管理的操作能力。

（4）品德意识条件。要具有敬业精神，忠诚于专卖店，有奉献精神和服务顾客思想；要具有不退缩、勇于负责的精神；善于与人合作，富有团队精神，能把员工有效地组织起来，知人善任；要有长远眼光和构想未来的能力，能把握机会，有参与竞争、争取长盛不衰的毅力。

2）作业人员的基本素质要求

（1）性别、年龄要求。专卖店对作业人员的性别要求：除库管、保安岗位外，大部分为女性。保安和库管一般要求男性。年龄要求在18～35岁之间，营业员、收银员一般要求要年轻些。

（2）文化知识条件。要求具有高中或职高以上的学历，受过商品销售方面的职业技术教育。具有商品学、营销知识和收银、计算机基本操作方面的知识和操作能力，要善于学习，不断提高进取。

（3）能力条件。掌握相关技能，胜任本职工作，具有完成所承担的工作任务的能力；有克服困难、研究业务、开拓钻研的精神，不断提高工作效率；具有互助协作、一专多能的本领，有发现问题并及时加以处理或相互补台、补岗的能力。

（4）经历标准。考查销售人员的业务能力最可靠的依据之一，是他以前的工作经历，特别是从事销售工作的经历。因为在零售行业，经验的积累是提高一个人业务能力的很重要的因素。当然，对申请人的考核，还可以根据他们个人的特点，以及显露出来的雄心、干劲和职业道德作出评价。

### 7.4.2 人员招聘

对任何一家专卖店来说，其真正的财富源泉都是人。可以说，人力资源影响着专卖店的命运，识别人才、聘用人才，是专卖店成功的关键。专卖店因为新开业或因业务扩大要招聘员工。招聘员工是关乎专卖店兴旺发达的大事，要给予充分关注。

1）制订招聘计划，明确招聘程序

（1）根据发展需要，确定招聘人员的岗位和职责。这是招聘的前提，研究确定招聘多少人，招聘什么人，具体岗位，且要对岗位的职责进行具体描述。规定不同岗位人员的招聘条件，如年龄、性别、学历知识水平、专业技能要求、资历资格等。招聘方式和考试考核方法，薪酬及相关条件，录用聘任等内容都应经分析确定，形成计划，以便逐项实施。

（2）招聘原则和招聘渠道。招聘工作的目的是建设一支高素质、高效率的员工队伍，一定要高度重视招聘工作，择优录用，开阔视野，拓宽渠道来选拔人才。招聘应遵循德才兼备、择优选用；公开招聘、双向选择；公平公正、遵纪守法，按国家劳动法等相关法律、法规进行招聘。招聘的资格条件可参见前面所述有关人员的基本素质要求。

招聘的渠道有：

①在店门口张贴招聘海报。其成本低廉、操作简便，醒目的海报有助于引起人们的注意并打破往日的沉寂，这种方法往往是专卖店招聘中最常用而且最有效的一种方法。

②报纸广告。这种方法费用较高，如果不是一次招聘多人，用这种方法则不太划算。

③亲友介绍。通常经由亲友介绍来的员工，可信度较高，但同时也由于感情的包袱，对待其的做法与其他员工不同，容易造成其他员工心理不平衡。

④人才招聘会。这是最常用的招聘方式，也是十分有效的方式，但一般适用于连

锁专卖店。

应聘者要提供相关的书面文件。一是应聘者亲自书写的自我推荐书和招聘单位要求填写的《应聘申请表》、身份证及其复印件；二是学历证书和相应技能、资格等级证书或上岗证书等；三是以往的资格证书、任职文件或相关的证明或说明性文件。

2）在应聘者中进行评定和筛选

从有资格的群体中挑选最佳候选者不仅需要直觉和洞察力，而且要有条理和技巧。按照一定的程序可以提高成功的概率，减少错误用人的风险。

（1）评估简历、审核应聘人员的资格。通常在招聘的广告中，除了注明应聘的条件之外，多半也会要求应聘者邮寄个人简历及某些证件复印材料，当应聘者的证明文件、个人简历寄达后，便开始逐件审核。评估简历就是将收到的简历与候选者概况和职位能力要求进行比较，剔除那些不具备必要的经历、知识和技能的候选者以及那些有聘用差距、经常跳槽，书面沟通技能差、有矛盾、语句不完整及不准确的候选者。

（2）进行电话面试。打电话给符合初审条件的候选者进行电话面试，就他们的背景、简历、知识和技能询问一些现实的问题，了解候选者如何推销他自己，了解他怎样说服你并使你同意安排个人面试。

（3）面试。招聘一般员工或兼职人员，通常由店长主持即可，而对于选聘店铺管理人员，则最好由店主亲自主持面谈。决定面试时的筛选方法：对于一般的店员，通常只需进行一般性的面谈即可，而对于管理人员或店长、副店长，则可在一般性的面谈之外，再加以简单的笔试，借以测验应聘者处理事务的能力、人格等，以确定其是否足以担当重任。面试的目的首先是要知道候选者更多的情况，然后是说明职位要求并回答相关问题，面试时间一般在15分钟到60分钟。

面试过程中所测试的主要内容有：仪表风度，指应试者的体格外貌，穿着举止以及精神状态等；求职动机与工作期望；专业知识与特长；工作经验；工作态度；事业进取心；语言表达能力，综合分析能力；反应能力；自我控制能力；人际交往倾向及与人相处的技巧；体力和活力；兴趣与爱好。

（4）笔试。为了克服主观因素的影响，采用笔试可以测出应聘者的潜力、才能、个性和其他人际关系因素，有助于识别应聘者的优缺点。经过面谈或笔试等审核之后，须对应聘者逐项评分，并根据表现，公正、公平地选拔最合适的人才。

（5）背景调查。应聘者顺利通过简历和申请表的审查、面试、考试之后，要接受背景调查。进行背景调查时，只调查与工作相关的信息，并应在进行调查前先得到一份应聘者写的书面材料。进行背景调查有助于鉴定一个人本身的实际情况并可以确定他工作的历史。进行背景调查时应尊重应聘者的个人隐私权，并做好保密工作。

（6）体检。大多数正规的招聘都要求应聘者通过体检。体检的目的是发现应聘者身上存在的可能降低绩效的疾患。

（7）人员的选定与录用。为了有助于作出最后的选择，将所有的项目量化并根据其重要性，将其列在工作说明书和候选者概况上。在做最后选择时，选择最终面试的候选者中最符合条件的人员。

（8）通知候选人报到。人选确定后，接下来以电话或书面通知其在限定期间内到指定地点报到，并办理有关手续。对新招聘的人员一般都有试用期，试用期结束后若双方满意则签订协议，正式成为店铺员工。

### 7.4.3 培训目的和方法

销售人员是专卖店形象的代表者、信息的传播者和沟通者、顾客的生活顾问和服务大使。销售人员自身素质的高低，服务技能的好坏，是影响专卖店服务水平的最重要因素之一。为了进一步开发人力资源，树立专卖店的美誉及品牌形象，对店内员工应定期进行培训。培训是一个通过改变员工现有的心态和行为，使员工符合专卖店各项工作需求的系统化过程。培训能帮助专卖店建立"学习型组织"，把整个专卖店调整到能够不断地自我学习、自我提升，以应对瞬息万变的市场需要的程度。

1）培训目的

（1）创造差异，提高效率。专卖店的竞争越来越激烈。因此，专卖店要生存并立于不败之地，唯有创造差异化和提升效率。要达到以上目标，首要的任务是提升经营者及员工的素质。

（2）增加员工向心力，降低流动率。影响商店经营成败，最重要的因素之一是能否与顾客建立感情。专卖店员工流动率过高，自然无法与消费者建立良好的感情，通过培训，能够育人并留人，寻求专卖店和员工的共同发展，实现双赢。

2）培训方法

不同时期，不同人员的工作特点的不同，采用的培训方式也应不同，以取得理想的培训效果。

（1）课堂讲授法。这种方法就是老师讲，员工听，优点是经济且可以对员工进行规模培训。缺点是无法对受训人员进行差异性培训，它比较适用于知识的积累，对技能的提高可选用其他更好的方法。

（2）案例研究法。把专卖店中客观存在的情况，包括成功的经验、失败的教训及一些尚待解决的问题介绍给受训者，让受训人员在老师的指导下各抒己见，研究解决问题的方法。它有助于提高受训者分析问题和解决问题的能力，有助于提高他们独自面对困难、正确决策的能力，还能提高员工沟通说服及群体协调的技巧。

（3）角色扮演法。这是情景培训的方法，培训人员创造和模拟实际情景，让受训者在其中扮演不同角色，培训人员对受训者进行评估和纠正。此方法有利于帮助员工学会换位思考，增进彼此之间的理解，增进团队意识。由于每个受训者都扮演一定角色，受训者兴趣高，全身心投入，受训效果较好。

（4）示范法。培训人员通过演示讲解，让受训人观察、领会，然后受训人操作，培训人员给予指导、纠正。这种方式多为现场培训，有利于受训者迅速熟悉这些工作并较快地承担起新的工作任务。

### 7.4.4 培训的实施

1）新员工入职培训

在专卖店的经营过程中，终端销售人员发挥着至关重要的作用，销售人员的销售技巧和整体素质关系着专卖店的销售业绩和整体形象，因此要做好必要的新员工培训工作。

（1）入职培训的重要性。新员工入职培训，也叫岗前培训。一项设计良好的入职培训，对组织而言有利于降低离职率，降低新人的工作焦虑，增强其工作适应度，提高生产力，提高员工士气与忠诚度，降低训练与招聘成本，促进员工日后在工作中的学习。

入职培训的目的在于使新员工对专卖店环境有一个全面了解，对专卖店的相关规定、制度、工作要求有所掌握，对应知、应会的知识和技能给予初步教育，使服务思想和职业道德规范初步树立，以便其进入岗位开始工作，为不断适应工作奠定基础。入职培训属于基础性的入门培训教育，可以结合新员工已有的文化基础知识进行，采取参观、实践、引领、指导和边学习边实践的方式进行。

（2）新员工入职培训的内容。专卖店新员工是指已通过面试，通过入职培训、考核后，可进入专卖店工作的人员。新员工入职培训一般安排两天，第一天讲解专卖店的制度、专卖店文化、员工手册及行为准则等，第二天讲解店铺管理中与岗位有关的内容，并进行实际操作培训。

①职业道德及服务意识。专卖店是零售，为使培训发挥最大的作用，首先应使受训者认识到工作的重要性，他们是店铺与顾客沟通的主要纽带，也是店铺收入的直接创造者，店铺如果失去与顾客的沟通，失去销售人员创造的收入，将不复存在。员工的思想素质和职业道德是衡量员工工作好坏的重要标准，没有一个明确的服务思想和基本职业道德，是无法胜任工作的。这是培训的根本性教育内容。树立顾客至上的观念，顾客就是上帝，是衣食父母。以优良的服务、文明的语言、整洁大方的仪表与顾客接触，才可以赢得顾客的心。

②专卖店文化教育。专卖店文化是专卖店从事经营活动的独特方式。专卖店文化包含专卖店精神、专卖店价值观、专卖店的经营理念、专卖店行为规范与准则以及专卖店的历史、组织性质、各项规章制度、总的方针、近期和长期目标等，是为专卖店所有成员共同接纳、确认而形成的一种群体意识，既内化为专卖店的共同信仰、共同追求、共同约束和统一规则，又外现为专卖店的制度、规范和专卖店形象。专卖店将其文化作为培训内容，对新招聘的员工要进行专卖店文化教育，让新员工树立专卖店精神并创造专卖店事业的辉煌。

③产品知识、行业知识和常用术语。店员必须全面掌握产品知识，产品知识是在销售服务介绍时的基本要点。所以，销售人员要将货品名称、种类、价格、特征、产地、品牌、制造流程、材质、设计、颜色、规格、流行性、推广要点、使用方法、维护保养方法等基础知识牢记在心。产品知识需要随新产品开发、产品改进、产品淘汰或产品用途的开发而不断更新。对专卖店与行业知识的充分了解，不仅可以增加员工对专卖店的归属感，更可以增加员工在销售服务时的信心，因为这两项知识都是非常重要的辅助销售要点。

④客户知识。客户知识包括影响顾客购买的因素、顾客过去的经历及当前的需求情况。要了解顾客特性与其购买心理，由于消费者个性化、差别化的消费需求，销售人员应该站在顾客的立场上去体会他的需求和想法，只有充分了解不同消费者的购买特性与心理，才能更好地向其提供建议。顾客购买动机取决于顾客的需求，销售人员只有了解顾客的购买动机才能进行针对性的介绍产品。

⑤销售技巧。倾听顾客意见，发现顾客需求，要懂得顾客的心理，使顾客对自己所销售的产品产生良好印象，为店铺扩大声誉。一般的销售服务内容可分为销售前、销售时、销售后三个阶段。销售前，包括营业现场准备，维护商品陈列状态，保持店内清洁，掌握基本的商品知识等。销售时，包括掌握接待顾客的基本技巧，向消费者微笑问好，回答顾客提出的问题，介绍商品等。销售后，建立各种保障制度，解除消费者的后顾之忧，迅速、合理、有效地处理顾客的不满和问题等。

⑥交易知识。交易知识包括收银、结算、包装、记账、商品质量保证、售后服务等知识。

⑦货品陈列与展示的常识。做好终端生动化，通过产品陈列、POP广告等营造出卖场气氛，可以吸引顾客购买。产品陈列是促成终端销售的因素之一，87%顾客的购买决定取决于该货品的显眼度。POP广告能有效刺激顾客的购买欲望，货架上有品牌标记可提升18%的销量，货架上有特价或折扣标记可提升23%的销量。货品的美感和质感，可以刺激顾客购买的欲望。因此，销售人员必须要懂得如何运用色彩、构图、灯光来配合货品的体积、造型、外观，以作出最吸引人的陈列展示。

⑧竞争品牌情况。顾客常常会把销售人员所推销的产品与竞争品牌的产品进行对比，并提出一些问题。因此，销售人员要了解竞争对手的以下情况：

A.竞争对手的主营产品是什么？展示促销的产品怎么样？其主要卖点是什么？质量、性能、特色是什么？是否推出新产品？与公司同类产品的价格差是多少？

B.陈列展示。竞争对手柜台展示的货品和特色是什么？POP广告表现怎么样？

C.促销方式。其包括促销内容（哪些货品减价？减价幅度如何？）和促销宣传（减价POP广告效果如何？）。

D.销售人员的销售技巧。竞争对手销售人员的服装、外表好不好？接待顾客的举止正确与否？产品介绍是否有说服力？

E.顾客。竞争对手的顾客数量有多少？顾客层次怎么样？

F.销售人员要从不同的角度对自己的产品与竞争对手的进行比较，力求比他们做得更好。谁能做得更好，谁才能更吸引顾客、赢得顾客。

G.销售人员应知道本店各种款式的产品在一天里卖了多少；一天/周/月的出货高峰期在什么时候。畅销及不畅销款式有哪些，各是什么原因，自己品牌的盈利产品、亏损产品是什么款式等。

**职场对接7-1**

### 当顾客说过两天再来时

拓展阅读：不同的挽回策略

顾客说："我过两天再来……"在门店生意的接待过程中，常听到这句话，从字面意思上来看，今天是不买了，也许过几天之后再来看看。但是，稍有些经验的营业人员都知道，实际情况是这顾客往往再也不会来了，这句话也就意味着沟通的失败，顾客即将离店而去。营业人员难免有些失望，甚至还会把这种失望的表情挂在脸上，接下来也就是简单地圆个场，估计连送下顾客的心情都没有了。

其实，别这么直接下定论，直接判断该顾客已经没有价值了，客观地来分析下，这里面还是有些挽回的余地的。针对这句话背后的不同的情况，可以采取不同的挽回策略。

那么，针对这句话背后的不同的情况，可以采取哪些挽回策略呢？

资料来源　潘文富，黄静.实体店精细化运营——小型专卖店升级60讲［M］.广州：广东经济出版社，2017.引文经过节选、压缩和改编。

2）在职培训

（1）改善人际关系的培训。此类培训主要是使员工对其他人员有一个更加全面的认识，跟其他员工更和谐地相处，包括：员工与员工之间的关系、感情和交往；员工自身的心理状况和社会关系；员工对专卖店整体的认同感等。

（2）新知识、新观念与新技术的培训。专卖店要跟上时代的步伐就必须随时注意环境的变迁，随时向员工灌输新知识、新技术和新观念。因此，即使员工的工作状态和成果很好，也要持续地对员工进行培训。

3）晋级培训

晋级是专卖店人事管理的必然过程。为让即将晋级的员工在晋级之前有心理方面和能力方面的准备，并且获得相关的知识、技能和资料等，专卖店有必要对有晋升必要的员工提前实施培训。晋升培训，又可分为两种：一是共同性专业知识和技能培训，可分期分批组织，也可把需要此类培训的员工专门组织起来在店内培训；另一种是根据店铺工作需要选出部分员工送出去进行专门培训，如计算机、信息管理知识与技能的培训，商品专业知识培训，营销技能培训等。为员工职务提升提供专门的培训，经培训而提高后其可进入新的岗位或角色。

### 7.4.5　培训的流程

1）培训要求

更好更快地培训出热情、积极、专业的工作伙伴。

2）培训步骤

（1）准备。培训人员要详尽了解培训知识点，选择合适的时间在合适的地点进行实际操作培训和理论知识培训，完整讲解流程；提前告诉接受培训的人员，让接受培训的人员提前了解培训内容。

（2）介绍。培训前向接受培训的员工完整讲解一次培训知识点的流程和关键点，要求接受培训的员工提前预习所有岗位的理论知识。

（3）示范。在正式开始训练之前，让接受培训的员工复习理论操作知识，然后按照标准流程，边讲解边操作标准的流程。

（4）实习。让接受培训的员工开始进行岗位操作。培训人员在关注员工培训的过程中，发现有操作优秀的地方，要表扬鼓励，有操作不标准的地方，要及时指出问题所在，并进行更正。

（5）评估。完成实习操作后，对受训人员的实习整体情况，从过程到结果给予点评，多给予鼓励，保持受训者较高的积极性，帮助受训者迅速掌握标准操作。

表7-3为某专卖店新员工培训日程安排表。

表7-3           **某专卖店新员工培训日程安排表**

| 日期 | 时间 | 培训日程安排 | 培训要求 |
|---|---|---|---|
| 4月24日 | 8：30—10：30 | 开训典礼 | 服装发放；宿舍安排 |
| | 14：00—17：30 | 拓展训练 | 提高员工纪律意识和团队精神；锻炼员工吃苦耐劳的精神 |
| 4月25日 | 8：30—11：30 | 商品陈列、标识管理 | 商品陈列的原则；专卖店现场管理及其定义；商品标识管理；让员工清楚现场管理的标准以及如何维护好现场的技巧 |
| | 14：00—17：30 | 门店清洁管理实训 | 员工个人卫生标准；专卖店环境卫生清洁及其标准；清洁实训 |
| 4月26日 | 8：30—11：30 | 拓展训练 | 提高员工纪律意识和团队精神；锻炼员工吃苦耐劳的精神 |
| | 14：00—17：30 | 企业文化 | 让员工了解专卖店发展历程及在其过程中累积的企业精神 |
| 4月27日 | 8：30—11：30 | 销售技巧培训 | 《店铺销售服务技巧》 |
| | 14：00—17：30 | 服务用语的演练 | 让员工明白工作中服务的标准；服务用语实训 |
| 4月28日 | 8：30—11：30 | 企业制度 | 加强员工的纪律意识，了解并掌握专卖店制度的相关规定 |
| | 14：00—17：30 | 公司福利制度 | 让员工了解公司的各项福利政策；员工可以更清楚地知道自己在公司应得到哪些福利待遇 |
| 4月29日 | 8：30—11：30 | 工作心态 | 让员工了解工作中应该保持怎样的工作态度 |
| | 14：00—17：30 | 员工个人形象及礼节、礼仪 | 专卖店员工的形象要求；工作中应注意的礼节、礼貌、接人待物技巧；简单化妆技巧 |
| 4月30日 | 8：30—11：30 | 员工职业道德及职业操守 | 培养员工良好的职业素养 |
| | 14：00—17：30 | 员工管理 | 专卖店目前发展的规模；专卖店的组织机构；员工发展的方向及目标；员工发展的空间和发展渠道 |
| 5月1日 | 8：30—11：30 | 收银服务 | 主要从收银技能、收银服务管理、送货上门、顾客意见处理、服务品项管理等方面让员工了解专卖店服务的重要性及掌握如何提高服务水平的技巧 |
| | 14：00—17：30 | 收银服务实训及情景演练 | 收银实训；模拟情景演练 |
| 5月2日 | 8：30—11：30 | 基础法律普及及专卖店防损 | 基础法律的学习；专卖店防损案例分享 |
| | 14：00—17：30 | 消防人身安全 | 通过案例分析使员工加强安全防损意识，掌握处理各类突发事件的方法和技巧 |
| 5月3日 | 8：30—11：30 | 消防实训 | 通过实训对理论知识有更深入的理解 |
| | 14：00—17：30 | 书面考核及拓展考核；培训结束 | 成绩汇总、试卷的修改及成绩汇总公布；员工岗位的安排 |

# 7.5 人员考核与激励

## 对员工的工资投入

新开的专卖型门店，老板对地段和店内硬件及店内装修方面的投入越来越大，门店风格也越来越时尚、越来越豪华。当然，装修得再豪华，最终也是为了卖货。但是，只要店里的商品还没到足够紧俏的程度，所有的豪华装修、硬件投入、一流地段等因素都是次要的。因为，专卖店销售工作的核心是先卖人、再卖货，也就是说，店员的工作态度及职业技术能力才是核心。

所以，在门店的各类投入之中，比装修、硬件、地段更为重要的投入就是对店员的投入。这里所指的投入，包括店员的招聘、技术培训、日常管理、薪资、工作及生活环境等方面。综合在一起形成完整的人事管理体系，全方位地解决员工想不想干的态度问题及会不会干的技术问题。不过，有些门店老板却不这么认为，觉得门店的投入重点应该在地段、装修和硬件方面。至于店员的投入，主要就是薪资，而店员的薪资应该是先有业绩，给店里带来利润，然后再从店里的总体利润里提取一些出来，以销售奖金的名义分配给员工。所以，有些老板在新店刚运行的阶段，仍然会采取低基本工资、高奖金高提成的薪资模式，目的是以此激励员工，通过员工个人对薪资的争取来带动门店的生意。

这个薪资的核算方法在理论上是没错的。但是，现实情况可能并非这样，新店刚开，还没有积累起足够的顾客群体资源，品牌知名度也许还不高，当地消费者对产品可能还不熟悉，也许进店顾客数量也不少，店员的接待工作量大，但实际成交往往很有限，店员的奖金也就提不起来。收入低了，在工作态度上就更加没保证了，也没兴趣参与一些销售技术类的学习了，因为缺乏积极的工作态度及销售技术，又会导致更为糟糕的销售业绩，这就形成了一种恶性循环，也许还没等到新店营业进入到正常状态，第一批店员就流失得差不多了。所以，老板们在员工的工资问题上要换种思维模式：

1. 在新店开张阶段，即便门店销售业绩很差，也得确保员工有足够的收入，不能受销售业绩的影响，甚至不能与销售业绩挂钩。

2. 在传统的薪资概念中，工资是双向的，员工有业绩贡献，老板付对等薪资，并且是员工作出业绩在先，老板给予奖励在后。但当前无法确保业绩，老板只能进行单向先行付出，即在员工没有业绩贡献的前提下，也得给员工足够的薪资。当然了，这种投入是具备一定风险的，所以叫单向风险投入。客观来说，选择门面、选择产品和品牌、投入装修和硬件，也都是有风险的。

3. 奖金导向的设定。传统的奖金导向设定往往与业绩挂钩，在没有业绩产出的前提下，这个奖金就得重新进行设定，比如进行过程工作设定。所谓过程工作，就是达成业绩之前的相关工作，例如门店现场管理、销售技术学习、顾客接待、产品介绍；主动增值服务、对工作指令的执行力等，这些事情虽然不能直接产生业绩，但相对于后期的业绩结果来说，都属于过程，只要员工把这些过程类的工作做好，照样可以拿到相应的奖金收入。通俗点来说，即便没有销售业绩，只要店员把进店来的顾客招呼好了，就照样有奖金拿。

当然，从人事角度来说，在没有业绩产出之前，要维系较高的薪资待遇，肯定是亏的。但是，从整店运营的角度来说，这在新店开张的阶段是正常的，也是必须投入的一部分，甚至是比硬件投入更重要的一部分。老板花费这些投入，目的就是稳定员工的工作状态，提升工作积极性，做好相关过程工作，大家共同度过这些业绩低迷的阶段。同时，眼见着店里没有什么生意，老板还能维持较高的收入，对于调和劳资关系、提升对管理的顺从性方面，也有很好的促进作用。

资料来源　潘文富，黄静.实体店精细化运营——小型专卖店升级60讲［M］.广州：广东经济出版社，2017.引文经过节选、压缩和改编。

### 7.5.1　人员考核

1）考核原则

（1）公平、公正、公开原则。考核的方式、时间、内容、流程等向员工公开，考核过程保持公正与客观，考核的结果要公开。

（2）沟通进步原则。在考核过程中，专卖店与员工进行不断沟通，发现存在的问题，共同找到解决办法，提高销售部门及销售人员的业绩水平。

（3）结果反馈原则。考核的结果要及时反馈给员工，并进行说明解释，使考核结果得到员工的认可，积极改进专卖店的工作。

2）员工的考勤管理

（1）建立出勤制度。一家专卖店不论规模大小、人数多寡，都应该有一套标准化的制度，以规范每一位员工的出勤、缺勤、轮职、升迁以及考核，为员工考核提供依据，这样专卖店运作才能走上正轨。专卖店除特定人员外，均须由专门人员负责打卡单或考勤表的制作。

①店长应于月终前将下月本专卖店工作时间表送店主备查。出勤时间表由店长核阅。

②如需变更出勤与轮休时间，或补充新进人员出勤时间，应填"出勤时间调整单"，经店主核准后，转店长登记备查。

③员工因故延长上班时间或于假日出勤，先领取"加班单"，经权限主管核准后登记于考勤表上。未赶回专卖店打卡下班，应及时向店长汇报，并于第二天在考勤表上备注。

④员工上下班必须打卡，每日两次，上班前和下班后，不得无故不打卡、代他人打卡，因故不能打卡者，必须有权限主管批准签字，并在考勤表上备注。违反上述规定，每次罚款××元，违纪三次以上的，除罚款外，给予书面警告并记入个人考核档案，情节严重者予以开除。

⑤员工应遵守上、下班时间，不得无故迟到早退。

（2）出勤资料建档管理。制度建立后，还应做好出勤资料的建档管理工作，作为日后在考核、调薪或升迁时的参考依据。将每个店员的出勤时间输入电脑中，店长可以定期打印出来,附上每位店员的请假单,一并呈送经营者,作为绩效考核的参考依据。

除了这些制度的建立和管理之外,最重要的是要公平、合理。绝不可徇私偏袒,尤其是店长应以身作则,起到表率作用,才能真正落实管理。考勤员将每月考勤报表与考勤记录核对无误后,方可计算工资。考勤员应有较强的责任心,坚持原则,要保存好各类假条、病假诊断书。考勤记录不得随意涂改,如有差错必须及时更正,并由考勤员负责加以说明并签字。

3) 考核内容

专卖店为了对销售人员进行考核,应当制定系统的考核办法。专卖店店长要摒弃利用主观印象来考核这种不合理的做法,而制定科学合理、可操作的考核标准。按上述考勤管理的内容,可以制定一些考核标准对销售人员的工作进行考核。这些标准中,有一些是只能用来考核销售人员的个人工作,另一些则是既可以考核销售人员的个人工作,又可以考核销售人员集体的工作。

(1) 转变率。**转变率**是购买了商品的顾客的全部人数占进入商店的全部顾客人数的比例。这种衡量指标反映了看物购货的人转变成顾客的百分比,以及全部销售人员的工作效果。

转变率低是由很多种原因引起的。根据前面所阐述的等待购买线理论,也许是因为顾客需要销售人员帮助选购时,售货现场没有足够的销售人员。这是由于无人帮助、自行选购的顾客过多,顾客等待购买的时间过长,以致许多顾客没有购买即离开商店。或者销售人员的人数并不少,是足以接待顾客的,但是,销售人员没有做好销售工作。如销售人员工作熟练程度比较差,给顾客提供的商品信息不充分,在与顾客的交谈中表示的不同看法过于强烈。商品宣传比较差,销售人员态度不友好,或者商店关门过早等。再者,销售人员无法控制的一些因素,也会造成转变率比较低,如准备的商品不充分,花色品种不齐全等。当转变率低于标准时,专卖店应当尽力找出原因,采取措施,纠正这种情况。

(2) 每日销售额。衡量销售人员工作效果的最常见衡量标准是每日的平均销售额。采用一种有效的考勤系统,专卖店可以对每个销售人员,或全体销售人员的工作效果作出评估,但要注意不同的当班时段(如上午班、下午班)、不同柜台之间的销售额存在客观上的差异,不能"一刀切"。表7-4为某专卖店对员工的销售考核。

表7-4            **某专卖店对员工的销售考核**         金额单位:万元

| 经理 | 销售量 | | | 金额 | | | 折扣 | |
|---|---|---|---|---|---|---|---|---|
| | 2018年国庆 | 2017年国庆 | 同比 | 2018年国庆 | 2017年国庆 | 同比 | 2018年国庆 | 2017年国庆 |
| A | 146 | 180 | −19% | 5 132 | 7 711 | −33% | 72% | 67% |
| B | 179 | 217 | −18% | 5 536 | 8 144 | −32% | 81% | 77% |
| C | 102 | 125 | −18% | 3 335 | 4 775 | −30% | 85% | 83% |
| D | 251 | 280 | −10% | 9 193 | 12 000 | −23% | 76% | 71% |
| E | 240 | 271 | −11% | 7 760 | 9 610 | −19% | 84% | 82% |
| 总计 | 918 | 1 073 | −14% | 30 956 | 42 240 | −27% | 79% | 75% |

（3）时间的利用。对销售人员的考核应当确定标准，以便销售人员充分利用他们的工作时间。销售人员的工作时间可以花费在以下四个方面：

①售货时间。售货时间是指根据顾客购买需要，帮助顾客选购所花费的全部时间。这包括接待顾客，与顾客交谈，进行商品介绍和宣传，填写售货单据，或者在其他可能为商店增加收入的方面为顾客提供的服务。

②非售货时间。非售货时间是指花费在工作上的非售货任务方面的时间，如理货、盘点等。

③闲散时间。闲散时间是指销售人员在售货场所花费的与任何业务经营无关的时间。

④不在售货场所的时间。不在售货场所的时间是指销售人员不在售货场所的时间。

专卖店可以为以上各类时间制定一定的标准。比如，标准的时间分配会建议销售人员的工作时间70%花在售货上，20%花在非销售活动上，5%的闲散时间，5%的时间可以不在售货场所。对与这些标准的任何偏离，应进行了解，如有必要，应当采取纠正措施。

### 7.5.2　人员激励

对员工进行考核之后要及时地对员工进行激励。经过激励，员工的工作动机要得以加强，工作要更加努力。进行员工激励时，除了要考虑其对员工吸引力的大小外，更应重视公开、公正和公平的分配原则，以确保激励达到预期的效果。

1）人员的激励原则

对员工的激励必须要针对不同员工的需求加以设计，并不是每一种激励对每一种员工或状况都合适。对于激励项目的选择，必须做到：

（1）激励的标准应统一，激励的方式要公平、公开，使受奖人和其他人都能受到鼓励，避免引起专卖店内部员工间的不公平感。

（2）达到不同目标的要求。

（3）必须使竞争者有足够的时间去改变。

（4）必须依绩效的表现给予不同的激励。

（5）激励的频率要适当，过于频繁的激励会使人习以为常而起不到激励的作用。

（6）激励的比例要适当，比例太低无法调动员工的积极性，比例过高又会给专卖店造成沉重的负担。

（7）激励的执行要及时，不能拖延。

（8）专卖店应根据员工不同需要采用物质激励和精神激励相结合的方法，在经济上和精神上同时满足员工的多方面需要。

2）人员激励的比例与时机选择

激励配合绩效评估来激发工作人员的士气，发挥工作人员潜力，可以提高业绩。激励必须考虑激励的比例和次数、激励的时机。

（1）激励的比例与次数。激励要造成差别化，使绩效高的人员获得较高的激励，吸引员工不断向上发展，但名额不宜太多，以免降低激励效果。除了按比例给予的奖金外，最高的激励人数不宜超过员工人数的1/10，以免因为数量太多及太容易获得而失去吸引力。

（2）激励时机。激励的时间不宜过短，期限太短使得效率改进产生困难，容易使人放弃，激励的时机一般有下列两种：

①立即激励。立即激励指达到标准则立刻给予激励，如每月核发的业绩奖金。只要激励的目标达到了，如达到销售件数的目标、销售额的目标，就立刻激励。

②延后激励。有些激励是针对过程而不是成果，比如说全勤奖或是参与奖，会在适当的时间激励，而不是立即激励。

3）激励的分配方法与对象

激励的分配方法基本有定额法、比率法及混合法三种，分配的对象一般可分为个人及团体。

（1）分配的方法。

①定额法。定额法指达到目标即可以获得定额的回馈，比如一般的业绩奖金，都是达到营业额就有某个定额的奖金。

②比率法。比率法指依营业额的一定比例进行回馈，比如以营业额的1%为业绩奖金。

③混合法。混合法则可能参照以上两种或别的公式另行换算，比如营业额在预定目标内便可领取定额奖金，而营业额超出预定目标就可以领取特定比率的业绩奖金。

（2）分配的对象。分配的对象主要是个人，即以个人为评估及激励的对象，有些激励是针对个人的表现发放或给予，例如每月最佳员工、个人业绩奖金等。由于绩效考核往往以团体为单位，激励也通过团体分配到个人。为使员工的努力程度符合应得的报酬，奖金除一部分直接发放给个人外，另一部分则保留在部门内由负责人进行分配。不论是团体奖金还是个人奖金，经营者都须保证激励分配的公平、公正，使团体激励能用在促进团体激励的活动中。

4）激励的项目内容

（1）基本工资。不同级别的店员基本工资会有所不同。如某专卖店规定：试用店员基本工资为2 600元/月；正式店员基本工资为3 800元/月；资深店员基本工资为5 000元/月。店铺实行考核评级制度，连续2个月业绩排名第一的试用店员，可晋级正式店员，连续2个月业绩排名第一的正式店员，可晋级为资深店员；资深店员连续2个月业绩低于平均水平者以降级处理。店员按工作年限可以申请工龄工资，工作满半年以上加50元/月，工作满一年加100元/月，工作满2年以上加200元/月。

（2）奖金或津贴。奖金是专卖店有效的激励方式，员工一旦达到一定的业绩或标准，就可获得一定比率的奖金。某专卖店设置了全勤奖，凡正式员工，在当月未请假，也未发生迟到、早退、旷工及私自外出者，给予200元全勤奖。

（3）折扣。与奖金类似的成本费用折扣，比如购物折扣。

（4）奖品。有些时候以店内商品或其他奖品作为犒赏，奖品的表面意义比实际价值高，多半用来作为提高士气之用。

（5）晋升。职位的晋升也是一种激励方式，但是这类的激励是综合绩效的结果，不是对单纯营业成果的激励。

（6）假期。比如荣誉假的给予、年假的增加等。

（7）补贴。不同专卖店的补贴项目会有所不同，一般来说，包括餐费补贴、交通费补贴、通信费补贴等。

某专卖店设置的补贴项目及金额见表7-5。

表7-5 某专卖店对员工的补贴 单位：元

| 项目 | 试用期 | 转正后 | 备注 |
|------|--------|--------|------|
| 餐费补贴 | 300 | 300 | |
| 交通费补贴 | 80 | 80 | |
| 通信费补贴 | 0 | 50 | |

（8）精神激励。奖杯、奖状、口头激励或是记功，诸如每月优秀员工，常在专卖店内部刊物或店铺中展示，其他公文上的书面激励、晨会的口头嘉奖等，属于非经济性的激励。

（9）混合法。有一定规模的专卖店可以采取奖金与非奖金混合的激励方式，视不同需要给予不同激励。

### 7.5.3 薪酬管理

薪酬是吸引员工进入专卖店并积极工作的一种激励手段，薪酬管理也就成为专卖店人员管理工作的重要工具之一。加强薪酬管理不仅可以吸引高质量的人才进入专卖店，还可以激励员工的工作积极性、激发员工的潜能，从而提高工作效率和专卖店效益，有效降低成本。薪酬的支付方式有多种形式，概括地讲，薪酬可分为经济类和非经济类两种。经济类是指员工的工资、津贴、奖金；非经济类是指员工获得的成就感、满足感或良好的工作气氛等。根据薪酬构成的各部分的性质、作用和目的的不同，大体可以把薪酬分为以下几个部分：

1）工资

工资指员工按劳动时间付出的劳动所获得的劳动报酬。工资就其计量形式而言，可以分为计时工资和计件工资。计时工资是指根据员工的劳动时间来计量工资的数额，它主要包括：小时工资制、日工资制、周工资制和月工资制4种。钟点工、临时工分别以小时工资制和日工资制为主；行政人员、销售人员等则以月工资制为主；计件工资是指专卖店预先规定好计件单价，根据员工销售完成的数额来提成，计件工资的数额与计时工资制相比，能够更加密切地将员工的劳动贡献与员工的报酬结合起来，提高员工的劳动效率。

2）津贴

津贴也称附加工资或补助，是指员工在艰苦或特殊环境下进行工作，专卖店对员工额外的劳动量和生活费用付出进行补偿。津贴以艰苦或特殊的环境工作为主要的衡量标准。员工具体津贴可分为三类：地域性津贴，是指员工在艰苦的自然地理环境中花费了更多的生活费用而得到的补偿；生活性津贴，是指为了保障员工的实际生活水平而得到的补偿；劳动性津贴，是指从事特殊性工作而得到的补偿，如夜班工作的夜班津贴、高温环境下的高温津贴等。

3）奖金

奖金也称激励工资，是因为员工超额完成了任务，取得优秀工作成绩而支付的额外报酬。其目的在于对员工进行激励，促使其继续保持良好的工作势头。奖金比起其他报酬形式具有更强的灵活性和针对性，奖金形式的报酬也具有更加明显的差异性。因此，奖金的发放可以根据个人的工作业绩评定，也可以根据部门和专卖店的效益来评定。

4）福利

根据我国劳动法的有关规定，员工福利可分为社会保险福利和用人单位集体福利。社会保险福利是指为了保障员工的合法权利，而由政府统一管理的福利。其主要包括：社会养老保险、社会医疗保险、工伤保险、失业保险、生育保险等福利。用人单位集体福利指用人单位为了吸引人才或稳定员工而自行为员工发放的福利，如工作餐、工作服等。根据享受的范围不同，又可分为全员性福利和特殊群体福利。全员性福利是全体员工可以享受的，如工作餐、节日礼物、健康体检、带薪年假等。特殊群体福利只能供特殊群体享受，往往是针对作出特殊贡献的员工，如技术专家、管理专家等，福利包括住房、汽车等。

# 7.6　专卖店的留人策略

## 7.6.1　专卖店留人的重要性

人才外流如同资金外流一样，同样直接影响着一家专卖店的发展。管理专卖店，最怕的是突然接到优秀店员的辞职信。店员的非正常离职，尤其是核心骨干店员的离职，往往让专卖店经营者备感压力。留住优秀店员并不是一件容易的事，这需要经营者在工作中、生活上给店员营造公正、平等与融洽的环境，提供更好的待遇，使他们能在经营者的领导下有一种实现自我价值的成就感。

有人分析过不同层级、不同工作年限的员工提出离职的主要原因：

①入职2周离职，因为新员工在单位看到的实际状况与预期有较大的差距。

②入职3个月离职，因为公司的岗位设置、工作职责等方面存在着某些问题。

③入职6个月离职，可能与直接的上级领导合不来。

④入职2年左右离职，一般与企业文化有关系。

⑤入职3～5年离职，多与职业发展有关，职位和薪酬提升都有限。

⑥入职5年以上离职，员工忍耐力强，很可能是个人发展与企业发展速度不一致所致。

老板经常抱怨：店铺做大了，人心却散了。专卖店的骨干在翅膀硬了之后纷纷另谋高就，这几乎是一家专卖店成长壮大后不可摆脱的问题。骨干员工的离职对店铺造成的影响非常巨大。首先，会带来核心技术和商业机密的泄露。其次，核心员工，特别是主管以上级别的员工的流失，会严重影响专卖店的经营发展战略。此外，核心员工离职会对专卖店其他人员的情绪造成负面影响，导致人心浮动，组织涣散，最终会导致恶性循环。

## 7.6.2　专卖店的留人措施

员工的付出与回报如果不成正比，会引发他们对待遇的不满情绪，从而出现各种问题：消极怠工、互相推诿、抱怨不断、离职跳槽等。根据马斯洛需求层次模型，金钱是人们生存的基本条件和工作动力，也是所有店铺吸引人才、留住人才的"硬件"。越有能力和经验的人员，他们获得的报酬也应当越高。薪金反映人才的价值，是人才发挥能力的物质动力。尽管薪金不是决定能否留住人才的唯一因素，但是大部分人都认为工资越高越吸引人。一套有效的薪资系统可以不断激励人才工作的积极性，创造好的业绩。比如，薪资用 80：20 理论，奖励 20% 的优秀人员，让 60% 的中间员工有压力，而剩下的 20% 的人员应予以辞退，建立一个有奖有惩的薪资系统。留住优秀的人员，使专卖店的工作顺利地开展下去，让优秀的人才为企业作出更大的贡献。

1）待遇留人

只有落实好员工的待遇和福利，才能更稳定地留住好的员工，提供好的工资待遇和福利主要有以下几方面：

（1）工龄工资。现在工龄工资已经成为很多专卖店的留人手段。有的专卖店规定，只要为本店服务满一年，从第二年开始就会收到每个月 100 元的工龄工资，每多工作一年，月工龄工资就涨 100 元。工龄工资对员工来说，也是一种激励的手法。

（2）工作有张有弛。专卖店还可以为店员安排探亲假。有的专卖店规定员工工作第一年探亲假有 4 天，从第二年开始，探亲假就变成 8 天，一年之内可任意选择回家时间。除了探亲假，专卖店还可以安排全体店员的春游和秋游等外出旅游，重大节日期间还可举行联欢，大家自编自演节目。

（3）合理的福利制度。要使员工安心工作，就必须建立合理的福利制度，使员工获得起码的工作安全感，合理的福利措施也会让员工感到公司的重视，使其产生归属感。

（4）增加培训，提高员工专业技能和知识。要看一家专卖店好不好，就看这家专卖店的培训有多少。员工求职，除了满足生活基本需求外，如果可以给予其有计划的培训，增强其专业能力，使其可以在工作中得到更多的成就感和成长学习的空间，让员工有发挥能力的机会，即使薪水不是很高，员工也会因工作所带来的乐趣及学习的机会而留下来。

2）事业留人

经营者在分配店内各项工作时，除了让员工们进行清洁、整理货物、收银等基本的流程外，还可根据能力、性格的特征分配其协助管理工作，并给予不同的职责。这样员工的能力可以得到充分的肯定，工作起来也更有信心和成就感，大家各尽所能，各得其所。

职业生涯计划是人员进入专卖店之后，根据个人具体的条件和知识背景情况，由员工和管理者一起探讨的。让员工在企业有明确的发展方向，与专卖店一起成长、一起发展，既可增强企业的凝聚力，又可让人员为自己有良好的发展前景而不愿离开企业。好的职业规划对他们有着重要作用。

3）"成就感"留人

专卖店的经营者若不信任自己店里的店员，店员就不可能专心工作。营造一个充满信任的工作环境，会使专卖店里的每个人都能愉快地工作。愉快的工作所换来的效果，往往会使人产生主动和积极的工作态度和热情，这应该是每一个专卖店经营者所希望的结果。每个人都喜欢在心理上和生理上接受具有挑战性的工作，并希望能够超越自我。许多店员会自行在工作中创造挑战的机会，经营者应该扮演的角色是允许并鼓励他们，并设计和创造一些挑战以刺激店员去追求更高的成绩。但若把挑战目标定得太高，店员就会感到束手无策，失去斗志。专卖店的经营者要树立不断进步的理念，让店员明白，小小的成功能避免大的失败。

马斯洛的需求层次理论表明：当人们在最基本的需求得到满足后，其需求会向"自我实现"甚至"自我超越"提升。管理者们需要积极为员工营造成就事业的环境和机会。让员工进一步实现自己的价值，感受到工作的意义所在，用"成就感"留住员工。

4）企业文化氛围留人

许多专卖店留不住员工并不是由于待遇造成的，而是经营者和店员之间关系不和睦的缘故。专卖店的经营者应该主动找店员谈话，并仔细地倾听。良好的沟通是实现管理的关键，这既要有良好的获取信息的能力，又要有娴熟的传达信息的能力。专卖店建立温暖的大家庭并不意味放弃管理。在紧张的工作环境内，大家彼此关照、彼此忠诚、共同对外、共担责任。经营者要了解每个员工的名字、家庭状况，适时给予问候，让店员感受到被关心和重视。如借助店员的生日、工作周年纪念日、调动、升迁以及其他重要的事情，大家庆祝一下，借着这种比较宽松的气氛，经营者可以趁此机会说几句赞美的话增进同事间的感情。民意调查结果表明，98%的员工希望自己的领导给自己好的评价，只有2%的人认为无所谓。经营者的赞美可以使店员认识到自己在群体中的价值，在经营者心目中的形象；经营者的赞扬可以满足店员的荣誉感和成就感，使其在精神上受到鼓舞；经营者赞美店员，还可以消除店员对经营者的疑虑和隔阂，从而密切双方的关系，有利于上下团结。

专卖店经营者容易忽视的问题是员工的价值观同专卖店的价值追求是否一致。专卖店文化是员工与专卖店之间有力的纽带，能够起到凝聚与激励的作用，同时可以营造和谐的氛围。专卖店经营者可以通过一些实际的做法，比如说积极组织团建，向员工宣传正向的价值追求与文化，形成共同的目标。

**职场对接7-3**

## 安徽麦当劳人事训练活动大事记

麦当劳一直秉承"以人为本，快乐工作"的宗旨，公司的快速发展更离不开人才的快速培养。我们建立了非常系统化的人力资源管理体系，包括人才管理和发展系统，人员薪酬福利、招募、培训保留系统等，通过雇员价值定位强化"人员为首"的文化理念，为雇员规划未来发展的蓝图，并促进我们业务的持续快速增长。

一、训练课程

与各职级人员相匹配的训练课程，提升领导力和专业技能。仅在2018年过去的11个月里，我们就举办了共计6期针对不同职级的训练课程，237个管理组参加了这些课程培训。同时，我们还输送了13名店经理，有24名餐厅部门经理和6名公司雇员参与了上海汉堡大学的各类领导力课程。

二、激励计划

每年年初制订丰富的人员激励计划，举办丰富多彩的人事活动认知和保留优秀的员工。2018年11月公司在重庆举行PEOPLE DAY，公司雇员共同分享公司上一年度的绩效结果并给予激励。每年定期的体检和旅游创建开心的工作氛围。一年一度的员工精英大赛，为餐厅选拔出各个岗位的精英员工；一年一度的部门经理大赛，挑选值班技能最强的管理组；两年一度的"麦当劳之声"活动，创建快乐歌唱的开心氛围。

三、团队建设活动

各职级按计划组织不同的团队建设活动。2018年，我们针对安徽省80多名品牌大使举办了年会，让小伙伴们感受到麦当劳是一个快乐的大家庭，共同享受着开心快乐的工作环境。

拓展阅读：麦当劳具体培训内容和实施情况

资料来源　编者根据合作企业提供的资料整理。

## 单元小结

在零售店铺的经营过程中，对店铺进行绩效分析，可以实时掌握店铺的盈利和长期发展情况。在对店铺进行绩效分析的基础上，可以将店铺的绩效指标分配到基层员工身上。开一家专卖店，要对经营、效益状况进行科学的预算或测算，以此来考察和发现专卖店开办中可能存在的问题，以便加以改进和调整。根据专卖店的机构设置，采用等待购买线理论按照管理人员和作业人员的基本素质要求进行人员配备。为了进一步开发人力资源，树立专卖店的美誉及品牌形象，对店内员工应定期进行培训。员工经过培训上岗之后，要制定考核标准，对销售人员的工作进行转变率、每小时销售额、时间的利用等方面进行考核。

对员工进行考核之后要及时地对员工进行激励。进行员工激励时，除了要考虑其对员工吸引力的大小外，更应重视公开、公正和公平的分配原则，以确保激励达到预期的效果。店员的非正常离职，尤其是核心骨干店员的离职，直接影响着一家专卖店的发展。专卖店可以采用待遇留人、事业留人、"成就感"留人、企业文化氛围留人等策略留住店铺优秀人才。

## 主要概念

罗盘五分仪　等待购买线理论　转变率

## 单元测试

□ 简答题

1. 专卖店绩效评估项目有哪些？
2. 专卖店人员配置方法有哪些？
3. 新员工入职培训的内容有哪些？
4. 专卖店人员考核的内容有哪些？
5. 专卖店可以采取什么样的留人策略？

□ 计算题

专卖店在产品生命周期的不同阶段售卖产品的折扣不同，税后销售收入、毛利率及利润平衡点也就不同。表7-6为某专卖店售卖商品销售额一定（10万元）的情况下，不同阶段采用不同折扣销售的情况。在商品成本不变（1.89万元）的情况下，请根据表7-4核算不同折扣程度下的销售收入、税后毛利率及利润平衡点。

表7-6 某专卖店售卖商品情况

| 销售额（万元） | 折扣 | 税率 | 销售收入（万元） | 成本（万元） | 税后毛利率 | 利润平衡点 |
|---|---|---|---|---|---|---|
| 10 | 100% | 1.13 | | 1.89 | | |
| 10 | 90% | 1.13 | | 1.89 | | |
| 10 | 80% | 1.13 | | 1.89 | | |
| 10 | 70% | 1.13 | | 1.89 | | |
| 10 | 60% | 1.13 | | 1.89 | | |
| 10 | 50% | 1.13 | | 1.89 | | |
| 10 | 40% | 1.13 | | 1.89 | | |
| 10 | 30% | 1.13 | | 1.89 | | |

□ 案例分析题

**案例1：家居用品专卖店七夕期间的经营绩效评估**

2018年七夕，某一家居用品专卖店为了提升专卖店的经营绩效进行了八个品类的以七夕节为主题的促销。促销结束后对本次促销进行了同比（2018年七夕与2017年七夕进行比较）和环比（2018年七夕与2018年七夕的上一个月同一时间段进行比较）的分析，具体分析数据见表7-7。

表7-7 七夕节期间经营绩效评估

| 品类 | 2018年七夕 | | | 同比（%） | | | 环比（%） | | |
|---|---|---|---|---|---|---|---|---|---|
| | 销量（件） | 实销额（元） | 折扣率 | 销量 | 实销额 | 折扣率 | 销量 | 实销额 | 折扣率 |
| A | 4 734 | 1 546 907 | 93% | 7.1% | 41.6% | 3.4% | 40.6% | 39.9% | -2.7% |
| B | 3 945 | 1 041 886 | 91% | -16.5% | -2.0% | 1.1% | 41.2% | 38.2% | -2.7% |
| C | 3 722 | 989 397 | 93% | 76.1% | 95.0% | 2.5% | 37.7% | 36.9% | -4.1% |
| D | 3 266 | 918 205 | 92% | 13.8% | 50.3% | 3.4% | 42.2% | 42.4% | -3.5% |
| E | 831 | 188 773 | 90% | 15.9% | 30.6% | -3.9% | 64.6% | 52.0% | -7.8% |
| F | 788 | 222 898 | 92% | -11.3% | 9.4% | 5.4% | 45.4% | 41.9% | -3.1% |
| G | 155 | 46 507 | 90% | 63.2% | 104.8% | 5.0% | 84.5% | 67.1% | -0.6% |
| H | 151 | 52 795 | 88% | 31.3% | 42.3% | 0.9% | 73.6% | 51.2% | -6.2% |
| 合计 | 17 592 | 5 007 368 | 92% | 10.3% | 36.0% | 2.6% | 42.1% | 40.2% | -3.4% |

问题：

请用同比及环比的方法分析该家居用品店的经营绩效。

**案例2：专卖店销售人员的工作内容安排**

为了提高销售人员的工作效率，合理规划销售人员的工作时间，要制定销售人员工作行程，确保销售人员在正确的时间、正确的地点做正确的事。销售人员的工作时间规划见表7-8。我们会发现，表7-8中三家专卖店在相同时间段的工作内容和工作占比有所不同。

表7-8                          专卖店销售人员的工作内容安排

| 时间 | A专卖店 | | B专卖店 | | C专卖店 | |
|---|---|---|---|---|---|---|
| | 工作内容 | 工作占比 | 工作内容 | 工作占比 | 工作内容 | 工作占比 |
| 7:00—7:30 | | | 卖场清洁 | 10% | | |
| 7:30—8:00 | 清洁/排面整理 | 8% | | | | |
| 8:00—8:30 | | | 销售/补货 | 30% | 排面整理/清洁 | 10% |
| 8:30—9:00 | 销售/补货 | 30% | | | | |
| 9:00—12:00 | | | | | 销售/补货 | 20% |
| 12:00—13:00 | 分批次吃午饭 | | 分批次吃午饭 | | 分批次吃午饭 | |
| 13:00—14:30 | 排面整理/补货 | 10% | 排面整理及补货 | 10% | 排面整理/补货 | 10% |
| 14:30—17:00 | 销售/补货 | 20% | 销售/补货 | 15% | 销售/补货 | 20% |
| 17:00—18:00 | 分批次吃晚饭 | | 分批次吃晚饭 | | 分批次吃晚饭 | |
| 18:00—21:00 | 销售/补货 | 22% | 销售/补货 | 20% | 销售/补货 | 30% |
| 21:00—21:30 | 补货/盘点 | 10% | | | | |
| 21:30—22:00 | | | 补货/盘点 | 15% | 补货/盘点 | 10% |
| 22:00—22:30 | | | | | | |

问题:

(1) 专卖店制订工作计划表要考虑哪些因素?

(2) 专卖店销售人员销售、补货/收货、清洁及排面整理、盘点等作业合理的时间占比应该为多少?

# 综合实训

## 【实训项目】

项目一：专卖店创业计划书。
项目二：顾客抱怨情景处理。
项目三：专卖店开店盈亏平衡测算。
项目四：竞争品牌专卖店分析报告。
项目五：促销方式选择。

## 【实训任务】

项目一：通过设计专卖店创业计划书的实训，掌握专卖店起步规划与开店的店铺设计。

项目二：通过顾客抱怨情景处理的实训，掌握顾客抱怨处理工作的规范、处理顾客抱怨的技巧和具体行动。

专卖店在进行客户服务时，顾客一般会对专卖店的商品、服务、卖场进行抱怨。某服装专卖店具体的顾客抱怨内容见综表1，请根据顾客抱怨的内容，设计顾客抱怨处理步骤，并总结处理技巧和具体的行动。

综表1　　　　　　　　　　　　　　　　顾客抱怨内容

| 序号 | 类别 | 具体说明 |
|------|------|----------|
| 1 | 商品 | （1）对价格不满意。如与其他店铺的比较、与预算的比较等<br>（2）商品标志不清。这样，会导致商品使用上的困扰。例如，商品尺寸、标示等<br>（3）商品本身的瑕疵。如欠缺应有的配件、破损等 |
| 2 | 服务 | （1）收银上的疏忽。如短找现金、误报价格等<br>（2）解说不清楚。如产品属性说明不清，使用注意事项的说明不清等<br>（3）不守信诺。如答应事项遗忘或是交接班未交接清楚等<br>（4）店员的应对不得体。如回答顾客时专业知识不够、出言不逊等<br>（5）店员的服务态度不佳。如对顾客表现出傲慢、轻视、敷衍的态度等<br>（6）服务作业失当。如包装作业草率或礼券或提货券兑换不便等 |
| 3 | 卖场 | （1）对卖场环境的不满。如商品随地堆放、陈列架不清洁等<br>（2）意外事件的发生。如摔跤、碰撞等 |

项目三：通过对店铺盈亏平衡点进行测算的实训，了解开店资金用途，提升对店铺盈亏平衡点的测算能力。

综表2为一家300平方米家居用品专卖店五年的盈亏平衡测算，请对该专卖店的盈亏预算进行分析，判断是否可开设此专卖店。

综表2　　　　　　　　　　　　　　五年的盈亏平衡测算　　　　　　　　　金额单位：元

| 项目 | 第一年 | 第二年 | 第三年 | 第四年 | 第五年 |
|---|---|---|---|---|---|
| 年销售额 | 5 475 000 | 7 300 000 | 7 741 650 | 9 125 000 | 10 950 000 |
| 日均销售额 | 15 000 | 20 000 | 21 210 | 25 000 | 30 000 |
| 毛利率 | 21% | 21% | 21% | 21% | 21% |
| 年毛利额 | 1 149 750 | 1 533 000 | 1 625 746.5 | 1 916 250 | 2 299 500 |
| 日均毛利额 | 3 150 | 4 200 | 4 454.1 | 5 250 | 6 300 |
| 配送费率 | 3% | 3% | 3% | 3% | 3% |
| 配送费 | 164 250 | 219 000 | 232 249.5 | 273 750 | 328 500 |
| 运营费率（含耗材） | 2.00% | 1.80% | 1.80% | 1.60% | 1.50% |
| 运营费（含耗材） | 109 500 | 131 400 | 139 350 | 146 000 | 164 250 |
| 租金率 | 7.33% | 5.50% | 5.19% | 4.40% | 3.67% |
| 租金额 | 401 500 | 401 500 | 401 500 | 401 500 | 401 500 |
| 人费率 | 7.01% | 6.31% | 5.95% | 5.89% | 5.61% |
| 人事费用 | 384 000 | 460 800 | 460 800 | 537 600 | 614 400 |
| 水电费率 | 1.83% | 1.37% | 1.29% | 1.10% | 0.91% |
| 水电费 | 100 000 | 100 000 | 100 000 | 100 000 | 100 000 |
| 财务费用率 | 1.96% | 1.96% | 1.96% | 1.96% | 1.96% |
| 财务费用 | 107 310 | 143 080 | 151 736 | 178 850 | 214 620 |
| 折旧率 | 2.56% | 1.92% | 1.81% | 1.53% | 1.28% |
| 折旧（5年） | 140 000 | 140 000 | 140 000 | 140 000 | 140 000 |
| 预计利润 | -256 810 | -62 780 | 111 | 138 550 | 336 230 |
| 利润率 | -4.69% | -0.86% | 0.00% | 1.52% | 3.07% |

项目四：通过对竞争品牌店铺竞争品类进行分析的实训，掌握对竞争品牌专卖店进行调查时应该调查的项目，提升对竞争店铺竞争品类进行分析的能力。

综表3为某服装专卖店对竞争品牌主要销售竞争品类进行调查的资料，请为该专卖店设计抗衡竞争对手的合理方案。

综表3         **竞争品牌专卖店主要销售竞争品类资料**          金额单位：元

| 品牌 A | | | |
| --- | --- | --- | --- |
| 品类 | 价格带 | 陈列占比 | 陈列位置 |
| POLO T恤衫 | 300~600 | 30% | 进门左边 |
| 夹克、风衣 | 759~1 200 | 30% | 主销区与形象区 |
| 西服 | 2 000~5 000 | 8% | 收银台，店铺最里边 |
| 正统衬衣 | 300~1 000 | 12% | 内搭 |
| 毛衫 | 569~800 | 12% | 内搭，叠装 |
| 休闲衬衣 | 500~800 | 8% | 内搭，叠装 |
| 品牌 B | | | |
| 品类 | 价格带 | 陈列占比 | 陈列位置 |
| 套西 | 200~1 200 | 25% | 进门左边主销区 |
| 夹克、风衣 | 900~1 200 | 30% | 进门右边主销区 |
| 棉衣、皮衣 | 1 100~5 000 | 10% | 进门右边主销区 |
| 正统衬衣 | 400~600 | 15% | 内搭与西服陈列架 |
| 毛衫 | 500~700 | 10% | 内搭，叠装 |
| 休闲衬衣 | 599~799 | 10% | 进门右侧最里面 |
| 品牌 C | | | |
| 品类 | 价格带 | 陈列占比 | 陈列位置 |
| 夹克、风衣 | 799~3 000 | 35% | 主销区与形象区 |
| 棉衣、大衣 | 950~3 000 | 20% | 主销区与形象区 |
| 西服 | 1 100~5 000 | 5% | 店面最里边，收银台 |
| 正统衬衣 | 300~1 000 | 5% | 西服区内搭 |
| 毛衫 | 600~800 | 20% | 内搭，叠装 |
| 休闲衬衣 | 600~900 | 15% | 内搭，叠装 |
| 品牌 D | | | |
| 品类 | 价格带 | 陈列占比 | 陈列位置 |
| 夹克、棉衣 | 799~1 100 | 10% | 一楼进门左边区 |
| 风衣、大衣 | 1 200~1 600 | 15% | 一楼进门右边主销区 |
| 西服 | 1 500~4 000 | 40% | 二楼 |
| 正统衬衣 | 300~600 | 20% | 二楼 |
| 毛衫 | 500~800 | 8% | 内搭，叠装 |
| 休闲衬衣 | 300~600 | 7% | 内搭，叠装 |

项目五：通过对不同品牌的专卖店所采取的促销方式进行分析的实训，掌握专卖店在抗衡竞争对手时应该如何选择促销方式，提升对不同促销方式分析和选择的能力。

综表4为服装专卖店的竞争品牌主要促销活动资料，请为该专卖店选择合适的抗衡竞争对手的促销方式，并对"满Y元赠Z元商品"和"满Y元减Z元"两种促销方式进行分析，从中选择一个进行合理的促销。

综表4                  **服装专卖店竞争品牌专卖店促销方式汇总**

| 品牌类别 | 促销方式 |
|---|---|
| A | 两件以上立减20%（含夹克立减30%）。上周活动是满200元减50元 |
| B | 一件9.5折，两件8.8折 |
| C | 无活动 |
| D | 成套搭配满300元减50元（其中一件是裤子则300元减60元） |
| E | 新品8折，毛衫、裤子折上折（9折），消费满500元送88元袜子 |
| F | 18—24日西服满300元减150元；25—30日西服满300元减100元；18—24日其他类产品满200元减50元 |

## 【实训提示】

项目一提示：

专卖店创业计划书的具体内容可以扫描二维码查看并作为参考。

项目二提示：

当顾客提出抱怨时，大多数是期望能获得店铺的认同与补偿。店长及店员必须清楚，若是一位顾客已经对店铺的服务和信誉失去信心时，他是绝对不会反映问题的，因为在他心中已经决定下次不再来了。顾客抱怨时往往会在言语或态度上有冲动的情绪，严重者还会有不理性的行为出现。

拓展阅读：
专卖店创业
计划书示例

店员在面对此种现象时，应保持冷静，绝不可以有情绪性的反弹，否则将会使事态更加严重。顾客的不满与抱怨是针对商店、商品或服务的，店员不应加入个人的情绪，应有"就事论事"的心态，认真地听取顾客的意见。对于顾客的抱怨，其处理步骤具体见综表5。

综表5                  **顾客抱怨处理步骤**

| 序号 | 步骤 | 处理技巧 | 行动 |
|---|---|---|---|
| 1 | 接受意见 | 表示关心、接受、诚意 | 关切地询问、搬凳、递水 |
| 2 | 澄清事实 | 仔细观察、思考、分析 | （1）静心倾听顾客抱怨，专心、耐心<br>（2）听其言，并观其行，分析顾客言谈举止，捕捉其内心活动，探究不满的原因 |
|  |  | 主动发问，了解情况 | 运用技巧发问，避免冲突。举例：<br>（1）不要直接问家有多远，可以问"您来一趟，一定花了不少时间吧？"<br>（2）想知道消费者购买产品的价格，可以问"请问你是在什么时候买的？" |

续表

| 序号 | 步骤 | 处理技巧 | 行动 |
|------|------|----------|------|
| 3 | 提出解决的方案 | 分析双方状况，决定是己方先提出处理提议，还是让对方先提出处理提议 | （1）若有类似经验，处于相对优势，则先说有利，可抢先划定基准，而且由于有类似经验，处于相对优势，还可根据具体情况适当掌握成交条件<br>（2）双方条件势均力敌，为争取主动，也应该由专卖店方先提出解决方案<br>（3）若专卖店方处于劣势或缺乏经验，则让对方先提建议 |
| 4 | 与顾客就提出的方案进行协商 | 有困难的话直诉困难，一个唱红脸，一个唱白脸 | 白脸：捍卫目标，态度坚决<br>红脸：寻求解决的方法，建议让步 |
| | | 让顾客说其意愿 | "或者您说说怎么可以更好地帮您？""或者您看看还有什么更好的方法？""您觉得如何处理才算公平？" |
| | | 让步 | 先进后退，一步到位，呈现大将之风<br>之前有原则地坚持，在清楚底线后来一次大的让步 |
| | | | 在不得不为顾客做出让步的同时，也要努力争取互利互惠<br>"您好，不如这样，我们一人退一步……" |
| | | | 使对方知道你已达到极限<br>"以前从未如此解决，这已是一次例外了"<br>"真的很对不起，这已是我尽最大能力所能提供的了" |

项目三提示：

进行盈亏平衡点的测算是开设专卖店的必要环节，一般来说，按照专卖店盈利的周期，可以对销售额、毛利额、配送费用、营运费用、租金、人事费用、折旧、预计利润等方面进行五年的盈亏预估，从而分析开设此专卖店是否可行。

项目四提示：

对竞争品牌专卖店进行调查可以通过对价格带、陈列占比、陈列位置等项目进行调查。通过对上述项目进行分析，可以分析出竞争品牌专卖店的产品价格定位，主力商品、辅助商品及关联商品的配比。在此基础上调整自己店铺的价格带、陈列占比、陈列位置等项目。

项目五提示：

专卖店促销是指店铺将产品及其相关有说服力的信息告知目标顾客，说服顾客作出购买行为而进行的市场营销活动。促销可以引起购买欲望，扩大产品需求；说服顾客再次购买，建立购买习惯；有效抵御竞争品牌的促销活动；带动关联商品的销售。因此，专卖店一定要做好店铺的促销管理工作。该服装专卖店对竞争品牌专卖店促销活动进行分析后可以发现，竞争品牌专卖店主要采用了打折、满减、满赠等活动，该服装专卖店可以根据店铺自身情况采取有效的抗衡手段。

满赠活动是指店铺开展的顾客消费满一定额度赠送特定商品或优惠券等形式的活动。满减活动是指店铺开展的顾客消费满一定额度减特定金额等形式的活动。在"满 X 元赠 Y 元商品或优惠券"活动与"满 X 元减 Y 元"活动中，满赠活动支付的成本要小于满减活动。因为对店铺来说，满赠活动中的赠品的成本要小于 Y 元，而且如果是赠送优惠券的话，还可以有效地提高顾客再次进店的概率，提升顾客对店铺的忠诚度。因此，从店铺角度出发，满赠活动优于满减活动。

## 【实训效果评价标准表】

项目一评价表见综表6：

综表6       **专卖店创业计划书实训项目评价表**

| 项目 | 表现描述 | 得分 |
| --- | --- | --- |
| 专卖店创业计划书的完整性与真实性 | | |
| 参与人员分工 | | |
| 市场调查、市场细分与市场定位 | | |
| 选址可行性分析 | | |
| 收支预算 | | |
| 合计 | | |

项目二评价表见综表7：

综表7       **顾客抱怨情景处理实训项目评价表**

| 项目 | 表现描述 | 得分 |
| --- | --- | --- |
| 处理步骤的清晰性 | | |
| 处理技巧是否从顾客角度出发 | | |
| 处理行动是否有效 | | |
| 顾客满意度是否提升 | | |
| 顾客忠诚度是否提升 | | |
| 合计 | | |

项目三评价表见综表8：

综表8       **开店盈亏平衡测算实训项目评价表**

| 项目 | 表现描述 | 得分 |
| --- | --- | --- |
| 对测算指标概念的理解程度 | | |
| 能否计算出各项预估指标数值 | | |
| 各项预估指标数值预估可行性分析 | | |
| 参与人员分工 | | |
| 开店可行性分析 | | |
| 合计 | | |

项目四评价表见综表9：

综表9　　　　　　　　　**竞争品牌专卖店分析报告实训项目评价表**

| 项目 | 表现描述 | 得分 |
|---|---|---|
| 对价格带的理解程度 | | |
| 对陈列占比的理解程度 | | |
| 对陈列位置的理解程度 | | |
| 参与人员分工 | | |
| 抗衡竞争对手的合理方案 | | |
| 合计 | | |

项目五评价表见综表10：

综表10　　　　　　　　　**促销效果分析实训项目评价表**

| 项目 | 表现描述 | 得分 |
|---|---|---|
| 对促销活动与促销目的的关系的理解程度 | | |
| 对打折、满减、满赠等活动的理解程度 | | |
| 对满减、满赠两者差异的理解程度 | | |
| 参与人员分工 | | |
| 促销活动选择的可行性 | | |
| 合计 | | |

得分说明：根据学生在实训中的具体表现，分为"优秀""良好""合格""不合格""较差"，相应得分为"20""16""12""8""4"，将每项得分记入得分栏，全部单项分值合计得出本实训项目总得分。得分90~100分为优秀；75~89分为良好；60~74分为合格；低于60分为不合格，须补考；低于45分（含45分）为较差，须重修。

# 主要参考文献及网站

[1] 王志伟.连锁企业门店经营实务［M］.上海：上海交通大学出版社，2012.

[2] 赵涛.专卖店经营管理：理论、案例、制度、实务［M］.北京：北京工业大学出版社，2006.

[3] 王凌珉.专卖店空间设计［M］.北京：中国建筑工业出版社，2012.

[4] 腾宝红.服装店店长365天管理日记［M］.广州：广东经济出版社，2014.

[5] 徐宾宾.魅力室内空间设计160例——服装专卖店［M］.北京：中国建筑工业出版社，2014.

[6] 汪朝林.顶级店员：高端专卖店店员成功密码［M］.深圳：海天出版社，2008.

[7] 杨月如.开一家赚钱的专卖店：专卖店经营必备手册［M］.北京：中国社会出版社，2008.

[8] 李晟.专卖店连锁店店长职业化素养手册［M］.北京：北京工业大学出版社，2012.

[9] 钱雨竹.开一家赚钱的专卖店［M］.北京：中国财富出版社，2008.

[10] 亚琴.开一家赚钱的便利店［M］.北京：中国财富出版社，2015.

[11] 祝文欣.便利店5日通［M］.北京：中国发展出版社，2009.

[12] 白山.开家赚钱的小超市［M］.北京：中国纺织出版社，2011.

[13] 张小旭.语言学视角下的店铺命名行为研究［D］.长春：吉林大学，2006.

[14] 中国连锁经营协会：http：//www.ccfa.org.cn.

[15] 安徽省连锁经营协会：http：//www.ahslsjyglxh.com.

[16] 浙江省连锁经营协会：http：//www.zjca.org.

[17] 中国消费者协会：http：//www.cca.org.cn.

[18] 中国商业联合会：http：//www.cgcc.org.cn.

[19] 安徽省政府服务网：http：//www.ahzwfw.gov.cn.

[20] 国家税务总局官网：http：//www.chinatax.gov.cn.

[21] 华润万家：http：//www.crc.com.cn.

[22] 王府井百货：https：//www.wfj.com.cn.

[23] 龙商网：https：//www.longsok.com.

[24] 联商网：http：//www.linkshop.com.cn.

[25] 上海拉夏贝尔服饰股份有限公司：http：//www.lachapelle.cn.

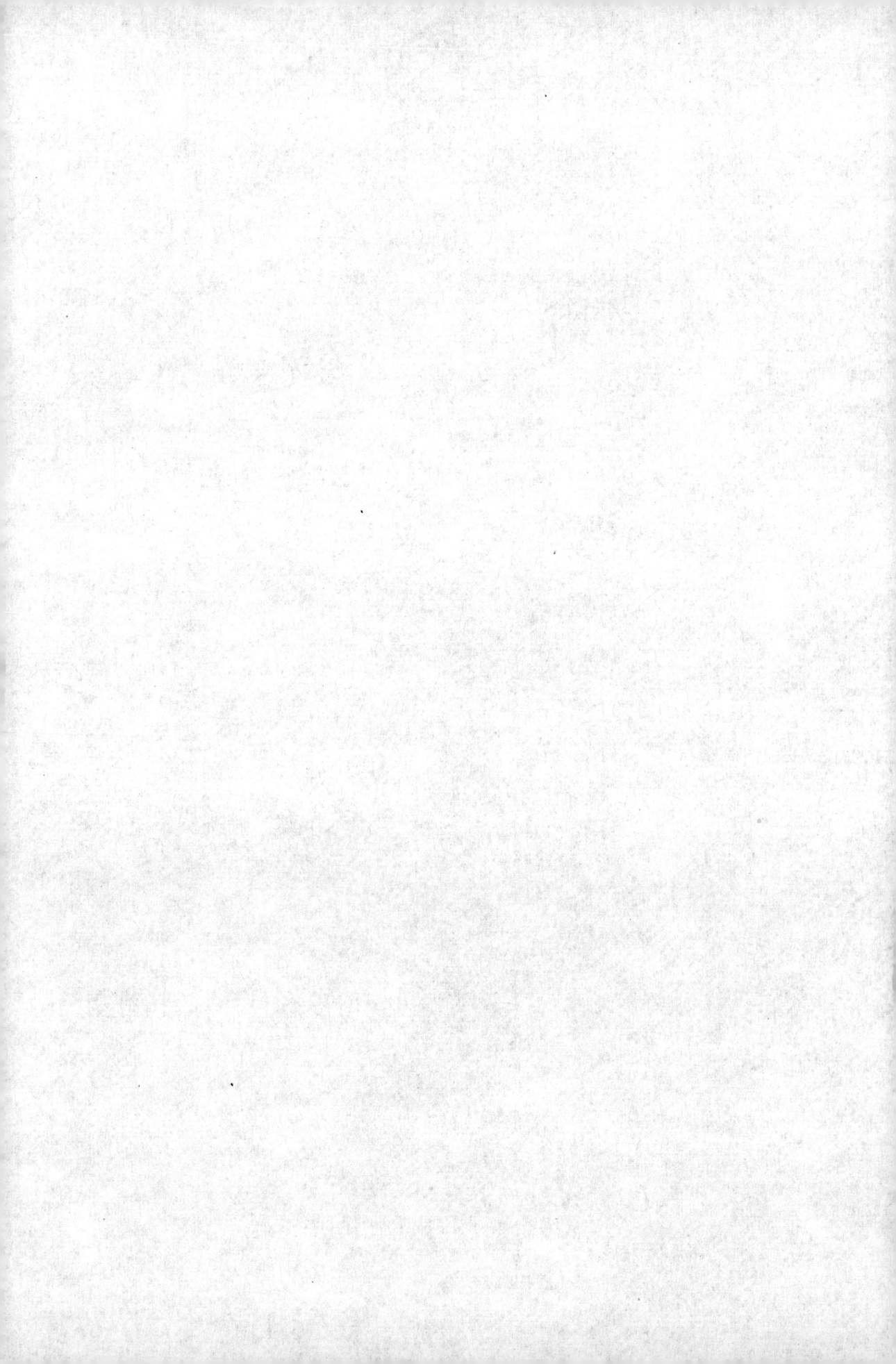